CE QU'IL RESTERA D'EUX

Du même auteur :

Babylone Underground, Serge Safran éditeur, 2015.
Les Amants météores, Lattès, 2020.

www.editions-jclattes.fr

Éloïse Cohen de Timary

CE QU'IL RESTERA D'EUX

Roman

JC Lattès

Ce livre a bénéficié du soutien du Centre national du livre.

Maquette : Fabrice Petithuguenin
Couverture : Florine Synoradzki
Albert Marquet, *Sidi Bou Saïd, Le Portail, l'hiver* © D.R.

ISBN : 978-2-7096-7386-0

Première édition octobre 2024.

Prologue

Tout commença par une opération magique, ou réputée comme telle. Quelque part au milieu de la mer des Antilles, sur l'île de la Martinique, un guérisseur portant au cou une flopée de talismans et d'amulettes avait un jour assuré à Raoul Dormoy la chose suivante : s'il voulait une lignée heureuse et prospère, il devrait, à la naissance de son premier enfant, planter un pied de goyavier dans son jardin. Raoul Dormoy avait hoché la tête et s'était frotté le menton, sceptique, peu adepte de ce genre de croyances ; il ne voyait pas en quoi un simple pied d'arbre garantirait le bonheur de sa famille. Pourtant, le jour de la naissance de son premier enfant, Raoul Dormoy s'était souvenu des paroles du guérisseur : il s'était empressé d'aller dégager un petit coin de terre à l'arrière de la maison et, sans en aviser quiconque, il y avait enfoncé un pied de goyavier.

Nous étions le 2 mai 1896. À Saint-Pierre, l'air sentait la canne à sucre et les alizés, et une petite fille prénommée Anne venait de naître. Une fois le goyavier planté, Raoul s'était essuyé le front du revers de la main, satisfait, et avec le sentiment du devoir accompli il avait observé un instant ce colibri gracile qui voltigeait de fleur en fleur, son bec filiforme chargé de nectar.

Au fil du temps, le goyavier poussa, se développa, et donna de délicieux fruits charnus et sucrés que la petite Anne aimait mettre dans ses poches pour les déguster en cachette. La vie était douce et heureuse ; Raoul et son épouse, comblés. Cela dura six années exactement.

Et puis tout bascula. C'était venu des entrailles de la Terre, une force antédiluvienne qui gronda, remonta à la surface et fit craquer les couches de roche les unes après les autres. Le sol trembla et les oiseaux désertèrent les flancs de la montagne Pelée. Nous étions au début du mois de mai 1902. Pendant plusieurs jours, le volcan fuma et cracha des jets de pierres brûlantes, il souffla d'épais nuages de cendres qui obscurcissaient le ciel, et enfin explosa : une impressionnante coulée de lave, inédite par son ampleur, déferla alors sur la ville de Saint-Pierre et dévasta tout sur son passage. Maisons, églises, bâtiments publics, tout fut détruit. Il n'y eut aucun survivant.

Par chance, la famille se trouvait ce jour-là de l'autre côté de l'île, à Basse-Pointe, et échappa à la tragédie. La maison, en revanche, disparut en quelques secondes. Seul le goyavier planté sur les conseils du guérisseur survécut. Raoul Dormoy ne sut pas très bien quel signe le ciel lui envoyait ainsi, mais malgré ce miracle il prit la décision de quitter l'île.

Le souvenir de la catastrophe ne lui permettrait pas de poursuivre sa vie ici. Alors, suivant les recommandations d'un ami bien informé, il embarqua avec son épouse et sa fille vers ce pays de Méditerranée qui se trouvait depuis peu sous Protectorat français et où l'avenir, disait-on, s'annonçait radieux : la Tunisie.

Le goyavier miraculeux fut déplanté et emballé avec soin. Il traversa l'océan Atlantique, essuya tempêtes et orages, et fut replanté à quelque 7 000 kilomètres de là, dans un petit jardin de Tunis situé à l'arrière de l'immeuble où les Dormoy s'étaient installés à leur arrivée. Raoul s'était sérieusement demandé si l'arbre, habitué à sa terre de volcans, de mangroves et d'alizés, s'accoutumerait à ce sol de petits cailloux secs, d'oliviers et de coquelicots. Mais le goyavier ne fut pas contrariant. Il prit racine et poussa ; d'abord timidement, il est vrai, puis avec plus de vigueur et de force à mesure que son écorce croissait et s'épaississait sous les auspices du soleil méditerranéen. Le goyavier s'habitua à la terre et au vent, à ce vent tiède chargé de sable du Sahara, et au bout de quelques saisons, sans que cela ne surprenne personne, on put y cueillir de gros fruits verts cabossés au moins aussi sucrés qu'une datte.

I.

1.

Tunis, juin 1942

En fin d'après-midi, les ficus de l'avenue Jules-Ferry répandaient de larges flaques d'ombre où les oiseaux aimaient à se réfugier. On les voyait sautiller mollement, grappiller un vieux mégot ou quelques miettes, puis s'envoler ailleurs. Les rues étaient désertes et grésillaient sous la chaleur. Seuls quelques chiens errants trottinaient sans but, la langue pendante, s'arrêtant de temps à autre à l'abri d'un porche ou devant la terrasse d'un restaurant, attendant la bave aux lèvres qu'on leur jette un bout d'os à ronger.

Le cabinet d'ophtalmologie d'Anne Dormoy se trouvait au bas de l'avenue, au rez-de-chaussée d'un immeuble de deux étages. Une plaque à son nom indiquait qu'elle consultait tous les jours, à l'exception du jeudi ; elle ne prenait jamais de vacances. La médecine était pour elle une passion, une raison de vivre. Et c'était aussi, il faut le dire, une fierté. Elle avait bravé maints obstacles, s'était battue comme une lionne, et à force de travail et de ténacité elle était devenue l'une des premières femmes du pays à exercer cette profession.

Le patient qui entra était une connaissance de longue date. Plusieurs années auparavant, il avait failli perdre un œil – une infection due aux mouches – mais elle avait réussi à lui sauver la vue. Elle lui posa une main bienveillante sur l'épaule.

— Bonjour, Hassan. Entrez, je vous en prie.

Le vieil homme la salua en inclinant la tête avec respect. Il s'assit avec précaution, toussota. Il était toujours un peu impressionné devant elle. Après avoir ôté sa chéchia, il se passa machinalement la main sur le crâne comme à l'époque où il avait encore des cheveux.

— Comment ça va, docteur ? demanda-t-il après s'être raclé la gorge. La famille ? Les enfants ?

Anne Dormoy hocha la tête, le sourire courtois.

— Et vous, Hassan ? Quelles sont les nouvelles ?

Le vieil homme haussa les sourcils et, d'un geste las, frotta ses paumes sur ses genoux.

— C'est dur, dit-il avec un soupir. C'est pas facile en ce moment, vous savez.

Hassan tenait une boutique dans le souk, il vendait des costumes de mariage. Mais ces derniers temps, les clients se faisaient rares. À cause de la guerre, les gens se mariaient moins. Nettement moins.

— Mais qu'est-ce qu'on peut y faire ? ajouta-t-il en haussant les épaules. Rien, n'est-ce pas ?

Son cousin, lui, avait perdu toute sa récolte. Et l'un de ses voisins avait retrouvé sa femme morte dans son lit, alors que la veille elle était encore là debout sur ses deux jambes, à cuisiner et à l'engueuler parce qu'il rentrait trop tard. Hassan le savait bien, il y a toujours pire que soi. Il se mit alors à parler de Souleymane, son fils, et sa voix s'étrangla. Hassan essuya même une larme discrète, baissant la tête.

Son fils était parti deux ans plus tôt pour combattre en France, aux côtés du 4e régiment de tirailleurs tunisiens, et depuis, pas un jour ne passait sans qu'Hassan ne soit pris de vives douleurs à la poitrine. L'angoisse le tenaillait, le rongeait comme un poison. Il pensait à son fils sur le champ de bataille, il imaginait l'alcool qu'on le forçait à boire en quantité avant d'aller combattre, le porc qu'on lui donnait à manger en le traitant de bicot. Et surtout, il vivait dans la crainte de recevoir cette fameuse lettre officielle bordée de noir qui lui annoncerait la mort de son fils. Alors pour éloigner le malheur, il priait. Il priait beaucoup et essayait d'occuper ses journées comme il pouvait. À la boutique, il avait dégagé un coin pour mettre du matériel de couture et entre deux clients il faisait des retouches, des ourlets, raccommodait les culottes des gamins du quartier. Le reste du temps, il buvait du thé en quantité et fumait des cigarettes avec les autres commerçants du souk.

Anne se souvenait bien de Souleymane, elle l'avait connu tout petit. C'était un garçon très gentil et très beau. Il était né la même année que ses jumeaux à elle, Susie et Maximilien.

— Vous savez, docteur, tous les jours je prie pour qu'il revienne en bonne santé, dit Hassan tandis qu'Anne commençait à l'examiner.

Elle acquiesça silencieusement, puis lui instilla une goutte dans l'œil. Hassan tressaillit, remuant légèrement sur sa chaise.

— Et vous savez ce qu'on fera quand il rentrera ?

Anne suspendit son geste et le regarda avec intérêt, curieuse.

— La plus belle des fêtes de mariage, dit-il d'un souffle.

Il raconta que Souleymane porterait un costume traditionnel brodé d'or et de perles, le plus raffiné et le plus cher de sa boutique. Il aurait les cheveux enduits d'huile parfumée, des bijoux plein les doigts, du khôl sur les yeux ; on décorerait le patio de guirlandes de fleurs, et puis le soir, les lanternes s'allumeraient une à une et brilleraient comme des étoiles.

Hassan s'arrêta un instant, comme pour donner corps à son rêve. Tout lui apparaissait avec une netteté et une précision incroyables : la table couverte de pâtisseries au miel et de gâteaux aux pistaches, les musiciens jouant du mezoued ou de la darbouka, et puis les femmes en train de danser, faisant onduler leurs mains et tinter les bracelets.

Anne termina l'examen de routine puis, comme chaque fois, elle lui prescrivit ce dont il avait besoin pour dormir. Hassan replia soigneusement l'ordonnance et la glissa dans la poche de son vêtement.

— Merci docteur, dit-il en déposant sur le bureau un petit sachet de beignets au miel. C'est Yasmina qui les a faits pour vous ce matin.

Comme nombre de patients ces derniers temps, Hassan payait la consultation comme il pouvait. Anne avait l'habitude. Elle ne comptait plus les bouteilles d'huile d'olive ou les conserves qui s'accumulaient dans sa cuisine, et souvent, d'ailleurs, elle refusait.

Elle raccompagna Hassan à la porte et, au moment de le saluer, elle le retint d'un geste.

— Nous reverrons Souleymane bientôt, se surprit-elle à dire. Tenez le coup, Hassan.

Il hocha la tête, réajusta sa chéchia d'une main un peu tremblante. Il sembla chercher quelque chose à ajouter mais, finalement, eut simplement ce geste de poser sa main sur son cœur.

— À bientôt, docteur.

Anne s'accorda quelques minutes avant de recevoir le patient suivant. Assise à son bureau, elle tira du tiroir les portraits que Théo, son mari, avait peints lorsque les enfants étaient petits. Sur l'un, on voyait les jumeaux, Susie et Maximilien, qui devaient avoir quatre ou cinq ans. Ils portaient des vêtements clairs et un canotier sur la tête, et se tenaient par la main d'une manière si complice qu'on devinait la force du lien qui les unissait. Rarement, pourtant, on avait vu des jumeaux si dissemblables. Ils ne se ressemblaient pas du tout. Autant Maximilien était grand et vigoureux, avec de belles boucles brunes, une peau couleur pain d'épices et un sourire conquérant, autant Susie était une enfant chétive, à la peau étonnamment pâle, avec cette sorte d'inquiétude triste dans le regard.

Anne attrapa le sachet de beignets qu'Hassan avait apporté et mordit dans l'un d'eux. Le goût de gras l'écœura vaguement, mais elle se força à en reprendre une bouchée comme si la sensation allait disparaître une fois son palais habitué.

Sur l'autre portrait, Ferdinand, le benjamin de la famille, portait un uniforme d'écolier et son cartable sous le bras. Anne s'en souvenait parfaitement, c'était sa première rentrée scolaire. Elle n'avait pas pu être là à cause d'un patient à opérer en urgence, alors c'est sa grande sœur Susie qui l'avait accompagné jusqu'au portail de l'école ; Ferdinand n'avait pas compris pourquoi. Ce jour-là, comme pour se faire pardonner, Anne avait expliqué à Ferdinand qu'elle lui avait donné le même prénom que le Dr Monoyer, inventeur de l'échelle utilisée pour tester la vue des patients et affichée dans tous les cabinets d'ophtalmologie. Elle lui avait montré que les lettres de son prénom apparaissaient sur la droite de l'affiche, du grand « F » jusqu'au « D » minuscule. Et chaque fois qu'elle l'utilisait, avait-elle encore expliqué à son fils, elle pensait à lui.

Comme tout cela lui paraissait loin désormais. Ferdinand avait fêté ses quatorze ans et elle n'avait rien vu venir. Anne rangea les portraits dans son tiroir, le cœur soudain à l'étroit, et jeta un œil vers la fenêtre. Le feuillage des ficus, dense et touffu, laissait par endroits filtrer de brefs éclats de soleil.

Anne songea qu'elle n'aurait pas dû dire à Hassan que son fils allait revenir bientôt ; ce genre de choses pouvait porter malheur. Elle referma le sachet. Le beignet lui avait laissé un goût de moisi dans la bouche. Mais peut-être lui avait-elle dit cela car, au fond, elle partageait la peine du vieil Hassan ; elle aussi vivait avec un fils absent. Maximilien avait seize ans lorsqu'il avait claqué la porte de la maison et disparu de leur vie. C'était un jour de juin 1934, il y a huit ans déjà.

2.

Ferdinand emballa les sardines avec soin et tendit le paquet à la cliente. C'était une femme vêtue d'une robe légère en coton, simple et élégante, les cheveux noués en un chignon qui lui tombait sur la nuque. Elle n'était pas maquillée, ou à peine, mais son visage attirait la lumière ; des joues roses, délicatement hâlées par le grand air, et des yeux bleu marine qui brillaient d'un éclat profond. Elle avait une beauté naturelle, sans artifice.

— Merci jeune homme, dit-elle avec un sourire charmant. On te voit à la maison dimanche prochain ?

Ferdinand acquiesça, rosissant légèrement. C'était Sylvie Lecomte, la mère de son meilleur ami, celui que tout le monde au lycée surnommait « le Baron » et avec qui il faisait d'interminables parties de poker. Il avait été invité à passer la journée à Massicault, dans la ferme familiale.

— Tous les cousins seront là, ajouta-t-elle avec enthousiasme. On fera griller un mouton pour le déjeuner, et ensuite Albert emmènera tout le monde à la chasse.

Albert, le père du Baron, possédait plusieurs fermes dans la région avec son frère cadet. C'était un homme jovial, bon vivant. Il aimait organiser de grandes fêtes chez lui et appréciait beaucoup Ferdinand, qu'il considérait comme un membre de la famille.

— Ah tiens, j'ai failli oublier… fit-elle en sortant un livre de son sac. Tu me diras ce que tu en penses.

Chez Sylvie, personne ne lisait. Ni Albert ni aucun de ses fils. Alors quand elle avait su que Ferdinand était un fervent lecteur, elle avait insisté pour lui prêter des livres, pour partager avec lui ceux qu'elle préférait. Sylvie n'avait pas fait d'études, elle n'avait aucune culture savante. Mais elle avait des goûts très sûrs et savait en quelques lignes si un roman lui plaisait ou non. Rarement il avait entendu quelqu'un parler de littérature avec autant de passion ; elle évoquait les personnages comme si elle les connaissait, comme s'ils faisaient partie de sa vie.

Quand Ferdinand attrapa le livre, ses doigts frôlèrent ceux de Sylvie, et le regard qu'ils échangèrent alors lui mit les jambes en coton. Cette femme aurait pu être sa mère, mais sa beauté – et plus encore la complicité qu'ils partageaient – le troublait.

Il n'avait même pas vu entrer la cliente suivante. On entendit celle-ci soupirer, puis toussoter. C'était la femme du rabbin du quartier. Et s'il y a bien une chose qui l'horripilait, c'est qu'on la fasse attendre.

— De la dorade et du mulet, dit-elle d'une voix aigre. Pour mon couscous de poissons.

Ferdinand était élève au lycée Carnot de Tunis et, pour se faire un peu d'argent, il travaillait le jeudi à la poissonnerie de Guiseppe, sur le port de la Goulette. C'était un bon employé, sérieux et fiable, qui ne rechignait jamais à la tâche. Guiseppe n'avait pas à se plaindre : les étals étaient arrangés proprement, la marchandise soigneusement triée, les découpes faites comme il faut. Et à la fin de la journée, le jeune homme nettoyait toujours le sol à grands coups de seaux d'eau et aidait son patron à faire les comptes.

— Tu peux y aller, lui dit Guiseppe en lui tendant sa paye gratifiée d'un petit supplément. T'as bien travaillé, mon grand.

Ferdinand fourra les billets dans sa poche, remercia Guiseppe et se hâta de rejoindre la gare. Il craignait de ne pas arriver à temps avant la fermeture de la boutique du vieux Mohammed.

C'était une minuscule échoppe du centre-ville, située dans une ruelle derrière l'avenue de Carthage. Il n'y avait ni enseigne ni devanture, juste une porte étroite qui ne laissait en rien présager ce qui se trouvait derrière : la pièce débordait de vinyles, de tous les styles et toutes les époques, empilés les uns sur les autres et formant de grandes colonnes espacées d'à peine un demi-mètre. Il n'y avait ni ordre ni classement apparent. La seule façon de s'y retrouver était de se fier à la mémoire de Mohammed. Le vieil homme, petit et voûté, était d'une maigreur squelettique. Il avait le crâne semé de petites taches brunes et des yeux opaques d'un bleu laiteux ; il était aveugle de naissance. Malgré son apparence misérable, son savoir musical était immense, encyclopédique, et quand un client venait lui demander conseil, il n'hésitait jamais longtemps. On le voyait se glisser entre les colonnes de disques tel un serpent, s'arrêter devant l'une d'elles, puis laisser courir ses doigts osseux sur les pochettes, avant de tapoter, satisfait, sur celle qu'il cherchait.

Ferdinand savait qu'en allant chez lui, il trouverait le cadeau qui comblerait sa mère. Elle adorait la musique et ne passait pas un jour sans écouter son vieux gramophone. « Souvenir de ma vie d'infirmière au front », aimait-elle à dire devant ses enfants, avec un mélange de morgue et de fierté.

Elle leur avait souvent raconté son expérience dans l'Argonne, au sein des premières unités chirurgicales mobiles. Dès 1915, au milieu des forêts ardennaises, elle y avait côtoyé d'éminents médecins comme Robert Proust ou encore Hippolyte Morestin, l'un des pionniers de la chirurgie maxillo-faciale, celui qui le premier redonnerait un visage aux « gueules cassées ». C'est à leur côté qu'elle avait débuté, et c'est pourquoi elle gardait de cette période un souvenir heureux.

Le gramophone, seul vestige qu'elle ait conservé de cette époque, était certes revenu un peu cabossé des tranchées, mais fonctionnait encore très bien. Et chaque fois qu'elle s'en servait, elle se rappelait combien il leur avait permis d'égayer leurs brefs moments de répit : à deux pas du champ de bataille, tous serrés autour, ils écoutaient un nocturne de Chopin, une sonate de Mozart, un morceau de Bach ou de Haydn. Les notes voletaient comme des papillons égarés, étrangers au chaos, puis venaient se poser sur le cœur des blessés, des médecins, des infirmières. Certains souriaient, d'autres pleuraient en silence. Et puis le feu des canons reprenait et la musique se taisait.

À présent le gramophone se trouvait à Tunis, sur un joli guéridon en acajou, dans un salon dont les fenêtres s'ouvraient sur l'avenue Roustan. L'immeuble avait été construit dans les années 1930, en plein cœur de la ville européenne. Et chaque jour, au coucher du soleil, on entendait s'animer les terrasses de café, si semblables à celles de Paris, avec leurs serveurs en livrées, leurs nappes blanches immaculées et leur joyeux brouhaha de verres qui tintent.

Lorsque le train de la Goulette entra en gare, les essieux crissèrent et les wagons bondés essuyèrent une ultime secousse avant l'arrêt complet. Ferdinand bondit sur le quai, impatient, et joua des coudes pour se frayer un passage parmi les voyageurs. Il se retrouva à côté d'une petite dame trapue, chargée de gros sacs volumineux. Elle le regarda d'un air fourbe, puis lui sourit bizarrement.

— Tu m'aides avec ça ? fit-elle en lui tendant un des paquets.

Ferdinand ne put refuser. Il saisit le sac à contrecœur et fut surpris par son poids autant que par l'odeur nauséabonde qui s'en dégageait. Qu'est-ce qu'elle pouvait bien transporter là-dedans ; il pensa à un animal mort ou quelque chose de ce genre et se hâta de sortir de la gare au plus vite. Mais la dame lui agrippait le bras, comme si elle avait peur de le perdre, et n'arrêtait pas de se plaindre de la vie trop fatigante, de la chaleur trop forte, de la jeunesse dépravée. Son haleine lui soulevait le cœur. Ferdinand finit par lui rendre son barda, soulagé de la quitter.

Il ne lui fallut pas longtemps pour se rendre compte qu'il avait été détroussé. Ses poches étaient vides, la paye de Guiseppe envolée. Et la dame aux sacs, évidemment, s'était volatilisée. Il la chercha des yeux comme un fou, mais autour de lui il n'y avait que des visages suants et fatigués, scandaleusement innocents. Comment avait-il pu se faire avoir. Comment ne s'était-il douté de rien. Furieux contre lui-même et contre la terre entière, il s'était mis à avancer sans regarder, les poings serrés, fonçant droit devant lui.

— Hé ! Regarde donc où tu vas ! dit l'homme en le repoussant d'un geste brutal, en pleine poitrine.

Ferdinand, confus, les larmes aux yeux, commençait à bredouiller une excuse quand l'homme fronça les sourcils.

— C'est pas toi qui bosses avec Guiseppe ?

Ferdinand hocha la tête et mit quelques instants à se souvenir, à retrouver où il avait vu ce visage. Et puis ça lui revint. La noyade. Sur le port. Il y a quelques semaines, cet homme avait sauvé de la noyade deux Arabes, un père et son jeune fils, et Guiseppe avait aussitôt accouru ; il l'avait appelé par son prénom, Orso, comme s'ils se connaissaient, et puis il avait crié à Ferdinand d'aller faire bouillir du café et d'apporter une couverture pour l'enfant.

— T'en fais une tête. Qu'est-ce qui t'arrive ?

— Je me suis fait voler, répondit Ferdinand, ajoutant qu'il n'avait plus rien pour acheter le cadeau de sa mère.

L'homme l'observa un instant, plissa légèrement les yeux, puis d'un geste inattendu il tira de sa poche un billet qu'il lui fourra dans la main.

— Je t'ai même pas remercié pour la dernière fois, dit-il avant que Ferdinand puisse réagir. Et ton café était excellent, ajouta-t-il avec un sourire.

Ferdinand n'eut pas le temps de réaliser ni de répondre quoi que ce soit. Orso lui avait donné deux petites tapes sur l'épaule et, l'instant d'après, il avait disparu au milieu de la foule bruyante de fin de journée.

Quand il arriva devant la boutique de disques, le vieux Mohammed était sur le point de fermer.

— Reviens demain, lui dit-il sèchement. J'ai fini pour aujourd'hui.

Mais Ferdinand insista. C'était pour sa mère, pour son anniversaire, et il cherchait un enregistrement de piano de… À peine Mohammed entendit-il ces mots qu'il retrouva sa figure amène et fixa ses yeux opaques sur Ferdinand.

— Viens, dit-il en lui attrapant le bras. J'ai exactement ce qu'il te faut.

Ferdinand fut tiré à l'intérieur de la boutique, les doigts osseux de Mohammed refermés sur son poignet comme des serres. Le vieil aveugle s'arrêta devant une pile de disques aussi haute que lui.

— Aide-moi, dit-il. Le disque est tout en dessous.

Ferdinand dut soulever une cinquantaine de pochettes pour que Mohammed puisse attraper le précieux disque. Le vieil homme en ôta alors délicatement la poussière, d'un geste qui ressemblait à une caresse : c'était un enregistrement rarissime du pianiste Vladimir Horowitz datant de 1934. Quand il le tendit à Ferdinand, son sourire étincelait comme un astre.

— Une splendeur, lui assura-t-il. Avec ça, crois-moi, tu ne peux pas te tromper.

3.

Susie travaillait la moitié de la semaine chez René Flandin, qui possédait à Tunis le plus important magasin d'outillage et de matériaux de construction. Le reste du temps, elle sortait, s'amusait ou allait à la plage. Cela ne lui posait aucun problème. Elle n'avait ni plan pour l'avenir ni passion particulière ; elle se contentait de vivre au jour le jour – une attitude qui avait longtemps désolé ses parents, outrés d'une telle inconséquence, mais qui était devenue acceptable, voire louable, lorsque la guerre avait éclaté, rendant tout le monde beaucoup plus conciliant.

Le magasin de René Flandin était situé à l'angle de la rue Thiers et de la rue de Serbie, juste à côté du cinéma qui avait récemment fermé ses portes car son propriétaire portait le nom désormais indésirable de Jacob Halévy. Ces derniers mois, d'ailleurs, les fermetures s'étaient multipliées – la plupart des cinémas étant tenus par des Juifs – et l'on avait vu fleurir un peu partout les projections clandestines : dans des appartements, dans les sous-sols d'une villa cossue, ou encore en dehors de Tunis, au milieu d'un champ ou à l'abri d'une grange.

Entraînée par son amie Colette, Susie s'était mise à fréquenter ces séances, voyant d'ailleurs bien plus de films que lorsqu'ils étaient projetés en salles, l'atmosphère illicite et le goût de l'interdit y étant pour beaucoup.

C'est lors d'une de ces projections clandestines que Susie avait rencontré Jacques Lancry, un jeune professeur de français qui venait tout juste d'obtenir un poste au lycée Carnot. Jacques Lancry avait l'œil terne et le cheveu déjà clairsemé, l'allure flegmatique, des mains aussi fines que celles d'une femme, et il s'était tout de suite entiché de Susie. Cela l'avait rendue heureuse les premiers temps – pas parce qu'elle partageait ses sentiments, non, mais parce que c'était la première fois qu'un garçon s'intéressait à elle. Alors elle avait acheté des épingles fines pour ses cheveux et du rouge pour ses lèvres, s'était choisi des boucles d'oreilles assorties à ses yeux. Et quand elle se regardait dans le miroir, il lui arrivait de se sourire à elle-même parce que, franchement, elle se trouvait plutôt jolie.

Très vite, cependant, Susie s'était ennuyée. Jacques ne lui parlait que de livres qu'elle n'avait pas lus ou d'écrivains dont elle ne connaissait pas le nom, jamais de la vraie vie. Elle n'avait rien à lui répondre mais, apparemment, ça ne le gênait pas ; il poursuivait son monologue et s'écoutait parler, l'air inspiré. C'est seulement lorsqu'il sentait que Susie décrochait tout à fait qu'il changeait de sujet et se mettait à évoquer sa vie d'avant : sa Normandie natale, le ciel lourd et humide, et sa mère qui était restée là-bas, toute seule, dans cette petite maison aux volets vermoulus, avec son jardin pauvre et silencieux. Pourquoi n'était-elle pas venue avec lui en Tunisie, avait un jour demandé Susie, trouvant pour une fois l'histoire intéressante. Jacques Lancry n'avait pas répondu. Il avait juste haussé les épaules, une pointe de tristesse dans le regard, et la conversation s'était arrêtée là. Susie avait remarqué que jamais il ne lui posait la moindre question. Il la trouvait jolie dans son genre, mince et gentille, pas trop ambitieuse. Le genre de fille qu'il aimerait épouser. Il le lui avait dit, d'ailleurs, se laissant aller à quelques délires, imaginant la maison qu'ils auraient sur les hauteurs de la ville, avec les enfants s'amusant dans le jardin et la tarte aux cerises qui sortirait du four, l'odeur de sucre et de beurre qui vous cueillerait dès l'entrée. Ce serait formidable, non ? Tu ne trouves pas ? Susie hochait la tête et souriait, oui, pourquoi pas, on verra, puis elle se levait d'un coup, le tirant par la manche pour l'emmener à la plage ou au restaurant. Elle savait que sa vie future se jouerait sans Jacques Lancry, de cela elle était certaine. Mais en attendant, elle avait une irrépressible envie de vivre, de s'amuser et de prendre du bon temps.

La journée touchait à sa fin dans la boutique de René Flandin. Susie terminait de trier les écrous et les vis, et rangea plusieurs caisses dans la réserve. Elle se pressa un peu car elle avait hâte d'aller retrouver Colette. Et à dix-sept heures tapantes, elle salua René Flandin d'un air guilleret.

— À demain, René !

— À demain, ma fille, répondit-il depuis son bureau où s'entassaient les factures et les bons de commande. Et n'oublie pas de souhaiter un joyeux anniversaire à ta mère de ma part.

René Flandin connaissait bien la famille. Il avait de nombreuses fois fourni du matériel pour les chantiers de Théo, le père, et c'est ainsi qu'ils avaient sympathisé. C'était quelqu'un de bon et généreux, toujours prêt à rendre service. Alors quand Susie avait cherché un travail après avoir raté son baccalauréat, il n'avait pas hésité une seconde et l'avait tout de suite embauchée.

Colette se tenait devant le miroir et prenait des poses, inclinant la tête à droite puis à gauche.

— Alors ? T'en penses quoi ?

Elle avait coupé ses cheveux à la garçonne, les avait plaqués à la gomina et soigneusement cranté la mèche de devant. On n'aurait pu mieux faire.

— Joséphine serait jalouse, répondit Susie sans hésiter.

Colette sourit, l'œil en coin.

— C'est exactement ce que je pense.

Colette s'était prise de passion pour Joséphine Baker depuis qu'elle avait vu *Zouzou*, le film de Marc Allégret dans lequel la chanteuse tenait le rôle-titre. C'était lors d'une de ces séances de cinéma clandestines organisées par Guisela et Manfredo, un couple d'Italiens excentriques qui avaient transformé leur vieille ferme perdue au milieu des champs de colza en un lieu de fêtes mémorables. Pour les projections, ils avaient tendu un grand drap blanc entre deux oliviers, et pour la musique ils avaient bricolé une estrade en bois où venaient se produire les orchestres de passage. Un peu partout, des lampions de papier étaient suspendus dans les arbres, gros comme des fruits, et à la nuit tombée ils illuminaient le champ d'une lueur jaune pâle.

Après avoir vu le film ce soir-là, Colette et Susie avaient rejoint l'orchestre qui enchaînait les plus grands titres de Joséphine Baker. Colette était ivre de joie. On la voyait agiter ses bras et ses jambes dans tous les sens, totalement habitée, chantant à tue-tête. Susie la trouvait tellement drôle, tellement singulière ; ensemble elles dansaient et tournaient, riaient, s'attrapaient la main de temps à autre et parfois se donnaient un petit baiser sur la joue. Susie avait fini par avoir un poing de côté – j'arrête deux minutes, j'en peux plus – alors Colette avait levé le pouce en l'air et avait enchaîné sur la chanson suivante. Tandis que Susie reprenait son souffle, un jeune homme s'était approché d'elle sans se faire remarquer. Il l'avait complimentée sur sa façon de danser et puis sur cette robe qui lui allait si bien. Il lui avait ensuite offert une cigarette en la regardant avec des yeux tendres un peu nigauds.

— Je m'appelle Jacques, avait-il dit. Je vous trouve très belle.

Plus tard dans la nuit, Guisela et Manfredo avaient fait griller des merguez rouge vif qui suintaient le piment. Un grand nuage de fumée épicée s'était élevé dans le ciel. Sur la longue table posée au milieu des herbes hautes, on avait disposé des saladiers remplis de tomates et d'oignons, de grandes assiettes d'aubergines grillées, des coupelles remplies d'olives et d'ail. Et au milieu, une immense casserole de spaghettis fumants. Manfredo avait aussi apporté des galettes de pain rondes, moelleuses et encore chaudes, et à ce moment-là tout le monde avait applaudi.

Jacques Lancry, lui, était déjà reparti. Il n'aimait pas se coucher tard. Susie avait trituré un moment le petit papier qu'il lui avait laissé, sans trop savoir quoi penser, et Colette avait éclaté de rire en voyant ce qu'il y avait écrit dessus. Son adresse.

— Tu vas quand même pas sortir avec ce naze !

Elle s'était moquée de son amie, sans retenue, puis lui avait pincé la fesse, si fort que Susie avait poussé un petit cri aigu.

— T'es jalouse, c'est tout, avait répliqué Susie.

Colette s'était alors mise à chanter *J'ai deux amours*, très fort et très faux, et elle avait terminé la soirée en embrassant une ou deux filles au hasard, juste pour l'embêter.

Colette sortit du tiroir un vieux paquet de cigarettes à moitié écrasé. Elle en attrapa une avec les dents, l'alluma, puis souffla la fumée vers le plafond.

— Alors ? dit-elle en tendant la cigarette à Susie. Tu t'es décidée pour la soirée à Montfleury ?

La chambre de Colette, située au rez-de-chaussée, était fraîche et sombre. On entendait le pépiement d'un couple d'oiseaux qui nichait juste au-dessus et la rumeur de la ville au loin. La soirée en question avait lieu dans l'une de ces magnifiques villas entourées de citronniers et de bigaradiers, perchées sur les hauteurs de Montfleury. Susie attrapa la cigarette, aspira une courte bouffée, puis sans répondre elle s'approcha de la fenêtre, passa un bras à travers les barreaux pour attirer le chat des voisins.

— Tu me donnes un peu d'eau ?

Colette soupira, agacée.

— C'est à cause de Jacques, c'est ça ?

Susie remua la tête, non pas du tout, mais elle sourit tout de même : c'est vrai que Jacques ne voulait jamais sortir. Il avait toujours du travail ou un livre à finir, ou alors il bayait carrément aux corneilles en disant que, vraiment, ses élèves l'avaient épuisé. Elle attrapa la coupelle d'eau que lui tendit Colette et la glissa dehors. Le chat rappliqua aussitôt et se mit à laper avidement. La chaleur était si forte que l'air sentait la poussière et le pneu grillé.

— Pourquoi tu veux pas venir, alors ? C'est quoi le problème ?

Susie haussa les épaules.

— J'ai pas envie. C'est tout.

Colette détestait quand Susie faisait mine d'avoir ses petits secrets. Ça la rendait dingue. Et puis jalouse aussi. Ce qu'elle aimait, au fond, c'était l'avoir pour elle toute seule. Comme avant. Souvent elle repensait à cette période du lycée où elles étaient inséparables, sans personne autour, et où elles s'échangeaient parfois des baisers en cachette. Au début, elles avaient fait ça pour essayer, pour rigoler. Pour s'entraîner avant de se lancer avec les garçons. Mais très vite, dans l'esprit de Colette, les choses avaient pris un tour sérieux. Ces baisers l'étourdissaient. Elle aimait leur douceur, leur fraîcheur de bonbon acidulé. Mais un jour Susie l'avait repoussée gentiment. Arrête, avait-elle murmuré un peu gênée, les joues en feu. Colette était tombée de haut. Et quand elle avait vu Susie s'essuyer discrètement la bouche et se détourner, son cœur s'était ouvert en deux comme un fruit mûr. Ça faisait si mal. Elle n'avait plus osé réessayer, au risque de la perdre totalement. Et elle s'était mise à détester que Susie parle des garçons, qu'elle commente le charme de celui-là ou se retourne sur cet autre :

— Dis donc, il avait de ces yeux, celui-là…

— Arrête, tu regardais son cul.

Depuis, Colette avait eu d'autres aventures. Elle avait embrassé Simone, couché avec Catherine. Et puis aussi avec Paul, juste pour voir. Mais ça n'avait rien donné, évidemment. Susie l'obsédait, quoi qu'elle fasse pour l'oublier. Alors Colette s'agitait, s'énervait, comme si elle ne savait pas quoi faire de ses sentiments ; elle découvrait la violence du désir et de la frustration. Parfois, quand elle souffrait trop, elle se promettait de ne plus lui adresser la parole, à cette garce, d'arrêter de la voir. Elle se disait que ça faisait partie de la vie, de renoncer. De passer à autre chose. Après tout, avant de la connaître, elle se débrouillait très bien sans elle. Alors elle décidait de ne plus donner signe de vie, de disparaître. Mais au bout de quelque temps c'était Susie qui rappliquait – ben t'étais où, t'étais malade – et Colette craquait à nouveau : après l'avoir haïe de toutes ses forces, elle se remettait à l'adorer. Et une nouvelle fois, comme tous les amoureux éconduits, elle prenait des détails insignifiants pour des preuves d'amour incontestables. C'était épuisant.

Colette s'attarda sur la petite mèche de cheveux qui voletait autour du visage de Susie. Pourquoi lui tournait-elle autant la tête, cette fille. Elle n'était même pas spécialement jolie. Colette lui reprit la cigarette d'un geste agacé, aspira une bouffée à fond, puis vint l'écraser sur le rebord de la fenêtre.

— Tiens, le chat, pour ton dessert ! fit-elle en lui lançant le mégot.

Susie tenta de lui retenir le bras mais trop tard, le chat s'était jeté sur le mégot et le mâchonnait furieusement.

— Mais t'es bête !

Colette haussa les épaules. Vraiment, ça la contrariait d'aller à cette soirée sans Susie. Et surtout de la savoir ailleurs, sans elle, à faire on ne sait quoi.

— Tu viens au moins chez les cousins tout à l'heure ?

— Je peux pas, je t'ai déjà dit. Ce soir, c'est l'anniversaire de ma mère.

— Ah oui, c'est vrai, dit Colette en se frappant le front. Avant d'ajouter, railleuse : Dommage, tu vas louper ton Beau.

Le Beau, c'était Jean-Eudes, un jeune militaire qui avait tout de suite plu à Susie. Pourtant il ne s'était rien passé, quelques regards appuyés tout au plus. Mais Susie avait immédiatement éprouvé pour lui quelque chose d'intense et de vif, comme du sel sur une plaie, ou une gorgée d'alcool pur avalée à jeun.

Colette se planta à nouveau devant le miroir. Elle lissa ses sourcils avec un peu de salive puis sortit un tube de rouge ; un beau rouge grenat qu'elle s'appliqua lentement sur les lèvres, avant de les presser l'une contre l'autre.

— Et voilà, dit-elle en forçant son sourire. Prête pour le bal.

Susie s'était approchée sans un bruit. Elle fixa Colette un instant dans le miroir, le regard indéchiffrable. Et sans que personne ne s'y attende, elle lui déposa un petit baiser au creux du cou, aussi doux et léger qu'une aile de papillon.

4.

Assis dans la salle d'attente, l'homme tapotait nerveusement sur ses genoux. Il avait une corpulence massive, des mains énormes, et portait son fusil en bandoulière aussi simplement que s'il s'agissait d'un sac à main. Anne le fit entrer. Elle avait vu l'arme mais ne cilla pas, tâchant de rester la plus naturelle possible. Elle savait que dans ces cas-là un seul mot prononcé de travers pouvait tout faire dégénérer.

Ceci dit, elle se rendit vite compte que cet homme-là, malgré son arme, n'avait rien de menaçant. Il était lourd et pataud, comme gêné par sa propre stature, et à son épaule le fusil avait l'air d'un jouet.

— Vous voulez vous débarrasser ?

Elle avait dit ça exactement comme si elle lui proposait d'ôter un vêtement. L'homme fit non de la tête et tapota son fusil, signifiant qu'il le gardait bien au chaud contre lui, puis il s'assit et toussota dans son poing énorme. On aurait dit un ogre sur une chaise d'enfant. Anne lui posa les quelques questions d'usage puis lui demanda la raison de sa visite.

— Pour ce truc-là, dit l'homme en même temps qu'il tirait sa paupière vers le bas.

Son œil de verre s'échappa alors mollement de son orbite et échoua au creux de sa paume. Il tendit la main vers Anne, la lui collant presque sous le nez.

— Ça fait bizarre, hein ?

— J'ai l'habitude, répondit-elle sans hésiter mais détournant tout de même le regard.

Elle avait vite compris que ce géant avait connu les champs de bataille de la Première Guerre, dans l'Argonne ou ailleurs.

— Vous l'avez perdu au combat, votre œil ?

L'homme avait acquiescé. L'obus, raconta-t-il, était tombé à quelques mètres de lui et l'impact avait provoqué une pluie de terre froide et humide qui s'était abattue sur lui ; des centaines de kilos de terre qui lui avaient rempli la bouche, les narines, les oreilles. L'odeur d'humus et de lombric, sombre et végétale, lui avait alors envahi le cerveau. Il était devenu fleur, fourmi, caillou. Peut-être même était-il mort. Il ne se souvenait plus. On lui avait raconté que ses camarades étaient parvenus à le tirer de là in extremis, sans qu'on sache comment, et il s'en était tiré indemne, avec juste un œil en moins. Un miracle, lui avait-on dit.

Mais la terre et les fleurs étaient restées dans sa tête et l'odeur d'humus ne l'avait pas quitté. Et pendant plusieurs semaines il n'avait plus prononcé un mot, claustré en lui-même, persuadé qu'il était un ver de terre.

— C'est vrai ce que je vous raconte, docteur. Plus vrai que mon propre fusil, insista-t-il en tapotant l'arme.

Depuis son retour de la guerre, l'homme vivait à Tunis dans un sous-sol crasseux et malodorant, à deux pas de la cathédrale Saint-Vincent-de-Paul, et s'attendait chaque matin à ce qu'on vienne le chercher pour repartir au combat. Aussi dormait-il toujours en uniforme, le fusil serré contre lui comme un doudou.

Anne se souvenait de ces jeunes soldats qu'elle avait vus devenir fous, lorsqu'elle était au front. Des garçons à peine sortis de l'adolescence qui voyaient des choses si épouvantables et si insoutenables qu'ils en perdaient la raison. À l'époque, on les prenait facilement pour des simulateurs, des types qui prétendaient la folie juste pour qu'on les renvoie dans leurs foyers. Certains étaient passés en conseil de guerre pour ça, d'autres froidement fusillés.

— Je vous crois, répondit simplement Anne en voyant le pauvre homme accroché à son fusil.

Puis elle fixa le rendez-vous pour sa nouvelle prothèse et le raccompagna sans un mot.

Martha Saada habitait en lisière de la médina, dans une petite maison adossée à un jardin où poussait un tas de plantes médicinales. Martha était guérisseuse et coupeuse de feu, et sa réputation était telle qu'on venait parfois de lointaines campagnes pour la voir. Elle avait, disait-on, le pouvoir de tout guérir.

Chaque jour Anne passait chez elle après ses consultations, pour discuter, partager un thé ou simplement être ensemble. En quelques années, Martha était devenue sa plus proche amie, son âme sœur. Elles se comprenaient sur tout, se protégeaient, se réconfortaient. Parfois, elles ne disaient rien, mais le silence entre elles n'était pas gênant ; elles appréciaient simplement le fait d'être ensemble, en présence l'une de l'autre.

Parfois, Anne lui envoyait des patients – ceux pour qui la médecine classique échouait à soulager les douleurs, ou encore ceux qui avaient besoin de croyances et de magie pour guérir –, mais jamais elle n'en parlait à ses confrères, consciente qu'ils la dénigreraient ou se ficheraient d'elle. Pourtant, pas un instant elle ne doutait de l'efficacité des pratiques de Martha. Il faut dire qu'Anne avait beau être scientifique et rationnelle jusqu'au bout des ongles, elle n'en avait pas moins un goût prononcé pour le surnaturel. Et pour le comprendre, il fallait remonter loin dans son histoire personnelle, quelque part dans l'enfance, sur ce petit bout de terre volcanique perdu au milieu de la mer des Antilles.

Anne était née sur l'île de la Martinique, à Saint-Pierre. Elle avait grandi entourée de ses parents, Raoul et Blanche, ainsi que d'une flopée de gouvernantes. Ils habitaient une maison coloniale dominant la plantation de canne à sucre, entourée d'un vaste jardin d'arbres tropicaux. La chambre d'Anne, à l'étage, donnait sur un foisonnement de frangipaniers, d'hibiscus, de cocotiers élancés. Dès son réveil, la petite fille descendait au jardin pieds nus et s'amusait à chasser les papillons, à jouer avec les insectes, ou à ramasser les fleurs rouge sang tombées du flamboyant. Elle prenait ensuite son petit-déjeuner sur la terrasse, se régalant de mangues ou de goyaves tout juste cueillies sur l'arbre. C'était une vie douce et ensoleillée, heureuse, sans contrainte. Elle avait appris à parler le créole et se laissait bercer par les contes peuplés d'esprits malicieux que lui racontaient les domestiques à la nuit tombée. Et quand il y avait de l'orage, elle aimait voir les rafales tordre les arbres et la végétation, la nature se déchaîner, et le calme qui suivait juste après : la terre tiède qui exhalait une nappe de vapeur fumante, les oiseaux qu'on entendait pépier à nouveau, la pluie qui dégouttait lentement des palmiers.

Toute cette vie aurait pu continuer ainsi si un jour sa mère ne s'était pas réveillée avec une effroyable prémonition : une catastrophe allait se produire, il fallait fuir absolument.

— Mais enfin de quoi tu parles, avait dit son mari Raoul encore à demi ensommeillé, tout en sucrant sa tasse de café.

Blanche avait expliqué, le plus calmement possible, que la ville allait être dévorée par les flammes et les habitants pris au piège : les femmes dans leurs cuisines, les enfants dans leurs berceaux, les commerçants dans leurs boutiques. Tous allaient mourir, sans exception.

— Je l'ai vu en rêve, avait-elle alors dit d'un souffle, les lèvres pâles et le regard habité.

Comme Raoul était quelque peu coutumier des états d'agitation son épouse, il avait réagi avec modération pour ne pas dire avec indifférence.

— Ah. Tu as vu ça ?

Blanche avait presque eu envie de lui mettre une claque. Ne comprenait-il pas l'imminence du péril ?

Était-il aveugle à ce point ? Elle lui avait alors attrapé le poignet avec force, faisant au passage tomber la petite cuillère pleine de sucre.

— Le pire… avait-elle ajouté sans desserrer le poignet de son mari. Le pire c'est que ce rêve, je l'ai déjà fait deux fois.

Raoul Dormoy avait haussé un sourcil, incrédule.

— Deux fois ?

Il avait d'abord refusé catégoriquement de quitter Saint-Pierre. C'était quelqu'un de rationnel et respectable, le meilleur avocat de la ville, et il était peu prompt à se fier aux rêves de son épouse, fussent-ils prémonitoires. Seulement, Blanche n'avait rien lâché. Elle avait inlassablement répété les mêmes phrases, les mêmes alertes, jusqu'à ce qu'il craque.

— Avec tous les dossiers que j'ai en retard, ce n'est vraiment pas le moment, avait-il maugréé en emportant de quoi passer quelques jours chez les Morestin, à Basse-Pointe, de l'autre côté de l'île.

Leurs amis, pour leur part, avaient été ravis de cette visite improvisée. Quand Raoul, Blanche et leur petite Anne étaient arrivés chez eux, ils s'étaient tous installés sur la grande terrasse, face à l'océan Atlantique, et avaient partagé un délicieux gâteau à la noix de coco puis bu plusieurs verres de punch bien dosé. Après ça, Blanche avait regardé avec soulagement l'océan immense, les vagues qui claquaient contre les rochers, les étoiles apparaissant dans le ciel les unes après les autres. Nous étions le 7 mai 1902. Personne ne le savait encore mais, le lendemain matin, la ville de Saint-Pierre, celle que l'on surnommait alors « le Petit Paris des Antilles » pour son opulence, son faste et ses extravagances, serait entièrement dévastée par l'éruption de la montagne Pelée et rayée de toutes les cartes.

— Les cartes ? dit Martha. Tu veux que je te tire les cartes maintenant ? Tu es sûre ?

Anne avala une gorgée de citronnade.

— Oui, maintenant. J'ai le pressentiment que… que quelque chose va arriver.

— Je te rappelle que la dernière fois que tu m'as dit ça, c'est ton pneu de voiture qui a crevé. Tu te souviens ?

— S'il te plaît, maintenant, insista Anne avec un sérieux qui désarçonna Martha.

Elles s'installèrent dans le petit jardin à l'arrière de la maison. La végétation y était sauvage et dense, envahissante. Le bougainvillier fuchsia avait entièrement recouvert la façade et le jasmin étoilé s'était étendu partout, poussant n'importe comment. Martha avait semé un peu au hasard et elle avait laissé faire la nature ; elle ne taillait jamais rien, n'élaguait rien. Ça ne l'intéressait pas. Mais au fil des saisons elle avait eu la surprise de voir apparaître des lauriers blancs aux fleurs mousseuses, des citronniers aux fruits robustes, et des rosiers thé troués par les pucerons mais tout de même très beaux. Son jardin était à son image, généreux et bohème, plein de charme. Son coin préféré était celui où avaient poussé en désordre la guimauve, la sauge, la menthe poivrée, et tout ce dont elle se servait pour ses préparations médicinales.

Anne et Martha ne se connaissaient que depuis quelques années mais leur complicité avait été immédiate. Anne se souvenait parfaitement de la forte impression que lui avait faite Martha. L'énergie folle qu'elle dégageait, ses yeux vert émeraude, son parfum musqué. Et puis son rire, l'air de se foutre de tout ; Martha l'avait fascinée par sa drôlerie et sa fantaisie autant que par sa connaissance profonde de l'âme humaine. Quant à Anne, elle avait piqué le cœur de Martha grâce à ce singulier mélange de détermination, d'intelligence aiguë et de vulnérabilité. Depuis leur rencontre, elles ne passaient jamais plus d'un jour ou deux sans se voir, sans quoi elles en éprouvaient un manque, une inconfortable sensation d'ennui, quelque chose qui les rendait vaguement absentes aux autres.

Martha disposa les cartes devant elle, une par une, les faisant claquer légèrement. Elle commença par poser l'index sur l'une, puis sur l'autre.

— Hum.

Sa bouche s'était tordue bizarrement. Anne fit mine de ne rien remarquer et suivit du regard le petit oiseau bleu qui se posa un peu plus loin, piquant son bec dans l'herbe. Martha s'était mise à tapoter sur la table du bout des doigts. Anne regarda ses ongles joliment vernis, les fines rides qui rayonnaient autour de ses yeux rieurs.

— Écoute, je ne vois pas grand-chose, finit par concéder Martha en ramenant les cartes à elle d'une seule main. Le mieux ce serait qu'on recommence demain.

À l'intérieur de la maison, le chardonneret de Martha sautillait en rond dans sa cage. Mais dès qu'il vit Anne approcher, il s'immobilisa et se mit à entonner une série de trilles gracieux. Comment pouvait-on garder un si bel oiseau enfermé, pensa Anne, pourquoi Martha faisait-elle ça, bon sang.

— Il me rappelle ma mère, dit Martha comme si elle l'avait entendue. Elle adorait les oiseaux, ma mère. Sans doute plus que ses propres enfants d'ailleurs, ajouta-t-elle dans un éclat de rire.

Anne sourit et glissa un index entre les barreaux, observa le petit oiseau lui picorer la pulpe du doigt. Martha, pendant ce temps-là, avait entrepris de remuer le fatras de toiles entassées dans un coin.

— Dans sa cuisine, elle gardait toujours une fenêtre ouverte pour que les oiseaux viennent la voir.

— Ah oui ?

Martha finit par mettre la main sur le tableau qu'elle cherchait, le tira hors du tas, et le tourna vers Anne.

— Alors, tu le trouves comment ?

C'était un étrange tableau barbouillé de couleurs vives qui éclataient dans tous les sens. Devant l'air un peu perplexe d'Anne, Martha précisa :

— Ça s'appelle « Le monde vu par un chardonneret de Tunis ».

Elle jeta un bref coup d'œil à son tableau.

— Tu sais bien que les oiseaux ne voient pas les couleurs comme nous. C'est toi la spécialiste, non ?

Anne hocha la tête. Elle n'y avait jamais pensé, à vrai dire.

— Non, je ne savais pas. Mais c'est réussi.

Martha la regarda quelques secondes, plissa les yeux, puis éclata d'un rire sonore.

— Ah bah d'accord, tu ne l'aimes pas du tout !

Anne fronça les sourcils, un peu surprise, tandis que Martha remisait le tableau derrière une pile de toiles à moitié terminées.

— Je te connais, dit-elle tout en mettant de l'eau à bouillir pour le thé. Je sais ce que ça veut dire quand tu fais cette tête.

Anne haussa les épaules, mi-amusée mi-décontenancée, et sortit du placard la théière et les tasses puis disposa quelques baklavas sur une assiette peinte de motifs arabes.

— Dis-moi…

— Hum ? fit Martha tandis qu'elle s'allumait une cigarette, chassant la fumée d'un geste de la main.

— Tu ne veux vraiment pas venir ce soir ?

Anne croqua une pâtisserie ; c'était comme se retrouver au milieu d'un palais des mille et une nuits, avec ses patios ombragés, ses jardins, ses fontaines parfumées. Martha faisait décidément les meilleurs baklavas de tout Tunis.

— Viens, pour une fois, insista Anne.

Martha changea sa cigarette de main et versa l'eau bouillante dans la théière, y jeta un bouquet de menthe fraîche du jardin, plusieurs cuillères de sucre.

— Tu sais bien que tes amis médecins m'assomment…

Martha les trouvait un peu ennuyeux, c'est vrai. Mais surtout, Anne n'était pas la même en leur compagnie. Elle parlait plus fort, remplissait l'espace, en faisait un peu trop. Tout ce qui lui avait été nécessaire pour s'imposer dans ce milieu si rude et si masculin. Martha lui tendit le verre de thé.

— Sans compter ton mari grognon, ajouta-t-elle. Non, vraiment, je n'y tiens pas.

Anne sourit en pensant à Théo, si taiseux et si renfrogné, puis elle aspira une gorgée de son thé brûlant.

— Bon… dit-elle doucement. Je vais m'ennuyer alors.

En rentrant chez elle, Anne repensa aux cartes qui n'avaient pas voulu parler. Pourquoi Martha n'avait-elle rien vu. Anne s'inquiéta de ce que cela pouvait présager, quel genre de misère allait lui tomber sur la tête, quand un hurlement terrible se fit entendre. C'était un cri de femme, rauque et désespéré, qui venait de la rue voisine et montait vers le ciel telle une plainte adressée aux dieux.

Les curieux s'étaient agglutinés en un rien de temps, comme s'ils s'étaient tenus en embuscade, et Anne, sans pouvoir résister, s'était glissée parmi eux. Entre deux épaules, elle vit la femme agenouillée devant un petit corps immobile, qui venait d'être renversé par une automobile.

Un homme, grand et élégant, vint alors s'accroupir près de la femme, lui posant une main sur l'épaule. Anne le reconnut tout de suite. C'était l'un des jeunes médecins de l'hôpital. Un type brillant et ambitieux mais totalement dénué d'empathie. Anne avait vite compris que la médecine l'intéressait en tant qu'aventure scientifique, peut-être aussi pour le statut social qu'elle conférait, mais qu'il détestait les patients. Il ne supportait pas de les entendre se plaindre ou avoir mal. Leur histoire, leur douleur, leurs angoisses, il les balayait d'un revers de main.

« Vous voulez qu'on vous soigne, non ? leur disait-il d'un ton odieux. Alors taisez-vous. » Un jour, il avait même giflé un petit vieux qui geignait de douleur. « Raisonnez-vous, lui avait-il dit. Et laissez-moi faire mon travail. » L'infirmière l'avait alors fixé, interdite, puis elle avait continué à refaire le pansement du petit vieux, soigneusement, et au moment de sortir elle avait simplement dit « Vous êtes une merde, docteur » en claquant fort la porte. Ce jour-là, Anne l'avait félicitée discrètement et elle s'était empressée d'aller raconter tout ça à Martha.

— Je te rappelle qu'au Moyen Âge, les femmes médecins étaient nombreuses et leurs compétences très recherchées, avait dit Martha. Et ce genre de saloperie, ben tu vois, ça n'arrivait pas.

Martha lui avait parlé de cette fameuse École de médecine, à Salerne, dans le sud de l'Italie, qui comptait dans ses rangs des chirurgiennes aussi réputées que Constanza Calenda ou encore Trotula, autrice d'un traité de référence sur la gynécologie. Mais à la fin du Moyen Âge, l'université avait été interdite aux femmes et, dès lors, toutes celles qui soignaient et guérissaient avaient été considérées comme des sorcières.

— Un peu comme toi, avait plaisanté Anne.

— Absolument. Et c'est ma fierté, docteur.

La femme avait cessé ses cris. C'était fini. Elle avait enfoui son visage entre ses mains et remuait mollement la tête. Le médecin s'était penché vers elle pour lui dire quelques mots, puis il lui tapota le dos d'un air distrait. Anne en eut la nausée. Elle le vit jeter un œil à sa montre, vaguement impatient. Quel sale type, pensa-t-elle tandis que les badauds commençaient à s'éparpiller, rassasiés de malheur, chacun reprenant avec soulagement le cours de son existence ; les uns se dirigeant vers le café, les autres vers la mosquée, d'autres encore vers le parc voisin.

Et c'est là qu'Anne le vit. Ce petit corps devant lequel pleurait cette femme. Ce n'était pas un enfant, comme elle l'avait cru, mais un chien – le pelage noir tout collé de sang. Elle en éprouva un soulagement si vif, si intense, que la honte l'envahit et qu'elle s'échappa de là comme une voleuse.

5.

Irina était en train de préparer un bœuf Stroganoff qu'elle réarrangeait selon ce qu'elle avait en cuisine. Elle découpa des carottes et des navets en quantité pour compenser le peu de viande, força sur la moutarde, les épices. Et à la fin, pour le goût, elle cisela un gros bouquet d'herbes fraîches que le marchand du souk lui avait vendues comme étant les meilleures de Tunisie. « Cueillies ce matin même dans le champ du cousin Brahim », lui avait-il dit avec un sourire tout édenté.

Irina plongea sa cuillère en bois dans la casserole. Elle remua doucement, pendant un long moment, puis se pencha pour goûter. La sauce brûlante avait une saveur exquise, un mélange de crème aigre, de moutarde et de paprika qui fit ressurgir du passé ces souvenirs aux couleurs fanées – la datcha familiale et sa forêt de bouleaux, les allées bourdonnantes d'abeilles, et le rire de son petit garçon, Volodia.

Irina se sentit vaciller et, prise de vertige, se rattrapa au bord de l'évier. Elle savait que ce passé ne reviendrait pas. Qu'il était inutile de se torturer. Alors pour effacer ce goût, le goût de l'exil et du chagrin, elle but plusieurs gorgées d'eau froide. Puis elle attrapa la harissa, en mit plusieurs cuillères dans la casserole, et moulina le poivre noir en grains épais : ici on était en Tunisie, pas en Russie, et tout le monde mangeait très épicé.

Dehors, le soleil de fin de journée nappait les rues d'une chaude lumière dorée. C'était l'heure où les terrasses des cafés étaient bruyantes et animées. L'heure où les tramways passaient sans discontinuer, avec leurs voyageurs suants et fatigués. L'heure aussi où les commerçants faisaient leurs meilleures affaires. Au coin de l'avenue Roustan, Carlo l'Italien venait de rouvrir son échoppe, et comme chaque jour ça ne désemplissait pas. Il faut dire que ses crèmes glacées étaient réputées dans tout le quartier. Une bande de gamins turbulents étaient en train de faire la queue. Ils se poussaient, rigolaient fort, s'insultaient, et quand ce fut à eux ils déposèrent leurs pièces sur le comptoir, chacun leur tour, de manière désordonnée et agitée. Ils n'avaient pas tout à fait le compte, voire pas du tout, mais Carlo saupoudra tout de même leurs glaces d'une poignée de pistaches hachées. Puis, d'un geste paternel, il donna au plus jeune de la bande une claque sur la tête.

— Rentre chez ta mère, toi ! T'as vu l'heure ?

Ferdinand rit en le voyant faire, tenant sous son bras le disque emballé dans un papier de soie mauve.

— Comment ça va, *ragazzo* ? lui dit Carlo. Tu prends quoi, aujourd'hui ?

Ferdinand désigna une part de pizza aux poivrons encore fumante. La croûte était un peu cramée par endroits et le fromage luisait, appétissant ; il s'étira en longs fils élastiques lorsque Carlo saisit la part.

— *La migliore del mondo*, commenta-t-il. Tu m'en diras des nouvelles.

En lui rendant sa monnaie, il glissa au passage une poignée de boules de gomme à la fraise.

— Cadeau de la maison. Et travaille bien à l'école surtout, ajouta Carlo en croquant une pistache tombée sur son comptoir.

L'appartement des Dormoy était situé au dernier étage d'un immeuble cossu. C'était un vaste appartement bourgeois, avec salon de réception et chambres spacieuses, dont Théo avait lui-même dessiné les plans et où il avait installé son bureau. Mais avec la guerre, tous ses projets étaient à l'arrêt : plus aucun immeuble à construire, plus aucun chantier en cours. Il occupait son temps comme il pouvait, dépannant les amis avec de menus travaux, repeignant ici une devanture, là une salle de bains. Il avait également entrepris de se remettre au dessin, mais cela lui avait pris des semaines avant d'oser retoucher à un pinceau. Ses années aux Beaux-Arts de Paris étaient loin désormais. Et il savait qu'à force de dessiner des plans, son trait s'était asséché. Qu'il était devenu technique et utilitaire, mais incapable de vibrer ou de provoquer la moindre émotion.

L'architecture, il y était venu par un hasard. Il avait commencé en arrivant ici à Tunis, par nécessité, et puis de fil en aiguille c'était devenu sa vie : il avait conçu plusieurs immeubles du centre-ville, des villas sur les hauteurs de Montfleury, ou encore des bâtiments publics comme la Poste de Sousse, une splendeur Art déco aux lignes géométriques et épurées. Son travail était sérieux et minutieux, très apprécié. Il y a quelques années, il avait eu l'idée d'acheter un terrain à Sidi Bou Saïd afin d'y faire bâtir une maison de vacances pour la famille. Il avait aimé imaginer l'endroit puis le construire tel qu'il le rêvait, dans ces variations de bleu et de blanc typiques du coin, avec une multitude de terrasses surplombant la mer, un jardin ombragé, et des murs décorés de zelliges traditionnels.

À présent, penché sur sa table de travail tel un étudiant besogneux, Théo reprenait son croquis pour la énième fois : un paysage d'oued avec des chèvres toutes maigres et des paysans à la peau burinée, quelques buissons secs et beaucoup de cailloux. Il essaya de corriger, retoucher, améliorer, mais c'était terne et sans intérêt. Tout juste bien réalisé. Il était cependant si concentré sur sa feuille qu'il n'entendit pas Ferdinand franchir le seuil de l'appartement et lancer un « Bonjour papa » en passant devant la porte entrouverte.

À la cuisine, Irina mettait la dernière main à la tarte aux figues qu'elle avait préparée pour le dessert. Elle ajouta les amandes pilées, un peu de miel, puis déposa sur le dessus des petites meringues qui sortaient tout juste du four.

— Bonjour Irina, dit Ferdinand. Ça sent bon, c'est quoi ?

La vieille horloge comtoise sonna la demie. C'était un meuble rustique en bois de merisier, avec balancier apparent, typique du Jura. Théo s'était donné la peine de la faire venir de Morez, mais elle n'avait jamais vraiment fonctionné ; pour autant il n'aurait pas songé à s'en débarrasser, c'était le seul souvenir qu'il ait gardé de sa propre famille. Ferdinand posa son disque sur la desserte et s'approcha de l'horloge pour lui mettre un tour de clé manivelle, comme il le faisait depuis qu'il était petit. Irina lui fit signe d'approcher et lui déposa une petite meringue au creux de la main, sa friandise préférée.

— Tu ferais bien d'aller te changer, dit-elle en avisant sa chemisette pas très fraîche. Je te rappelle qu'on a un invité spécial aujourd'hui.

— Ah bon ?

— Mais enfin, Ferdinand, s'exclama-t-elle. Ne me dis pas que tu as oublié… Ce soir on dîne avec André Gide !

Irina était arrivée à Tunis en 1921. Comme des milliers de Russes blancs de l'époque, elle avait dû fuir son pays au moment de la guerre contre les bolchéviques, et son exil l'avait menée jusqu'en Tunisie, ce pays de Méditerranée saturé d'épices et de soleil, à mille lieues de sa vie d'avant. En Russie, Irina enseignait la danse dans une école réputée. Elle faisait partie de la classe privilégiée, lisait couramment le français et était mariée à un officier de l'armée. Elle avait un petit garçon, Volodia, et une jolie maison devant laquelle poussait un cerisier. Chaque jour, Irina allait déposer son fils chez l'instituteur et rejoignait ensuite l'école de danse à pied. Ses cours étaient prisés. Elle était considérée comme une excellente professeure, la meilleure même, et parmi ses élèves plusieurs avaient intégré le Bolchoï. Irina avait une vie heureuse. Volodia était un petit garçon sage et gentil, et Ivan, son mari, un homme respecté de tous. Souvent, ils recevaient leurs amis à la maison et passaient des soirées à déguster des viandes rôties et à boire les meilleures vodkas, à jouer de la musique, à chanter, à rire.

Mais avec la guerre, Irina avait tout perdu : son mari était mort, elle avait arrêté d'enseigner la danse, et les amis avaient disparu. Ils l'avaient fuie comme si le malheur était contagieux. Son petit garçon, lui, avait perdu le sommeil. Il n'arrivait plus à dormir car, disait-il, il avait peur de ne plus se réveiller. Alors un matin Irina avait tout abandonné, laissant derrière elle la maison et le cerisier, la vaisselle dans l'évier, les lits défaits, et les jouets de Volodia au milieu du salon comme si elle ne s'absentait que pour quelques heures. Mais elle n'était pas revenue. Elle avait rejoint Sébastopol avec son petit garçon insomniaque et un sac contenant quelques vêtements, de la poudre dentifrice, les partitions de ses ballets préférés, et en tant que veuve d'officier elle avait pu embarquer sur l'un des navires de la flotte impériale affrétés pour évacuer la Crimée. Elle se souviendrait longtemps de ce moment où elle était montée sur le bateau, le regard fixé sur ses pieds, ses pieds en train de quitter le sol russe – jamais, jamais une danseuse ne regarde ses pieds.

Le navire avait quitté Sébastopol sous un vent glacial. Il avait traversé la mer Noire, la mer Égée et lorsqu'il était arrivé en Méditerranée, l'air s'était fait plus doux et plus salé, le ciel s'était teinté d'un bleu tendre. Irina n'avait pas lâché la main de son petit garçon de tout le voyage. Elle lui avait raconté des histoires d'aventuriers et de contrées inconnues, d'oiseaux colorés et de ruines antiques ; elle lui avait parlé de Carthage et de la reine Didon, des Phéniciens, des Romains, des Arabes et de leurs conquêtes multiples. Volodia avait écouté avec de grands yeux sérieux, se laissant peu à peu séduire par les récits de sa maman, et à l'issue d'un périple digne de héros mythologiques, ils avaient accosté à Bizerte, au nord de la Tunisie. Là, tous les Russes étaient descendus du navire, un à un et sans un mot, escortés par un pâle soleil d'hiver mais qui pour eux était au moins aussi chaud et réconfortant qu'un shot de vodka.

Les premiers temps avaient été difficiles. Comme beaucoup de réfugiés, Irina et son fils s'étaient retrouvés dans un petit hôtel miteux du centre de Tunis. Ils dormaient dans le même lit, serrés l'un contre l'autre, et grelottaient même s'il ne faisait pas froid. Pour gagner un peu d'argent, Irina vendait des pirojkis sur la plage ou dans la rue ; ils avaient du succès, ces petits chaussons farcis de viande ou de fromage, il n'en restait plus un seul à la fin de la journée. Mais cela suffisait à peine pour acheter de quoi nourrir et vêtir Volodia.

Alors Irina avait remué ciel et terre pour s'en sortir. Elle avait cherché du travail partout où elle pouvait, vraiment partout, et comme elle parlait un français impeccable et semblait prête à se démener sans compter, l'hôpital civil français lui avait ouvert ses portes.

Le Dr Anne Dormoy l'avait tout de suite repérée, avec son port de tête altier, son allure élégante et sa pâleur de princesse. Elle l'avait tout de suite appréciée aussi, car Irina apprenait vite et travaillait dur. Ses gestes étaient sûrs, précis, tout en étant empreints de délicatesse. Elle avait une manière d'être qui inspirait confiance. Les deux femmes avaient vite sympathisé, aimaient travailler ensemble. Et quand Anne était tombée enceinte de Ferdinand, c'est tout naturellement qu'elle avait proposé à Irina de s'occuper de son bébé et de la maison. Elle serait bien payée, mieux qu'à l'hôpital, et serait nourrie et logée dans l'appartement de l'avenue Roustan.

— André Gide ! répéta Irina, enthousiaste. Tu te rends compte ?

Irina avait lu tous les grands auteurs de son temps, tous les poètes. Elle avait une préférence pour les Russes évidemment, Tolstoï en tête, mais elle n'en vouait pas moins à la littérature française une admiration immense. Elle la trouvait d'un raffinement inégalé, proche de la perfection. Elle jeta un œil à l'horloge, aligna les amuse-bouches sur un plateau, ajouta une dernière pincée de sel à son plat et réajusta les épingles dans ses cheveux. L'heure du dîner approchait.

6.

Située sous les arcades de l'avenue de France, la librairie *La Rose de sable* était devenue en quelques années l'un des lieux incontournables de la vie intellectuelle tunisoise. Dès l'inauguration, Marcel Tournier avait eu à cœur de transmettre sa passion pour la littérature. Aussi ne se contentait-il pas de vendre des livres, il organisait toutes sortes de rencontres, de débats, et nombre d'auteurs étaient déjà venus chez lui pour signer leurs textes. Marcel Tournier rêvait sa librairie comme un lieu d'ouverture sur le monde et sur les autres, un lieu de curiosité. On y trouvait des romans français autant qu'étrangers, des encyclopédies d'histoire, des merveilles de littérature arabe, de poésie, ainsi que tous les ouvrages possibles sur l'Afrique du Nord. Avec ses yeux rieurs, son épaisse moustache et son parler volubile, Marcel Tournier dégageait une sympathie immédiate. C'est lui qui arriva le premier au dîner.

— Tiens, je t'ai apporté un livre, dit-il à Ferdinand. Ça vient de paraître, c'est Edmond qui me l'a fait parvenir d'Alger.

Edmond, c'était Edmond Charlot, son grand ami qui tenait à Alger la fameuse librairie *Les Vraies Richesses*. Ce dernier était également éditeur ; il avait publié des auteurs importants comme Jean Giono – à qui il avait emprunté un titre pour baptiser sa librairie – et faisait à présent paraître le premier roman d'un certain Albert Camus.

Ferdinand remercia et, par curiosité, ouvrit le livre à la première page :

« *Aujourd'hui, maman est morte. Ou peut-être hier, je ne sais pas. J'ai reçu un télégramme de l'asile : "Mère décédée. Enterrement demain. Sentiments distingués."* »

Ferdinand leva des yeux ronds vers Marcel Tournier. Celui-ci souriait de son sourire généreux, sûr de son effet.

— Tu verras, c'est un grand livre, dit-il en hochant la tête. Un très grand livre.

Ferdinand avait tout de suite aimé les phrases, le rythme sobre et équilibré, sans afféteries. Et pour une fois le roman se passait de ce côté-ci de la Méditerranée, chez eux, alors que ceux qu'il lisait habituellement avaient pour décor Paris, Rouen ou Angoulême ; parfois les salons russes ou les manoirs anglais, les rives du Mississippi, mais jamais l'Afrique. Une fois le dîner terminé, il s'empresserait d'aller commencer ce singulier roman dont il pressentait toute la beauté et dont le titre, *L'Étranger*, résonnait si fort en lui.

Ce soir-là, Anne avait réuni ses plus proches amis. Louis Vergne, son confrère neurologue, était en pleine discussion avec son complice de toujours, Étienne Burnet, le directeur de l'Institut Pasteur de Tunis.

Elle appréciait particulièrement ces deux hommes, à la fois érudits, généreux et humanistes. À côté d'eux, Jean Amrouche, poète kabyle et professeur de lettres au lycée Carnot, ne disait pas un mot ; il avait déjà allumé plusieurs cigarettes tant la venue de Gide l'impressionnait. Marcel Tournier, quant à lui, ne s'était départi ni de son habituel sourire ni de son bagou, mais il ne cessait de regarder sa montre. Sans doute l'idée de partager sa soirée avec le célèbre André Gide le rendait-il quelque peu nerveux.

— Qu'est-ce qu'il fait d'ailleurs ? Il ne vient pas ?

Anne jeta un œil à l'horloge et fit remarquer qu'il n'était même pas vingt heures.

— Oui, tu as raison. C'est le genre à se faire attendre, ajouta Étienne Burnet, sarcastique.

— Ou à s'attarder avec quelque jeune garçon, renchérit Vergne.

Ces deux-là n'appréciaient guère l'écrivain, et encore moins sa réputation, et ils ne s'étaient pas privés de le faire savoir à Anne.

André Gide, fuyant la France et la guerre, était arrivé à Tunis quelques jours plus tôt. Marcel Tournier était allé l'attendre sur le débarcadère où, comme lui, ils étaient nombreux à être venus accueillir un proche ou un ami. L'atmosphère était fébrile. Les enfants couraient dans tous les sens, ils criaient et s'excitaient, jouaient à s'attraper, à tirer sur les jupes de leurs mères. Les nounous les grondaient, sans succès. Et les hommes, eux, fumaient et trépignaient mollement. Quand le paquebot avait fini par apparaître au loin, tout le monde sur le port avait applaudi en même temps, soulagé, et en guise de réponse le navire avait fait sonner sa corne de brume plusieurs fois, avançant tel un monstre tranquille sur la Méditerranée scintillante. La foule avait alors scruté chacune de ses manœuvres ; les cordages balancés sur la jetée, les marins qui s'interpellent et s'invectivent, et enfin les passagers débarquant les uns après les autres, le pas encore chancelant et les traits tirés par la fatigue. Dans cette foule qui se déversait en un flot continu, l'inquiétude et la peur étaient palpables. Presque tous avaient fui la guerre, laissant derrière eux leur vie et leur maison. Ils ne savaient pas pour combien de temps ils seraient là, et encore moins si leur choix était le bon. L'avenir était si incertain et angoissant qu'on avait vu plusieurs personnes trébucher sur le quai et se casser la figure.

Au bout d'une demi-heure, le flot de passagers s'était tari. Des employés avaient encore déchargé quelques marchandises, on avait vu des membres de l'équipage se dire au revoir, puis l'agitation avait complètement cessé. Même les douaniers avaient quitté leur hangar et fumaient tranquillement une cigarette sur le quai.

Marcel Tournier avait déjà commencé à rebrousser chemin, songeant qu'André Gide avait sûrement raté le bateau, et c'est à ce moment-là qu'il l'avait vu sortir du hangar de la douane, l'air furieux. Amaigri depuis leur dernière rencontre à Nice mais toujours vêtu de son éternel loden et de son foulard de soie, Gide s'était avancé vers lui, ulcéré : « Ah ça ! Ils ont tout saisi ! Tout ! » Il ne lui restait plus rien des deux kilos de tabac blond que lui avait offert son ami de l'ambassade américaine avant de partir. De l'index, il avait desserré le foulard qui semblait l'étouffer et avait répété que, vraiment, c'était une honte. Puis il s'était ressaisi et avait salué Marcel Tournier avec une cordialité retrouvée. « On peut dire que ce voyage commence bien », avait-il conclu en quittant le port tandis que Tournier lui portait son encombrant bagage.

Irina sortit de la cuisine avec un plateau garni de petits feuilletés aux épinards, les mêmes qu'elle préparait autrefois pour ses dîners en Russie. Mais dans le couloir qui menait au salon, l'odeur beurrée des feuilletés lui monta à la tête et les images se mirent à tourner – la campagne aux couleurs pâles, les rangées de bouleaux, la rivière où l'on se baignait en été, et bien sûr le visage de son fils Volodia. Cela faisait maintenant plus d'un an qu'il était rentré au pays et elle n'avait pas eu de nouvelles. Elle ne savait même pas s'il était vivant. Alors pour ne pas sombrer, pour ne pas mourir d'inquiétude, elle s'étourdissait dans le travail ; elle cuisinait sans cesse, rangeait, nettoyait, s'efforçait de garder une bonne humeur de façade. Et quand l'angoisse était trop forte, elle allait voir les Russes. Les Russes de la chorale.

Les répétitions avaient lieu dans le garage d'Aliocha Sorokine, un ancien chanteur de l'Opéra de Moscou qui, après plusieurs années passées à Tunis, était devenu virtuose de la réparation automobile. Une fois par semaine, avec sa chorale, il réunissait ces hommes et ces femmes qui ici étaient devenus portiers, mécaniciens, domestiques – tous d'anciens bourgeois, d'anciens professeurs, artistes ou fonctionnaires que l'exil avait déclassés. Mais dès qu'ils se mettaient à chanter tous ensemble dans le garage d'Aliocha Sorokine, quelque chose de ce passé enluminé ressurgissait. Leur Russie perdue réapparaissait sous leurs yeux, avec ses vastes plaines enneigées, ses chevaux sauvages et ses forêts éternelles. Après ça, ils buvaient toujours un verre ensemble au milieu des crics, pots de peinture et autres jerricans. Ils évoquaient Moscou, Saint-Pétersbourg, Taganrog – leur monde d'avant. Ils échangeaient des nouvelles ou des blagues de là-bas ; ils riaient fort, pleuraient aussi parfois. Et quand c'était fini, ils s'embrassaient, souvent les larmes aux yeux, avant d'aller retrouver leur vie d'exilé avec un mélange de résignation et de mélancolie.

Irina entra au salon avec ses feuilletés et ses souvenirs et passa d'un invité à l'autre, se penchant légèrement avec son plateau. Anne attrapa un amuse-bouche sans interrompre sa conversation avec Marcel Tournier.

— Ah bon ? Gide se plaint du Tunisia Palace ?

— Oui, une catastrophe.

— Mais quelle diva ! lança Louis Vergne.

Anne le fit taire d'un geste de la main.

— Qu'est-ce qui ne lui va pas ? Il est pourtant très bien, cet endroit.

— Ben tout : les mouches, la chaleur, la poussière. Il ne supporte pas. Il ne ferme pas l'œil de la nuit.

Marcel Tournier sortit de sa poche un mouchoir en tissu qu'il plia soigneusement en deux, puis se tamponna doucement le front.

— En attendant, je lui ai proposé la chambre au-dessus de la librairie.

Irina repassa avec son plateau et Marcel Tournier attrapa un petit feuilleté, qu'il garda un instant entre ses doigts.

— Mais ça ne peut être que provisoire, l'endroit est tout petit et puis…

C'est alors que la sonnette retentit, stridente et dissonante, les faisant tous sursauter. Irina s'éclipsa aussitôt pour aller ouvrir, posa son plateau sur le petit guéridon dans le couloir, et revint à peine un instant plus tard, les joues pâles et l'air troublé.

— Qu'y a-t-il Irina ? dit Anne. Vous ne faites pas entrer M. Gide ?

— Ce n'est pas lui, madame, dit-elle d'un souffle.

— Comment ça, ce n'est pas lui ? répondit Anne avec une pointe d'agacement dans la voix. On n'attend personne d'autre ce soir.

Elle fronça les sourcils et, tout en se levant, elle posa une main sur l'avant-bras de Marcel Tournier, y marqua une légère pression :

— Je reviens.

Dans le couloir qui menait à l'entrée, Anne fut prise d'une inexplicable sensation d'angoisse. Quelque chose qui lui comprimait la poitrine, l'empêchait de respirer normalement et bourdonnait à ses oreilles. Elle fit quelques pas encore et sans doute comprit-elle à ce moment-là. Le pressentiment. Celui dont elle avait parlé à Martha et devant lequel les cartes étaient restées muettes.

Il était là, à présent, attendant sur le pas de la porte. Elle le devina, le visage dans l'ombre. Mais à partir de cet instant sa mémoire s'enraya : quelque part dans l'univers, quelqu'un avait fait dévier les astres et arrêté les aiguilles, et le ciel s'était vidé de tous ses oiseaux.

Elle ne garderait de cette scène qu'un souvenir vague et flou, changeant au fil du temps. Elle se souviendrait toutefois de ces quelques mots qu'il avait prononcés à la va-vite sur le pas de la porte. Des mots qui voletèrent et brûlèrent l'air telles des escarbilles échappées d'un feu.

Il avait ensuite disparu comme il était arrivé, laissant Anne hébétée, une main sur le front, l'autre essayant vaguement de se retenir au mur. Irina avait surgi du fond du couloir et l'avait rattrapée comme elle avait pu.

— Est-ce que ça va ? lui demanda-t-elle. Est-ce que tout va bien ?

Anne fut incapable de répondre. Elle entendit l'écho des pas qui dévalèrent les dernières marches et puis, au rez-de-chaussée, la porte de l'immeuble qui claqua. Un courant d'air passa alors sur son visage livide. Elle échangea un regard avec Irina, confuse et stupéfaite, puis rentra sans même refermer la porte. Maximilien était déjà reparti.

7.

Le jour se levait à peine rue Es-Sadikia. Une petite vieille matinale passa sans un bruit, avec sa canne et son fichu sur la tête. Elle s'arrêta un instant devant la boutique du confiseur, contempla les bocaux remplis de sucres d'orge et de bâtons de réglisse, puis repartit. La rue redevint déserte et silencieuse, baignée d'une fraîche clarté bleutée. Seules deux petites bergeronnettes vinrent s'abreuver dans une boîte de conserve laissée là pour les oiseaux ; elles piquèrent leur bec l'une après l'autre et, une fois désaltérées, elles s'envolèrent ailleurs, élégantes et gracieuses, avec leur longue queue noire et leurs pattes toutes fines.

Colette tenait son ami François par le coude. Ils marchaient du pas traînant des fins de soirée, sans un mot, chacun une cigarette à la main.

— Je crois que je suis amoureux, finit par dire François en regardant vers le ciel, l'air inspiré.

— Déjà ? Mais tu viens à peine de le rencontrer…

François avait les yeux soulignés de khôl, de grandes boucles d'un blond cendré et une fossette aux joues dès qu'il souriait. Il était très beau. Même Colette aurait pu tomber sous le charme.

— Crois-moi, c'est pas tous les jours qu'on croise un garçon comme ça. Et j'ai le flair, ajouta-t-il en se tapotant le bout du nez.

— Je crois surtout que t'es complètement dingue, oui.

Colette n'avait jamais rencontré quelqu'un comme lui, qui tombe amoureux aussi facilement et surtout aussi souvent. Une absence totale d'immunité sentimentale. Le moindre signe de séduction – un sourire un peu gentil, un banal clin d'œil, même un vague frôlement – l'atteignait directement au cœur et le faisait craquer.

François s'arrêta devant le numéro 6. Il jeta un regard à Colette, et d'un même mouvement ils jetèrent leur cigarette par terre, l'écrasant du bout de la chaussure. La plaque en laiton apposée sur la façade indiquait un cabinet d'avocats, celui de Maîtres Durand & Lévy, et à l'étage du dessus, la « Société d'études et de pêcherie ».

François pénétra le premier dans l'immeuble, non sans avoir vérifié d'un bref coup d'œil qu'ils n'étaient pas suivis, et une fois au deuxième, il glissa la clé dans la serrure avec précaution et entra sans un bruit. La pièce était exiguë et dépouillée. Juste une table, quelques chaises, et une écœurante odeur de tabac froid. Trois hommes se tenaient autour de la table, penchés sur une grande carte marine. Ils parlaient à voix basse, marmonnant tantôt un nom de lieu, tantôt une date ou une heure, et l'un d'eux annotait la carte à coups de crayon nerveux. L'autre à côté écrasa sa cigarette dans un cendrier plein à ras bord où les mégots gisaient tels des insectes rabougris. Ils étaient tellement concentrés qu'ils ne les avaient même pas entendus entrer. François se racla la gorge, un peu gêné.

— Salut.

— T'es en retard, répondit l'un des hommes, sans lever les yeux de la carte.

— Tu peux vérifier l'engin tout de suite ? dit l'autre.

François s'exécuta sans un mot. Il ouvrit la grande caisse de matériel de pêche posée dans un coin, souleva plusieurs filets entremêlés qui dégageaient une forte odeur d'algues, et finit par en extirper une boîte à outils : c'est là que se trouvait l'engin explosif. Il l'inspecta sous toutes les coutures, méticuleusement, puis rendit son verdict.

— C'est parfait. Tout est bon pour moi.

Celui qui avait annoté la carte s'approcha et récupéra l'engin.

— Merci, François.

Puis il désigna Colette d'un coup d'œil méfiant.

— Et elle, c'est qui ?

— Elle peut aider, répondit François.

Les trois hommes échangèrent un rapide regard mais l'atmosphère s'était tendue d'un coup. Comme si on avait craqué une allumette au-dessus d'une flaque d'essence.

— OK, on verra ça plus tard. Faut que j'y aille.

Colette fixa le jeune homme qui venait de parler sans parvenir à détacher ses yeux de lui. L'impression de l'avoir déjà vu quelque part. Quelque chose de familier chez lui. Elle était cependant incapable d'identifier quoi, et dès qu'elle s'en approchait, la chose lui échappait aussitôt. Elle l'observa remettre la bombe dans la caisse à outils puis saluer ses camarades d'un coup de menton.

— À plus tard.

— Ouais, à plus tard. Fais gaffe à toi, Orso.

8.

Ferdinand tenta de frapper, aussi fort qu'il le put, mais son poing tomba dans le vide. Son adversaire ricana et en profita pour prendre l'avantage. Autour, on n'entendait que le couinement des savates sur le sol, le bruit mat des échanges de coups et le souffle appliqué des sportifs. L'atmosphère de la salle était studieuse, la concentration parfaite. L'entraîneur siffla alors le changement de partenaire et Ferdinand se retrouva face à son copain, le Baron.

— Alors ? Tu l'as bousillé, ce débile ?

— Ouais, c'est ça…

Ferdinand n'avait jamais été doué pour la boxe. Il n'était ni très véloce ni très musclé, prenait plus de coups qu'il n'en donnait, mais il continuait toutefois de venir. Il aimait sortir de là fourbu et en sueur, la tête vidée. Ferdinand esquiva avec adresse le premier crochet du Baron. Le second en revanche, plus rapide, s'écrasa pile sur son arcade sourcilière.

— Ça va ? Je t'ai pas fait mal ?

Ferdinand s'efforça de sourire, non non ça va, mais en réalité il était complètement sonné ; son arcade devait avoir l'aspect d'une de ces prunes confites que faisait parfois Irina. Il tenta tant bien que mal de continuer, tenant sa garde haute et esquivant comme il pouvait, mais il avait du mal à rester droit. Heureusement, l'entraîneur ne tarda pas à siffler la fin de la séance.

— Allez, tout le monde au vestiaire ! C'est fini pour aujourd'hui !

Le Baron retira ses gants et donna un petit coup d'épaule à Ferdinand.

— Bon, c'était pas si mal.

— Tu parles…

Le Baron éclata de rire, alla ramasser sa serviette et lança la sienne à Ferdinand.

— Allez viens, on va boire des coups. C'est toujours mieux que d'en prendre.

Ferdinand se passa la serviette sur le visage, derrière le cou, puis tâta son arcade douloureuse.

Une grappe de gamins s'était déjà agglutinée autour de l'entraîneur, Benjamin Nizard, sans doute pour lui quémander un conseil, un encouragement ou juste un peu d'attention. Nizard, en son temps, avait été un champion reconnu. Il avait remporté plusieurs compétitions importantes et avait même été sélectionné pour les Jeux olympiques ; tous ceux qui venaient à la salle se targuaient de le connaître et de s'entraîner avec lui. Ferdinand, lui, n'avait jamais osé lui parler.

Au crépuscule, le ciel s'était teinté d'une étonnante couleur pamplemousse et de fins nuages s'étiraient à l'horizon, roses et doux comme des morceaux de barbe à papa. On entendait la vaisselle tinter dans les cuisines, les chiens aboyer au loin. Les jardins avaient été arrosés et exhalaient une forte odeur de jasmin, entêtante et enivrante. En sortant de la salle de boxe, Ferdinand et le Baron empruntèrent une ruelle qui serpentait parmi des maisons pauvres et s'arrêtèrent pour acheter un petit sachet de tabac et des glibettes à grignoter. Ferdinand raconta à son ami le choc qu'avait eu sa mère lorsqu'elle avait revu son frère aîné, Maximilien.

— Mais je comprends pas bien… dit le Baron en allumant une cigarette. Quand tu l'as croisé par hasard sur le port, tu ne l'as pas reconnu ?

Ferdinand ramassa un petit caillou aussi lisse qu'une bille, le fit rouler entre ses doigts, et remua la tête.

— Ton propre frère ? répéta le Baron.

— Je t'ai déjà expliqué. J'avais six ans quand il est parti de la maison.

Le Baron le regarda d'un air sceptique.

— Ben justement, à six ans…

— Ouais mais moi je m'en souviens pas, coupa net Ferdinand.

Un chien lépreux s'était approché d'eux en trottinant, tentant de les renifler, mais le Baron l'avait chassé d'un coup de pied menaçant. Ferdinand alluma à son tour une cigarette. Et après avoir expiré la fumée, il ajouta :

— Ma mère dit que parfois le cerveau oublie ce qui fait trop mal. Une réaction de survie, en quelque sorte.

L'impasse Sidi Abdallah Guech se trouvait au sortir du souk, juste après l'échoppe de Mabrouk, le vieux sorcier. Ferdinand était un jour entré chez lui, par curiosité, et l'homme lui avait prédit « une vie longue et passionnante, mais remplie de galères amoureuses ». Il s'était juré de ne plus jamais y remettre les pieds. Le Baron lui tendit les glibettes.

— Elles sont pas assez salées. Mais c'est bon quand même.

Un peu plus loin, devant un établissement à la façade décrépie, un groupe de prostituées bavardaient et rigolaient en attendant le client. L'une d'elles, main sur la hanche, l'autre tenant une cigarette, s'était crispée en les voyant approcher.

— Dites donc, les marmots, c'est pas pour vous ici !

— Rentrez chez vos mères ! lança une autre.

— Allez ouste, du vent !

Ferdinand et son copain avaient pouffé et s'étaient mis à détaler comme des voleurs, courant jusqu'à la dernière maison au fond de l'impasse. Là, ils poussèrent l'étroite porte peinte en vert, descendirent quelques marches, et passèrent à travers un fin rideau de perles de bois.

— Bienvenue dans le meilleur bar de toute la ville ! s'exclama Michel.

Le patron. Un véritable personnage. Ce nain mulâtre aux cheveux crépus et au débit de parole impressionnant était le fils d'une descendante d'esclave du Mali et d'un fonctionnaire de l'administration coloniale. Il s'exprimait avec une verve incroyable, français et arabe confondus, et adorait colporter les pires ragots de la ville auprès de ses clients. Il avait également une passion pour les dessins érotiques. On en voyait un peu partout sur les murs, accrochés aux côtés d'objets militaires de la Grande Guerre : ainsi, des masques à gaz pendouillaient à quelques centimètres de dessins d'hommes virils dotés de membres disproportionnés, et de vieilles grenades hors d'usage jouxtaient des gravures de femmes en pleine jouissance, enchevêtrées dans toutes les positions. Michel trouvait l'effet très réussi.

L'endroit, connu des seuls initiés, était fréquenté par une clientèle hétéroclite de Français parmi lesquels on trouvait des étudiants, des commerçants ou des fonctionnaires désœuvrés. Parfois aussi, quelques Arabes venus braver l'interdiction d'alcool mise en place par l'administration coloniale. Ferdinand et le Baron choisirent l'une des tables du fond et goûtèrent la bière – légère et fraîche – qu'ils savourèrent en silence. Michel les rejoignit un instant plus tard, se hissant d'un bond sur la chaise.

— Comment ça va, mes amis ?

— Ta bière est fabuleuse, comme toujours.

— *My pleasure*, dit Michel en s'inclinant, une main sur le cœur.

Puis il posa un petit sachet sur la table, y planta l'index et le fit glisser vers le Baron.

— Tiens mon grand, tu vas apprécier, ajouta-t-il, sûr de lui.

Le Baron ouvrit le sachet et huma avec délice. Une odeur douceâtre de terre humide et de sous-bois. Du hachisch de roi.

— Vraiment, Michel… T'es le meilleur.

Ce dernier passa une main dans sa tignasse crépue et hocha la tête, flatté du compliment.

— Je te le rajoute quand même sur ta note, mon petit père, dit-il en lui tapotant le dos et s'empressant de retourner derrière son bar.

Ferdinand avait descendu toute sa bière sans même s'en rendre compte. Le Baron haussa un sourcil.

— Ben dis donc. C'est le sport qui t'assoiffe comme ça ou t'as des soucis ?

Ferdinand ne lui avait encore jamais parlé de cette fille. Si singulière, si vive et si belle. Les cheveux coiffés à la garçonne. Elle avait piqué son cœur dès qu'il l'avait vue. Colette, c'était son nom.

— Colette, la copine de ta sœur ?

Ferdinand acquiesça, un peu surpris qu'il s'en souvienne. Le Baron fronça le nez en attrapant une poignée de cacahuètes.

— Elle est pas lesbienne, celle-là ?

— Pas du tout, qu'est-ce que tu racontes. T'y connais rien.

Le Baron leva les deux mains, oh là t'énerve pas, je disais ça comme ça, puis il aspira la fin de sa bière d'un trait. À la table d'à côté, un vieux monsieur en costume crasseux tétait une anisette, avec une lenteur désespérante, et dès qu'il reposait son verre on le voyait sourire dans le vide. Le Baron l'observa un instant d'un air distrait.

— Écoute, je la sens pas trop cette histoire, finit-il par dire. Je serais toi, je m'attarderais pas.

Et puis comme s'il avait eu une idée soudaine, il se leva et attrapa Ferdinand par le poignet, l'entraînant vers la sortie.

— Qu'est-ce que tu fais ? On va où ?

— Je t'emmène voir quelqu'un qui va te faire oublier cette Colette je-ne-sais-quoi.

9.

Les Carrières se trouvaient en périphérie de la ville, sur un plateau abandonné semé de caillasse et d'ordures. Quelques baraques de tôle avaient poussé là, au milieu de cette misère, et un maigre feu de camp brûlait doucement. Des gens venaient y réchauffer une conserve, d'autres y jetaient de vieux bouts de bois. Parfois, on trouvait un piquet auquel était attachée une poule hirsute et famélique. Et un peu partout, des enfants sales qui jouaient avec un bout de pneu ou une bouteille cassée.

Ce soir-là, la lune était ronde et soyeuse, les chiens errants surexcités. On les entendait aboyer comme des affamés, se disputant sans doute un petit mulot, une épluchure ou les restes d'un oiseau malchanceux. On entendait aussi des bruits confus de vieilles casseroles, des voix de gens qui s'engueulent, et puis au loin, le son d'une vieille guitare désaccordée.

— Tu m'expliques un peu ce qu'on fout là ? dit Ferdinand tandis qu'un chien à qui il manquait une patte les dépassait en boitillant.

— Attends, attends… tu vas voir.

Le Baron le fit traverser le camp sans trop s'attarder. Dans l'obscurité, on devinait des gens qui se déplaçaient comme des ombres ; des miséreux rongés par la gale, des paysans sans le sou, des indigents à qui il manquait un pied ou un œil. Ils finirent par s'arrêter devant l'une de ces cases faites de tôle et de planches bringuebalantes.

— OK, je me tire, dit Ferdinand, soudain nerveux.

Mais le Baron avait déjà toqué deux petits coups et entrouvert la porte.

— Voyez donc quelle belle surprise la nuit m'apporte, dit une voix chaude et séduisante. Entre, mon chéri.

Le Baron jeta un coup d'œil à Ferdinand.

— Entre mon chéri, je t'attendais, dit encore la voix.

Une femme à la peau brune et aux longs cheveux noirs les accueillit dans son antre. Elle portait une robe orange très décolletée, de grandes boucles d'oreilles orientales, et des joncs dorés qui cliquetaient à chacun de ses poignets. La pièce était éclairée par quelques bougies, et il y flottait un lourd parfum de musc et d'encens.

— Bonjour Raïssa, dit le Baron, intimidé.

Lui qui était habituellement si bavard et si hardi semblait avoir perdu tous ses moyens. Il sortit deux ou trois phrases embrouillées, désigna Ferdinand, puis s'éclipsa sans demander son reste.

Raïssa dévisagea un instant Ferdinand. Il avait l'air si jeune. Beaucoup plus jeune que son copain. Il avait la peau lisse et le visage un peu poupin, même pas encore de barbe. Il lui fit tout de suite penser à son propre fils, Nassim.

— Tu veux t'asseoir ? finit-elle par dire doucement, d'une voix qui n'avait plus rien d'aguicheur.

Ferdinand avisa le matelas posé à même le sol, les petites serviettes en coton pliées à côté. Son regard s'attarda ensuite sur le flacon de parfum vide, le pot de rhassoul pour les cheveux, le vieux peigne aux dents cassées ; les détails de l'intimité quotidienne. Raïssa perçut son malaise.

— Viens, approche, dit-elle en lui posant une main sur la joue. Je ne vais pas te manger.

Tous deux s'assirent côte à côte sur le matelas. À la lueur des bougies, des ombres fragiles faseyaient sur leurs visages, et leurs joues avaient pris une teinte veloutée, couleur de pêche. Raïssa lui prit la main.

— Alors comme ça tu voulais que je sois la première ?

Ferdinand rougit.

— Non, non, pas du tout… C'est l'idée de… Moi j'ai déjà…

Mais il s'arrêta là, refusant de s'embrouiller davantage. Il se doutait bien qu'il était inutile de mentir à Raïssa sur ce sujet. Elle n'était pas idiote. Il regarda à nouveau autour de lui et, dans un sursaut de lucidité, ajouta :

— Je vais y aller, pardon, je vous fais perdre votre temps.

— Non, attends, dit-elle en le retenant d'un geste. Reste.

Elle voulait le garder encore un peu avec elle. Il lui rappelait tellement Nassim. Alors elle lui passa une main dans les cheveux, inclina la tête comme pour mieux l'observer, et eut un sourire ému.

— Je me demande si mon fils est aussi beau que toi. Ça fait si longtemps que je ne l'ai pas vu, mon Nassim…

La seule évocation de ce prénom avait suffi à embuer ses yeux et à faire rougir le bout de son nez, comme si le chagrin ne demandait qu'à remonter à la surface. Elle détourna la tête, renifla discrètement. Ferdinand n'osait plus bouger. Il la regarda attraper l'une des petites serviettes en coton, essuyer son nez avec, puis la presser contre sa bouche comme pour contenir un sanglot. On entendit les chiens qui aboyaient dehors. Des éclats de voix, puis du verre qui se casse. Quelques secondes s'écoulèrent ainsi sans que personne ne bouge. Et puis Raïssa se reprit.

— Son père m'a chassée, dit-elle d'une voix blanche. Il a fait de moi une paria parce que j'ai couché avec un autre que lui.

Elle marqua une pause.

— Un homme dont j'étais folle. Mais folle comme tu ne peux même pas l'imaginer.

Son regard erra un instant, perdu dans ses souvenirs. Elle faillit ajouter quelque chose mais face à Ferdinand, encore plein d'innocence, elle se ravisa.

— Enfin, c'était il y a longtemps tout ça, dit-elle en changeant de sujet. Et toi alors ? Tu aimes quelqu'un ?

Ferdinand aurait voulu mentir, se lever et partir, pourtant quelque chose le retenait auprès de Raïssa. Elle lui avait confié son secret, sa douleur, alors sans trop réfléchir il se mit à parler de Colette, de cette fille qu'il n'avait croisée qu'une paire de fois mais qui depuis l'obsédait. Le soir en s'endormant, le matin en se réveillant, la nuit entre deux rêves. Elle était si différente des autres. Des centaines de fois, déjà, il avait imaginé les mots qu'il lui dirait pour la séduire, les endroits secrets où il l'emmènerait, la façon dont il poserait ses lèvres sur les siennes. Il modifiait les scènes au gré de son humeur, les rejouait, s'abandonnait au plaisir intense mais sans risque du fantasme. Son imagination l'entraînait parfois loin, très loin, là où il était sûr de ne jamais aller dans la vraie vie.

Quand il eut terminé, Raïssa semblait fascinée.

— Ben dis donc, c'est une vraie machine à fabriquer des histoires là-dedans, dit-elle en lui tapotant la tête. Tu as de la chance. Certains en font leur métier, tu sais.

Ferdinand fit la moue, guère convaincu.

— J'ai surtout l'impression que je passe plus de temps à me raconter des histoires qu'à les vivre.

La remarque fit rire Raïssa alors elle l'ébouriffa gentiment, comme elle le faisait à son fils quand il était petit.

— Tu es un poète, Ferdinand. Et les poètes ont le cœur hautement inflammable. Le tien s'embrasera toujours à la moindre étincelle, sache-le.

Elle le regarda droit dans les yeux.

— Alors parfois ça fait mal, oui. Mais au moins tu es vivant.

Raïssa se revit alors dans les bras de son amant, songea à la folle histoire qu'ils avaient vécue, l'amour l'après-midi et les baisers volés, le corps saturé de plaisir. Ça avait été le plus beau moment de sa vie.

Le plus intense. Pouvait-on vraiment regretter la plus belle chose qui nous arrive ?

Raïssa, évidemment, ne lui raconta rien des coups qui lui étaient tombés dessus après, durs comme des pierres, et qui avaient failli la tuer. Elle ne raconta pas non plus la manière dont son mari lui avait craché au visage qu'elle était bannie, bannie à tout jamais, et lui avait maintenu la tête enfoncée dans un seau d'excréments. Elle ne dit rien, enfin, des cris et des pleurs désespérés de son enfant qu'elle avait entendus sans même pouvoir lui dire au revoir.

— Les hommes sont parfois capables des pires choses, dit-elle simplement.

Elle se sentit soudain oppressée. La présence de Ferdinand lui pesait. Alors elle se leva d'un coup, l'attrapa par la manche comme un enfant qu'on veut punir, et le chassa.

— Va-t'en, dit-elle en le poussant dehors d'un geste brusque. Va-t'en, maintenant.

10.

Sur le port, deux mouettes se disputaient le cadavre d'un poisson tandis que le soleil se levait tranquillement. Les pêcheurs avaient terminé leur nuit et rentraient les uns après les autres, leurs navires chargés de sardines et de dorades. Guiseppe Giordano, lui, était planté devant sa poissonnerie et cachait mal sa nervosité. D'une pichenette, il jeta sa cigarette dans l'eau du port et en alluma une autre dans la foulée.

— Qu'est-ce qu'il fout, bon sang.

Guiseppe jeta un œil à sa montre, il était déjà six heures trente. Orso était en retard.

— C'est pas son genre pourtant, dit Sandro qui venait d'arriver avec la pêche du jour.

Sans un mot, Guiseppe l'aida à décharger ses caisses, la cigarette coincée entre les dents. Ses gestes étaient rapides et mécaniques. Il n'avait vraiment pas besoin de ses commentaires. À peine eurent-ils terminé qu'il lui tendit son argent.

— Allez, à demain Sandro.

Guiseppe avait horreur des gens qui parlaient pour ne rien dire, ça le mettait hors de lui. Le soleil commençait à taper sur les façades trop blanches et à faire scintiller les eaux du port. Guiseppe regarda à nouveau sa montre. Pas normal. Orso était toujours à l'heure. Il avait beau avoir ce côté sauvage et indomptable – Guiseppe ne lui avait pas donné ce surnom pour rien, *l'ours* en italien –, il n'en était pas moins quelqu'un d'absolument fiable. Quand il arriva enfin, avec plus d'une heure de retard, Guiseppe le conduisit aussitôt vers le sous-sol de la poissonnerie.

— T'en as mis du temps.

Orso hocha la tête et leva la caisse à outils qu'il tenait à la main droite.

— C'était plus long que prévu.

Guiseppe le fit alors entrer dans une petite cave sans fenêtre qui sentait le poisson et l'eau croupie. Le sol était trempé, ça clapotait à chaque pas. Guiseppe lui laissa du café et un demi-pain frais, lui rappela avec précision le déroulé des événements, puis s'éclipsa en refermant à clé derrière lui.

— À ce soir. Bon courage.

Orso déposa sa boîte à outils dans un coin, avec précaution, et s'assit entre deux caisses, l'une remplie d'oranges, l'autre de munitions. Sur l'une d'elles se trouvait un gros paquet de tracts qui venaient d'être ronéotypés : « Cachez votre blé ! N'affamez plus le peuple de Tunisie ! » pouvait-on y lire. C'était suivi d'un petit texte incitant les paysans à désobéir aux réquisitions de l'ennemi et à garder leurs denrées pour nourrir la population du pays.

Orso attrapa une orange, rompit l'écorce d'un coup d'ongle, et prit le temps de faire un long serpentin avec l'épluchure. Quand ils étaient petits, avec sa sœur jumelle Susie, ils jouaient souvent à ça et c'est toujours elle qui gagnait. Lui, il était bien trop impatient pour arriver au bout. L'épluchure, cette fois-ci, se cassa en plein milieu.

Les missions, ces derniers temps, étaient devenues plus fréquentes. Plus périlleuses aussi. Il se souvenait de celle où, quelques semaines plus tôt, il avait dû partir en mer sur le chalutier de Sandro, accompagné de deux autres camarades déguisés en pêcheurs. Ils avaient navigué vers le large, jusqu'à ce que les côtes ne soient plus qu'une fine ligne au loin, et là ils avaient coupé le moteur, attendant que la nuit vienne. La mer était calme, le silence parfait. Les hommes ne parlaient pas. Ils se partageaient une cigarette de temps à autre, écoutaient le bruit que faisaient les poissons venus s'aventurer en surface. Et puis, vers une ou deux heures du matin, l'eau autour d'eux s'était mise à remuer et à bouillonner dangereusement : un sous-marin avait alors surgi des flots tel le *Nautilus* recraché des abysses, et un officier anglais en était sorti en faisant des signes en direction du chalutier. Maximilien et ses compagnons s'étaient rapprochés, avaient prononcé le nom de code, et en quelques minutes à peine plusieurs informations aussi confidentielles que stratégiques pour les Alliés avaient été échangées.

Maximilien but un peu du café froid de Guiseppe, dégueulasse, et vérifia une nouvelle fois le contenu de la caisse à outils. À l'intérieur se trouvait la petite coque sphérique que François, l'ingénieur du réseau, avait bourrée d'un tout nouvel explosif appelé « plastic » et qui avait l'avantage d'être résistant à l'eau. Maximilien ferma les yeux et inspira le plus calmement possible, visualisant chaque étape avec précision. Un : plonger dans l'eau du port sans un bruit, avec la bombe attachée autour du cou. Deux : nager en apnée jusqu'au navire italien, *L'Achille*. Trois : aimanter l'engin explosif à la coque du bateau, à environ un mètre sous la ligne de flottaison. Et enfin quatre : enclencher la minuterie.

La bombe exploserait quand le navire aurait quitté le port et serait loin au large, rendant sa cargaison inexploitable. La méthode était rodée. Leur réseau avait déjà saboté ainsi deux autres navires italiens, entravant lourdement les ravitaillements vers la Libye voisine, toujours occupée par les forces de l'Axe.

On l'avait choisi parce que cette mission nécessitait un très bon nageur, capable de tenir plusieurs minutes en apnée. Or, Maximilien avait longtemps fréquenté l'Étoile sportive, le club de natation de la Goulette, et s'était entraîné avec des champions tels que Zizi Taïeb ou Fredj Ben Messaoud. Avec eux, il avait tout appris. Le dépassement de soi, la camaraderie de vestiaire, la résistance à l'échec. Se relever et recommencer, toujours. Mais ce qui avait le plus compté pour lui, sans aucun doute, c'est la prise de conscience du racisme ordinaire qui irriguait la société coloniale tout entière.

Il se souvenait encore de ce jour où André S., un jeune Français qui n'avait jamais gagné une seule compétition, avait provoqué Zizi Taïeb à la sortie du bassin. André S. l'avait apostrophé en se moquant

– Hé, Zizi ! Zizi ! – et il l'avait suivi ainsi jusque dans les vestiaires, le bousculant exprès, le harcelant. « Faudrait interdire la piscine aux Arabes », avait-il fini par dire en lui crachant dessus avec mépris. Maximilien s'était alors rué sur lui sans réfléchir. Et sans réfléchir non plus il l'avait roué de coups, incapable de se contenir, encore moins de s'arrêter. C'est Ben Messaoud lui-même qui avait dû les séparer et, grâce à lui, André S. s'en était tiré sans perdre trop de dents.

Maximilien était sur le point de s'assoupir lorsqu'on frappa deux coups discrets à la porte. C'était le signal. Il se leva d'un bon, embrassa la petite main de Fatma qu'il portait autour du cou, et emporta la bombe. Sur le quai, deux complices faisaient le guet. Il passa rapidement devant eux, sans les regarder, puis dopé par le danger il plongea dans le port telle une anguille et disparut sous l'eau. On ne le vit pas ressortir. En quelques secondes, il avait atteint *L'Achille*. La bombe allait être posée et le navire exploserait dans quelques heures. Mais à cet instant, pourtant, ce plan si bien huilé s'enraya : Maximilien avait beau appuyer, forcer, réessayer, il ne parvenait pas à fixer l'engin explosif ; la fine couche d'algues qui s'était formée sur la coque du navire l'empêchait d'y adhérer.

À court d'air, il dut remonter à la surface – une fois, puis deux. Et à la troisième, on donna l'alerte. Les complices s'évaporèrent aussitôt et les coups de sifflet des policiers retentirent. Maximilien nagea alors aussi vite qu'il le put, l'adrénaline au max, les bras battant l'eau comme des haches ; son souffle désordonné lui fit avaler de l'eau par paquets, lui brûlant les narines et les poumons, mais ne l'empêcha pas de traverser le port à une vitesse stupéfiante ; en quelques minutes à peine, il avait atteint la plage voisine de Kheireddine.

Là, une famille de mouettes était posée sur l'eau, paisible, ondulant au gré des vagues. Maximilien sortit de l'eau en trébuchant plusieurs fois – bon Dieu, je l'ai échappé belle – puis il se frappa la poitrine pour évacuer toute la mer qu'il avait avalée, toussant et crachant fort. Les mouettes, dérangées par cet humain trop bruyant, finirent par s'envoler toutes en même temps. Maximilien les suivit du regard un instant, puis leur lança :

— Hé, les mouettes, vous avez vu comme je les ai eus !

On le vit ensuite s'éloigner du rivage d'un pas chancelant, crachant de temps à autre un mollard d'eau salée, avant de s'enfoncer dans un dédale de ruelles poussiéreuses.

Les maisons, modestes et minuscules, ressemblaient à des cubes blanchis à la chaux, alignés les uns contre les autres. La sienne était sans doute l'une des plus petites mais elle était propre et bien tenue, avec de jolis pots fleuris à l'entrée ; elle se trouvait juste à côté de celle du boulanger, si bien que souvent l'odeur de pain chaud le réveillait au milieu d'un rêve.

Avant d'entrer, Maximilien retira ses chaussures et se débarrassa de son tricot de corps trempé qu'il laissa tomber au sol comme une serpillère. Tout était allé si vite qu'il n'avait même pas remarqué la grosse coupure qui lui entaillait la main. Il n'avait rien senti.

Pourtant la plaie était profonde, d'un rouge vif, et s'ouvrait comme une bouche. Il se passa la main sous l'eau puis, pour désinfecter, il versa dessus sans hésiter une grande rasade d'eau-de-vie.

Nour, sa fille de quatre ans, dormait dans un lit désormais trop petit qu'un voisin leur avait donné. Elle avait tellement grandi ces derniers mois, c'était devenue une vraie petite fille. Même son odeur avait changé. Elle ne sentait plus le bébé, mais le sable chaud de la plage, les copeaux de crayon, les crêpes du goûter. Maximilien s'approcha de l'enfant endormie. Sa petite bouche était entrouverte. Ses paupières, aussi fines qu'une hostie, laissaient apparaître un réseau de minuscules veines bleutées. Et ses cheveux, collés par la sueur, dessinaient de délicates virgules sur sa nuque. L'émotion lui serra le cœur. Il aurait voulu pouvoir arrêter le temps. Que tout cela soit éternel.

— Bonne nuit mon soleil, chuchota-t-il.

Et à l'endroit exact des veines bleutées, sur la paupière, il déposa un baiser qui réveilla l'enfant quelques secondes.

Malika dormait dans le lit à côté. Elle était tournée vers le mur, les genoux repliés contre la poitrine. Elle remua un peu, marmonna quelques mots sans queue ni tête, puis rit d'un petit rire flûté ; elle faisait souvent ça dans son sommeil.

Maximilien, lui, mettrait longtemps à s'endormir cette nuit-là. Dès qu'il fermait les yeux, il voyait la bombe qui lui arrachait les mains, lui explosait au visage, et alors il se redressait en sursaut. Suffoquait.

Comment pourrait-il regarder sa fille, respirer sa peau, prendre ses petites mains dans les siennes ?

Dehors, les oiseaux s'étaient mis à pépier. L'horizon avait clairci d'un coup et le ciel était devenu bleu lavande. Le boulanger empilait ses petits pains dans des corbeilles en osier. La voisine avait jeté un seau d'eau devant sa porte et frottait le sol avec un vieux balai. Et à côté, une bande de chats miteux dépiautait les restes d'une souris. La journée commençait, semblable à toutes les autres – à ceci près qu'une bombe gisait désormais quelque part au fond du port, inoffensive, entourée d'un banc de petites sardines argentées.

Malika se retourna à nouveau, bâilla doucement, et Maximilien en profita pour se rapprocher d'elle, le plus près possible, pour respirer son haleine. Son corps était tiède et sa sueur sentait bon ; il en eut les larmes aux yeux. Elle ne l'aimait plus. Il le savait. Le bonheur était derrière lui et il ne l'avait même pas vu passer.

11.

Quelques jours plus tard

Martha versa le café dans un petit verre, mit du sucre, puis elle ajouta de la poudre de cardamome et un peu de cannelle. Le jour se levait tout juste. Dehors, le jardin était vert et frais. Une bestiole s'agitait dans les buissons, des oiseaux échangeaient une brindille ou picoraient un vers, un papillon secouait ses ailes encore alourdies de rosée. Dans sa cage, le chardonneret avait émis une série de trilles aigus avant de faire trois petits bonds pour aller piquer son bec dans le dé à coudre d'eau. Martha tendit le café à Anne.

— Tiens. Ça va te faire du bien.

Anne n'avait pas réussi à fermer l'œil de la nuit alors, au petit matin, elle était venue se réfugier chez son amie. Ses maux de tête l'empêchaient de dormir, de réfléchir, et même parfois de garder les yeux ouverts. Elle avait dû prendre quelques jours de repos. « Ton corps réagit à l'événement, avait conclu son ami neurologue Louis Vergne après l'avoir examinée scrupuleusement. Un choc émotionnel, je ne vois que ça. » Il n'avait décelé aucune anomalie, son état général était parfaitement normal.

— Et tu sais ce que je dis toujours à mes patients ? avait-il ajouté en lui posant une main ferme sur l'épaule.

— Oui, oui, je sais… *ça va passer*, avait-elle répondu, l'air tout de même très sonnée.

Mais avec lui, c'était comme ça. Tant qu'on n'était pas à l'agonie, rien n'était grave. Elle le connaissait par cœur.

Quelques jours plus tôt, Anne avait revu Maximilien au café Normandie. Ils avaient déjeuné ensemble, comme une mère et son fils, et pourtant Anne avait eu du mal à croire à ce rendez-vous si banal. Quelque chose dans son cerveau avait bloqué. D'ailleurs, quand le serveur lui avait tendu le menu, elle avait été incapable de lire quoi que ce soit, les lignes s'étaient superposées bizarrement, alors elle avait dit : « Je vais prendre comme lui, c'est très bien. »

Maximilien, lui, s'était montré étonnamment à l'aise. Il avait parlé de tout et de rien, et même si au fond il n'avait pas dit grand-chose des huit années qui venaient de s'écouler, il avait tout de même raconté en détail son travail de docker, la dureté du métier, les copains italiens avec qui il passait beaucoup de temps.

— Tu es docker ? avait dit Anne, déconcertée.

Il avait remué la tête tout en piquant un bout d'omelette.

— Plus en ce moment. Mais j'ai fait ça pendant pas mal de temps.

À la fin du repas, il s'était mis à épousseter les miettes qui traînaient sur la table, d'une main distraite, tout en se mordillant la joue. Anne n'avait pas osé bouger. C'est à peine si elle respirait.

— Et puis je voulais te dire… je suis papa. J'ai une petite fille de quatre ans.

Anne avait avalé la fin de son verre de vin d'un trait puis l'avait reposé doucement sur la table, se forçant à sourire. Une petite fille, avait-elle répété, mais c'est merveilleux. Puis elle avait demandé si la mère était… enfin s'il était toujours avec…

— Malika, avait-il dit en baissant les yeux.

Il avait ajouté qu'il voulait que sa fille ait *un lien avec sa famille et sa culture françaises* et Anne avait eu failli s'étrangler – lui qui avait tant craché sur les bourgeois et les colons de merde, et plus encore sur ses propres parents – mais elle n'avait rien laissé paraître. À la place elle l'avait écouté, sans bouger d'un cil, comme si elle avait craint qu'un seul mot dit de travers ait le pouvoir de faire disparaître son fils à nouveau.

Au moment de le quitter, elle avait juste demandé ce qu'il s'était fait à la main, désignant son bandage mal mis.

— Ça ? avait-il dit en levant le poignet.

Il avait semblé un peu gêné puis s'était repris.

— C'est rien du tout. Je me suis blessé en trafiquant un engin explosif, avait-il répondu sur le ton de la plaisanterie.

Contrairement à ce qu'avait prévu Louis Vergne, les maux de tête d'Anne ne diminuèrent pas. Au contraire, ils étaient même parfois si violents qu'elle devait s'empresser de courir aux toilettes pour aller vomir. Martha lui avait préparé quantité de potions, de cataplasmes, de baumes ; elle lui avait fait respirer des essences secrètes, boire des infusions de plantes miraculeuses, mais rien n'y avait fait.

— Allonge-toi là, lui dit-elle en désignant le petit sofa du salon. On va essayer autre chose.

Martha ouvrit alors un petit flacon bleuté, se frotta les paumes avec un mélange d'huiles parfumées, puis elle appliqua ses mains sur le visage d'Anne, sur ses tempes, ses pommettes, glissa ensuite vers la nuque et le long des épaules. Anne s'était d'abord raidie, par réflexe, tant elle avait horreur qu'on la touche. Et puis à un moment, sans qu'elle comprenne quoi exactement, elle avait senti quelque chose lâcher à l'intérieur. La douleur n'avait pas disparu, non, mais elle avait comme diminué d'un coup. Anne s'était redressée, stupéfaite.

— Ça n'a rien de magique, dit Martha comme si elle avait lu dans ses pensées. C'est juste que pour une fois, tu acceptes qu'on s'occupe de toi.

12.

Pour rejoindre le lac d'El Zagora, la route sillonnait à travers des champs d'oliviers argentés, des vallées fleuries bourrées de papillons et des vergers luxuriants où des fruits trop mûrs tapissaient le sol. Le paysage changeait ensuite brutalement et l'on traversait des plaines rugueuses parcourues d'oueds asséchés, des plateaux arides semés de cailloux coupants ; des endroits où l'on ne croisait rien d'autre que quelques nomades, des moutons ou des chèvres très maigres qui n'avaient rien à paître.

Martha conduisait vite. Le vent agitait ses cheveux, l'assourdissait, et dès qu'il n'y avait plus personne devant, elle en profitait pour écraser un peu plus l'accélérateur, se laissant griser par la vitesse. Elle jeta un coup d'œil à Anne assise à côté d'elle, le sourire immense.

— Elle est vraiment formidable cette auto, tu as bien fait !

Anne s'était acheté cette Torpédo vert tilleul sur un coup de tête. Elle adorait conduire, ça lui donnait l'impression d'avoir le monde à ses pieds, de n'avoir aucune limite. Susie et sa grand-mère Blanche étaient installées à l'arrière. Elles ne parlaient pas, ni l'une ni l'autre, subjuguées par la beauté du paysage.

— Tout va bien les filles ? leur lança Martha en se retournant d'un coup, très excitée par cette virée improvisée.

La Torpédo passa devant un groupe d'enfants qui jouaient avec une chèvre couverte de mouches. Martha donna deux petits coups de klaxon et les gamins, fous de joie, se mirent à courir derrière la voiture qui soulevait un épais nuage de poussière.

Plus loin, des femmes étendaient de grands draps écrus sur des fils à linge. Un nouveau-né pleurait dans les bras de sa maman, sans doute parce qu'elle n'avait plus assez de lait. Des vieillards discutaient assis sur des pierres. Ici le temps semblait s'être arrêté. Sans doute vivait-on ainsi au siècle dernier. Et peut-être même encore avant. La vie de ces gens se déployait avec une lenteur tranquille ; une vie simple et pauvre, mais à l'abri des tracas du monde.

Lorsqu'elles arrivèrent à El Zagora, toutes furent soufflées par la beauté du lieu. Au milieu de nulle part s'étendait un grand lac d'eau claire bordé de lentisques, de roseaux et de câpriers, où les oiseaux migrateurs venaient nicher chaque année avant de s'envoler vers les chaudes contrées d'Afrique subsaharienne. Partout alentour, les champs étaient blondis par le soleil et l'on voyait jaillir par endroits des nuages de coquelicots, de bleuets, d'œillets colorés.

Martha fit claquer la nappe en l'air et, d'un geste ample, l'étendit à l'ombre d'un caroubier. On y disposa des petits pains garnis de thon et de piments frais, des concombres marinés, des œufs au paprika, ainsi qu'un beau gâteau au miel dont le glaçage brillait au soleil.

Quand toutes furent assises, Martha sortit un paquet de cigarettes et le tendit devant elle.

— Qui veut ?

Blanche en attrapa une d'un geste furtif.

— Bah maman ? fit Anne, interloquée. Depuis quand tu fumes ?

Blanche avait allumé la cigarette d'un geste mal assuré, un peu tremblant, et la fumée lui avait aussitôt déclenché une quinte de toux.

— Il n'y a pas que toi, ma fille, qui sois chamboulée par le retour de Maximilien, répondit-elle en attrapant l'eau que Martha lui avait tendue.

Susie, qui n'avait pas dit grand-chose depuis leur départ, prit la main de sa grand-mère et y déposa un gentil baiser. Elle non plus ne savait pas très bien quoi faire des sentiments qui l'agitaient. Son frère jumeau était revenu, elle en était heureuse. Ou du moins croyait l'être. Parce que dès qu'elle y pensait un peu trop, c'était la rancœur et le ressentiment qui prenaient le dessus. Pourquoi cette si longue absence. Pourquoi cette colère absurde contre eux tous. Elle n'avait pas compris qu'il puisse l'abandonner ainsi, elle, sa sœur jumelle. Elle en avait tellement pleuré, à l'époque, que ses yeux brûlaient comme si on les avait frottés avec du sel. Son chagrin était tel qu'elle avait fini par arrêter de parler. Par arrêter d'avoir ses règles. Par arrêter de s'alimenter aussi ; à un moment, son état était devenu si préoccupant qu'Anne avait dû la faire hospitaliser dans le service d'un de ses amis. Et quand les médecins l'interrogeaient, Susie ne prononçait qu'un seul mot : le prénom de son frère jumeau.

Quand les jumeaux étaient nés, Susie était sortie la deuxième. Quelques minutes seulement les avaient séparés mais leur différence, immédiatement, avait sauté aux yeux. Maximilien était un beau bébé, robuste et solide, avec un épais tapis de cheveux noirs plantés sur le haut du crâne, tandis que Susie, elle, était sortie du ventre de sa mère sans pousser un cri, le corps tout fripé et la peau d'une étrange couleur olive. Elle faisait la moitié du poids de son frère et, honnêtement, on pensait qu'elle ne survivrait pas. Mais comme Anne était médecin et qu'elle avait pu s'entourer des meilleurs spécialistes, le bébé avait été sauvé. Susie avait toutefois gardé de cette naissance chaotique un corps chétif et une peau pâle qui, très tôt, l'avaient exposée aux moqueries des autres enfants. Heureusement, son frère jumeau avait toujours été là pour la défendre, se battant parfois jusqu'au sang pour faire taire les quolibets.

Martha ouvrit la bouteille de vin qu'elle avait apportée et remplit généreusement les verres. Une mouche s'échoua dans celui d'Anne, elle la repêcha de l'index.

— Alors ? On trinque à quoi ?

Chacune avait levé son verre, mais personne ne sut quoi répondre. Le paysage était si grandiose qu'il imposait le silence. Un souffle agita les feuilles du caroubier, rida légèrement l'eau du lac. Martha finit par approcher son verre de celui d'Anne, comme naturellement aimanté, et le fit tinter d'un coup net.

— Allez. À l'été qui vient.

Dans quelques jours, la famille partirait s'installer dans la villa de Sidi Bou Saïd et Martha viendrait sûrement y passer quelques jours. Anne aimait particulièrement cet endroit, avec ses terrasses surplombant la mer, le bleu à perte de vue, les chambres fraîches donnant sur le jardin et la végétation qui grimpait le long de la façade. Au milieu des magnolias, des aloès et des palmiers dattiers, on trouvait un vieux goyavier, celui que son père Raoul avait rapporté de Martinique et qui, saison après saison, donnait toujours de beaux fruits sucrés. Chaque fois qu'elle arrivait à Sidi Bou Saïd, Anne allait cueillir une goyave ; une manière de rendre visite à son père. Elle posait sa main sur le tronc, caressait les feuilles, et sans doute lui adressait-elle en secret quelques mots ou une prière discrète.

Martha goûta le gâteau au miel – le même qu'elle préparait pour Roch Hachana – et hocha la tête de satisfaction. C'était l'une de ses meilleures recettes, elle ne la ratait jamais. Elle regarda l'alouette qui s'était approchée et émietta un peu de gâteau pour que l'oiseau vienne picorer. Puis elle attrapa la main d'Anne et la tira avec elle.

— Allez viens, on va se baigner.

Anne était un peu engourdie par la chaleur et aussi par le vin, mais étrangement sa tête lui faisait moins mal. Elles s'avancèrent ensemble vers le lac et, au moment de pénétrer dans l'eau, toutes deux relevèrent les coudes et rentrèrent le ventre, saisies par sa fraîcheur.

— On ne se baigne jamais après manger, commenta Blanche en les regardant faire les premières brasses. Elle ne sait pas ça, ma fille ? À son âge ?

Susie sourit – sa mère, en bon médecin, n'écoutait jamais aucun conseil concernant sa santé – puis elle coupa un autre morceau de gâteau pour Blanche, qui l'accepta volontiers. Elles partageaient toutes deux la même passion pour le sucre. Susie posa ensuite sa tête sur les genoux de sa grand-mère, comme quand elle était petite, et s'allongea sur le dos. Sur ses lèvres gercées par le soleil, elle gratta distraitement les petites peaux dures, puis leva les yeux vers sa grand-mère.

— Tu ne lui en veux pas, toi, à Maximilien ?

Les cigales faisaient vibrer l'air, leur chant était assourdissant. Le paysage était blanc de soleil. Au loin, on voyait Martha faire la planche, visage tendu vers le ciel, tandis qu'Anne nageait autour d'elle en dessinant de grands cercles. Blanche fixait le lac, comme hypnotisée par le miroitement de l'eau. Un groupe de canards passa en la regardant d'un air curieux. Un héron cendré fit quelques pas dans l'eau.

— Je lui en veux de t'avoir fait autant souffrir, finit-elle par dire en posant une main sur le front de sa petite-fille. Pour le reste, je ne sais pas. Il était vraiment très amoureux de cette fille. Et de ce qu'elle représentait.

Elle plissa les yeux, suivit du regard Anne qui nageait à présent vers l'autre rive du lac.

— Et puis je n'ai jamais su exactement ce qui s'est passé avec ta mère.

Lorsque le soleil se coucha sur El Zagora, embrasant le lac d'un coup et tapissant les prairies d'une lumière d'or, la Torpédo filait déjà vers Tunis. On préférait éviter la route de nuit, les bandits et les animaux sauvages.

Dans la précipitation, Martha avait oublié sa nappe sous l'arbre et les oiseaux avaient rappliqué sans attendre, se réjouissant de ce festin inattendu. On les entendit piailler, se disputer les miettes, sautiller d'un bout à l'autre pour picorer tout ce qu'ils pouvaient. Et quand ils furent rassasiés, les oiseaux échangèrent les dernières nouvelles du monde. L'un d'eux raconta que, de l'autre côté de la Méditerranée, les hommes étaient devenus fous.

— Oui, fous, assura un autre.

— Mais comment ? Que se passe-t-il ?

— Ils arrêtent des gens au hasard et les parquent ensemble dans des camps, tous agglutinés, pire que des bêtes. Il y a même des enfants !

— Et des mères séparées de leurs petits, renchérit un autre.

Celui qui avait mangé la plus grosse miette de gâteau se sentit mal :

— Mais enfin… Êtes-vous bien sûrs de tout cela ?

— Oui. On les prive de tout. On les affame et ils tombent malades. Et puis ils sont envoyés ailleurs, plus loin vers l'est.

Les oiseaux n'auraient su dire où exactement. Vers l'est, vers le froid humide. Ils n'en savaient pas plus. Ils arrêtèrent là leur conversation.

Martha avait pris le volant, comme à l'aller, mais cette fois l'allure était plus tranquille. Anne s'était assoupie. Tandis que la Torpédo descendait vers Tunis, Martha pensa à sa sœur Irène et à son neveu Joseph. Ils habitaient Paris, un petit immeuble sans concierge dans le XIVe arrondissement, à deux pas de la place d'Alésia. Elle aurait dû avoir de leurs nouvelles. Elle aurait au moins dû recevoir une lettre, songea-t-elle, et au même instant elle ressentit un violent pincement à l'abdomen ; quelque chose d'indéfinissable et de douloureux qui lui fit donner un brutal coup de volant et dévier un instant de la route.

Pourtant, Martha n'avait pas entendu la conversation des oiseaux.

Elle n'avait rien su de leurs inquiétudes, ni des faits qu'ils rapportaient.

Ce n'est que plus tard – bien plus tard – qu'elle apprendrait les noms de Pithiviers, de Beaune-la-Rolande et de Drancy.

Lorsqu'il n'y eut plus la moindre miette sur la nappe, les oiseaux s'envolèrent pour rejoindre un autre coin du lac. Là, de petites vaguelettes leur mouillèrent les pattes. Ils trempèrent leurs becs par à-coups pour se désaltérer, puis nettoyèrent soigneusement leurs plumes qui devinrent brillantes comme des souliers neufs. Ils sautillèrent le long du lac, piquaient de temps à autre leur bec dans l'eau, puis l'un d'eux s'envola ailleurs et les autres suivirent. Il n'y avait alors plus aucun être humain à des kilomètres à la ronde, plus aucun bruit. En cet instant, El Zagora était l'endroit le plus beau et le plus tranquille de la terre.

II.

1.

On dit de Kelibia que c'est un village de pêcheurs et de jardiniers. Les maisons y sont bâties au bord de l'eau, devant des barques qui ondulent mollement, et chacune dispose à l'arrière d'un petit potager où poussent des courges, des oignons et des pommes de terre au goût de sel. Entre les bicoques, en guise de clôture, on a planté des rosiers nains bourrés d'épines dont les pétales s'envolent vers la mer chaque fois qu'ils sont en fleurs ; on dit que ça porte bonheur aux pêcheurs.

C'est dans ce petit village du cap Bon que vivait Yousra, la sœur de Malika. Elle habitait le tout dernier cabanon au bout de la plage, avec son mari Saïd. L'endroit était minuscule mais Yousra avait pris soin de le décorer avec goût et délicatesse. Un tapis berbère couvrait le sol de couleurs, des coussins brodés étaient disposés autour d'une petite table basse en laiton, et des bocaux remplis de pétales de roses parfumaient agréablement la pièce. Les murs en bois, eux, étaient peints d'une couleur claire que Yousra modifiait au gré de ses envies ou selon la saison. Malika enviait cette facilité avec laquelle sa sœur parvenait à métamorphoser un lieu si modeste en quelque chose de beau, d'accueillant, de chaleureux ; cette aisance aussi à cuisiner, ne refaisant jamais la même recette, agrémentant toujours ses plats de nouvelles saveurs. Malika avait coutume de dire qu'avec elle, les choses domestiques s'élevaient au rang d'œuvres d'art.

— Oui mais moi je n'ai ni ton intelligence ni ton talent pour écrire, lui rétorquait Yousra qui admirait l'impressionnante culture de sa sœur.

Malika avait été élève au lycée Armand-Fallières, grâce à l'un de ses instituteurs qui avait décelé chez elle « des capacités impressionnantes pour une petite fille arabe ». L'instituteur avait d'ailleurs financé lui-même une partie de sa scolarité, sans quoi rien n'aurait été possible : Malika et Yousra vivaient à l'époque avec leur grand-mère, Fatima, une vieille dame aveugle qui les élevait comme elle pouvait, c'est-à-dire avec pas grand-chose.

Après le lycée, Malika s'était mise à fréquenter le café Taht Essour, dans le quartier populaire de Bab Souika, juste derrière les remparts. Évidemment, elle avait dû pour cela se travestir ; c'est donc vêtue de pantalons et de chemises fines qu'elle s'était mêlée à la population d'artistes et d'intellectuels qui animait l'endroit. Peintres, poètes, chansonniers ou journalistes, tous clamaient leur révolte contre une situation coloniale inique qui ne leur laissait qu'un seul rôle : celui de larbin. Et tous étaient mus par une même ambition, celle de la liberté à conquérir, du droit à exister.

C'est à cette époque, en fréquentant le Taht Essour, que Malika s'était choisi son nom de plume,

« Moncef Belhaj » – hommage secret aux deux orateurs les plus éloquents du café. Ça l'avait amusée. Sans doute stimulée, aussi. Car quelques mois plus tard, sans que personne ne se doute un instant du subterfuge, Moncef Belhaj publiait ses premiers articles dans la revue féministe *Leïla* puis dans le quotidien national *L'Action tunisienne*.

Malika avançait d'un pas rapide en direction du cabanon, sans dire un mot, les traits tendus. Maximilien marchait quelques mètres derrière, Nour perchée sur ses épaules. La petite n'arrêtait pas de jacasser, racontant des histoires sans queue ni tête que son papa s'efforçait de comprendre sans toutefois les écouter vraiment. Avec Malika, ils venaient de se disputer. Une fois de plus, c'était à cause d'Amir, son ami écrivain avec qui elle cosignait la plupart de ses articles. Maximilien était certain qu'il y avait une histoire entre eux. Malika niait, évidemment, mais chaque fois que Maximilien prononçait son nom il voyait bien qu'elle était troublée. « Tu vois, tu t'énerves ! enchérissait Maximilien. Ça veut bien dire que tu as quelque chose à te reprocher. »

Devant le cabanon, Saïd était en train de faire griller des sardines, enveloppé dans un épais nuage de fumée bleutée. D'un geste ample, il éparpilla du gros sel dessus et les poissons se mirent à grésiller, leurs yeux et leurs écailles se racornissant sous l'effet de la chaleur.

— Ah, voilà la plus belle ! s'exclama-t-il en apercevant Nour.

Il essuya vite fait ses mains sur sa gandoura et, sans même saluer Maximilien, il se hissa sur la pointe des pieds et attrapa la fillette qui se jeta dans ses bras.

— Tonton Saïd ! s'écria-t-elle en s'agrippant à son cou.

Les deux sœurs tombèrent dans les bras l'une de l'autre, puis Malika prit le visage de Yousra entre ses mains.

— Comment tu vas ? dit-elle avec tendresse.

— Contente de te voir, répondit Yousra, les yeux humides.

Elle était toujours émue de retrouver Malika, même lorsque leur séparation n'avait pas été longue. Sa sœur, c'était sa boussole, son oxygène. Elle avait du mal à supporter son absence. Saïd rentra dans le cabanon et en ressortit avec dans chaque main un cadeau pour Nour : une petite pelle pour creuser le sable et un ballon de cuir tout neuf.

— Saïd… c'est trop… dit Malika, un peu gênée, tandis que celui-ci s'accroupissait pour réclamer à Nour un baiser, tapotant sa joue avec son index.

La fillette prit le ballon et donna en échange un petit bisou mouillé.

— Tu piques, tonton, dit-elle en fronçant les sourcils.

Saïd éclata de rire, et les deux sœurs échangèrent un regard complice. Maximilien, lui, s'était assis un peu à l'écart, à l'ombre d'un arbre. Il observa sa fille poursuivre maladroitement son ballon ; elle le lançait devant elle avec ce petit geste heurté qu'ont les jeunes enfants puis elle frappait avec son pied, mais chaque fois dans le vide. Maximilien alluma une cigarette, expira lentement la fumée. Saïd le mettait mal à l'aise. Sa générosité avait quelque chose de faux, de calculé. Maximilien sentait bien qu'avec tous ces cadeaux, il cherchait avant tout à séduire Nour, à l'attirer du côté arabe de la famille. Il était comme ça, un camp contre un autre, il ne pouvait pas s'en empêcher. D'ailleurs, il l'avait un jour dit à Yousra, qui l'avait répété à Malika :

— Ça serait quand même plus simple si la petite n'avait pas du sang de colon.

Maximilien laissa sa cigarette se consumer entre ses lèvres, plissant les yeux à cause de la fumée ; les volutes gris pâle s'enroulèrent autour de lui tel un serpent paresseux et embrumèrent son esprit, faisant ressurgir le souvenir de son premier voyage en France.

C'était au cours de l'été 1931, à l'occasion de l'Exposition coloniale du bois de Vincennes. Le pavillon représentant le Protectorat tunisien avait été conçu par Théo Moreau, son père, qui avait profité des congés scolaires pour emmener ses enfants « faire le tour du monde en un jour », comme le promettait la réclame. Lorsqu'ils étaient arrivés à Paris, Susie et Maximilien avaient découvert avec émerveillement la tour Eiffel et le Louvre, la Seine aux reflets métalliques, les grands magasins, les vastes avenues tracées par le baron Haussmann. Théo leur avait ensuite montré son quartier préféré, dans le XVIIIe arrondissement ; ils avaient flâné à travers les petites rues du quartier des Abbesses, s'étaient arrêtés pour goûter le raisin des vignes de Montmartre puis ils avaient gravi une à une les marches du Sacré-Cœur. Et de là-haut, tels des héros balzaciens, ils avaient admiré la ville immense et bourdonnante qui s'étendait à leurs pieds.

Pour finir, Théo les avait emmenés au bois de Vincennes où se tenait l'Exposition coloniale. Celle-ci réunirait huit millions de visiteurs au total, un véritable succès. En quelques heures à peine, Théo et ses enfants avaient pu chiner dans des souks et faire un tour à dos de dromadaire ; ils avaient vu des artisans sénégalais en train de fabriquer des petites statuettes, d'autres qui faisaient une démonstration de danse tribale. On les avait photographiés dans un village soudanais, ils avaient visité la maison royale malgache, s'étaient attardés dans le superbe palais marocain, avec ses jardins luxuriants et ses bassins parfumés. Et enfin, clou du spectacle, ils avaient été subjugués par l'incroyable réplique du temple d'Angkor Vat, plus vrai que nature.

Susie et son père avaient été ébahis par toutes ces merveilles dont ils n'avaient même pas idée mais qui faisaient partie, paraît-il, de leur propre pays. Maximilien, lui, en avait eu la nausée. Il ne voyait rien de ces richesses que la France célébrait et se vantait de posséder. Tout cela n'était pour lui qu'un grotesque pillage : des paysans à qui on avait pris les terres, des pères de famille contraints à la génuflexion, des femmes humiliées et réduites à la domesticité. Il avait été sidéré par tous ces visiteurs si ravis et si avides d'exotisme. Personne ne voyait donc l'envers du décor, à part lui ? Le rêve colonialiste était-il si entièrement et inconditionnellement partagé ?

Il y avait bien eu quelques voix discordantes à l'époque, comme celles des surréalistes André Breton ou Paul Éluard, mais elles étaient finalement restées assez discrètes face à l'engouement général. Les surréalistes avaient tout de même réussi à organiser une contre-exposition coloniale, à quelques stations de métro de là, place du Colonel-Fabien, mais bien peu de visiteurs s'étaient déplacés en comparaison des foules du bois de Vincennes.

Maximilien écrasa sa cigarette sous son talon et leva la tête. Dans l'arbre, un petit moineau sautillait de branche en branche, sans un bruit. Il était si léger, si libre ; quelques coups d'ailes lui suffisaient pour s'envoler n'importe où.

Maximilien regarda Saïd qui retournait les sardines avec son grand sourire satisfait, insupportable. Les deux sœurs en train de discuter, si complices. Et puis Nour : le soleil de sa vie, qui ressemblait si fort à sa mère et si peu à lui.

D'ailleurs, il avait parfois l'impression qu'on cherchait à le lui faire remarquer. Les gens le regardaient d'un drôle d'air et semblaient dire : mais qu'est-ce qu'il fabrique, ce Français, avec cette petite Arabe. Alors il attrapait la main de Nour et l'attirait à lui, lui déposant ostensiblement un baiser sur la tête pour signifier que c'était lui, le papa. Ça le rendait dingue de toujours devoir prouver quelque chose. De toujours devoir démontrer qu'il n'était pas celui qu'on croyait.

Saïd s'essuya le front du revers de la main et demanda à Maximilien ce qu'il voulait boire.

— Rien, ça va.

— T'es sûr ? Fait chaud, mon frère. Tu devrais.

— Merci Saïd, c'est bon.

— Comme tu veux, répondit Saïd avec son sourire imbécile, tellement obséquieux que Maximilien aurait pu lui péter la gueule. Comme tu veux, répéta-t-il en retournant à ses grillades.

Saïd avait servi les sardines dans une galette de pain, avec des oignons du jardin et quelques piments rôtis. Malika et Yousra le complimentèrent en chœur.

— C'est vraiment délicieux, Saïd.

— Encore meilleur que d'habitude, mon chéri.

Nour, quant à elle, était venue grappiller un peu de la galette de son père. Elle tournicotait autour de lui en sautillant à cloche-pied, son morceau de pain coincé dans la bouche.

— Arrête, tu vas finir par avaler de travers et t'étouffer.

Nour s'immobilisa net. Se mit à mâcher consciencieusement, exagérant les mouvements. Et une fois le pain terminé, elle ouvrit grand la bouche.

— Voilà ! dit-elle fièrement. Avalé !

Maximilien sourit, le cœur guimauve, et il lui fit au passage goûter un petit morceau de sardine, ouvrant la bouche au ralenti en même temps qu'elle.

— Alors ? C'est bon, mon bébé ?

Mais Nour n'avait pas répondu, elle était déjà repartie et poursuivait son ballon en poussant des petits cris joyeux.

Malika, elle, avait attendu que Saïd retourne s'occuper du poisson pour parler à Yousra du dernier article qu'elle avait publié dans *L'Action tunisienne*.

— Tu sais ce qu'il a écrit cette fois, Moncef Belhaj ? commença-t-elle, facétieuse.

Elle avait approché son visage si près de celui de sa sœur qu'ils se touchaient presque. Et d'un souffle elle lui raconta tout l'article, dans les moindres détails. Quel plaisir, quelle liberté elle éprouvait ainsi. En signant de ce nom d'homme, elle pouvait s'autoriser n'importe quel sujet, n'importe quels mots. Mais il y avait mieux encore. Elle avait remarqué que l'écriture, parce que c'était un processus lent et réflexif, faisait surgir de son esprit des idées et des raisonnements dont elle-même ne soupçonnait pas l'existence.

— Parfois, les choses sont là et on ne les voit pas.

Et elle expliqua qu'elle était comme ces archéologues qui grattent le sol et l'époussètent doucement, mettant peu à peu au jour une statue enfouie sous la terre. C'était pareil pour les idées. Yousra buvait ses paroles, les yeux brillants d'admiration. Et puis comme chaque fois, au bout d'un moment, elle finissait par faire la moue.

— Tu es tellement intelligente Malika… soupira-t-elle. Tu ne peux quand même pas continuer à faire des ménages chez les colons.

Malika haussa les épaules. Les Lassalle, chez qui elle travaillait, étaient des gens respectueux et honnêtes. Ils la traitaient bien et la payaient bien. C'est tout ce qu'elle demandait.

— Saïd dit que tant que le pays sera aux mains des Français, on sera condamnés à être des larbins, ajouta Yousra, les traits soudain assombris.

Elle semblait attendre une réaction mais comme rien ne vint, elle ajouta :

— Franchement, je ne comprends pas que tu ne veuilles pas l'admettre, Malika.

Mais Malika resta silencieuse. Elle jeta un rapide coup d'œil à Maximilien. Il s'était assoupi. Ou faisait semblant. Elle finit par poser une main sur l'épaule de sa sœur et se leva.

— Je vais faire du thé, dit-elle doucement.

— Tu ne la vois pas ?

— Ben, je sais pas, elle était là il y a une minute…

— Où ?

— Mais là, juste devant…

— Nour !

Maximilien s'était réveillé en sursaut. Malika, les mains en porte-voix, était en train de crier le nom de sa fille. Pourquoi la petite n'était-elle pas en train de jouer devant eux ? Que s'était-il passé ? Sans réfléchir il s'était rué vers Malika et l'avait secouée brutalement par le bras.

— Elle est où ? cria-t-il. Où est Nour ? Tu ne la surveillais pas ? !

Malika se détacha vivement de lui, arrête, lâche-moi, et le repoussa. Maximilien ne l'avait même pas entendue. Il avait tout de suite couru vers la mer et regardé partout, affolé ; sa vue s'était brouillée et sa bouche asséchée. Il appelait sa fille, criant de plus en plus fort à mesure que les secondes défilaient, et tandis que ses pas l'embarquaient à droite à gauche, n'importe comment, Saïd le rattrapa.

— Hé là ! Du calme, mon frère…

Saïd le prit par l'épaule avec nonchalance, son petit sourire aux lèvres.

— Elle est là, ta fille, dit-il en désignant du menton un groupe d'enfants qui jouaient un peu plus loin. Elle est juste là…

Maximilien respira – bordel, quelle trouille j'ai eue – et il échangea un regard de soulagement avec Saïd. Il aurait presque eu envie de le serrer dans ses bras, dis donc. Pourtant, dès que son œil tomba sur la bande de chiens lépreux qui s'agitaient autour des gamins, il se raidit.

— Nour ! cria-t-il en se dirigeant vers sa fille. Viens ici ! Tout de suite !

— C'est pas bon, commenta Saïd.

— …

— La peur des chiens. C'est pas bon, répéta-t-il, flegmatique.

Maximilien s'arrêta net et lui lança un regard noir.

— Ce sont des chiens errants, Saïd. Ils sont dangereux. Tu ne sais pas ça, peut-être ?

Saïd hocha vaguement la tête.

— Si, si, bien sûr. Mais ils ont l'habitude des enfants, au village.

À peine avait-il fini sa phrase que les chiens s'étaient mis à aboyer comme des furieux – en une fraction de seconde, le calme précaire s'était rompu – et Maximilien avait couru aussi vite qu'il avait pu. Seulement, le temps qu'il arrive, c'était trop tard. La petite avait crié : l'un des chiens l'avait mordue au visage.

Les enfants étaient agglutinés autour d'elle et la fixaient avec curiosité. L'un d'eux, le plus petit, avait même approché son index du visage de Nour, comme pour toucher. Maximilien les avait alors tous écartés d'un geste, éloignez-vous, dégagez, et il avait tiré de sa ceinture un petit revolver brillant, qui en un coup net avait servi à abattre le chien.

Saïd avait bafouillé comme un con, mais qu'est-ce que t'as fait, tu l'as tué, et il s'était mis à s'agiter de mille mouvements inutiles.

— Ça va aller, c'est rien, répétait-il comme pour combler le trou béant qui venait de déchirer leur existence tranquille. Je vais chercher de l'aide.

Maximilien vit au regard éberlué de Nour qu'elle n'avait pas compris ce qui s'était passé ; elle ne pleurait même pas. Le chien gisait à côté d'eux, respirant encore. Une flaque de sang noir apparaissait sous lui et s'agrandissait lentement, aussi sombre et visqueuse que du pétrole.

Maximilien s'était souvenu que, lorsqu'il était petit, sa mère lui racontait que là où elle était née, en Martinique, on dressait autrefois des meutes de chiens afin de pourchasser les esclaves en fuite. Peut-être était-ce pour cela qu'il s'en était toujours méfié, qu'il en avait toujours eu peur. Il savait désormais qu'il avait raison.

Sans un mot, il prit Nour dans ses bras – elle ne pesait plus rien, pas même le poids d'une plume – et il s'éloigna avec elle, serrant doucement sa petite tête qui ballottait contre sa poitrine.

Sur la route qui les ramenait à Tunis, il lui expliqua qu'on allait lui faire une piqûre.

— Ça fait mal ?

— Ça pique un peu. Mais je serai avec toi, mon soleil.

Maximilien n'osait pas regarder la blessure. Tout un morceau de chair, au niveau de la joue, avait été arraché et pendouillait. Malika, une fois de plus, l'avait étonné. Son sang-froid l'impressionnait. Elle avait examiné la plaie comme si elle était médecin et, avec un calme sidérant, elle avait dit que Nour avait eu de la chance, ni l'œil ni le nez n'avaient été touchés. Elle avait ensuite ordonné à Saïd d'aller chercher une voiture pour les conduire à l'Institut Pasteur, puis elle s'était agenouillée auprès de sa fille pour lui expliquer qu'on allait devoir recoudre la blessure.

— Comme une chaussette ? avait demandé Nour après avoir calmé ses pleurs.

Maximilien n'en revenait pas – le courage de cette petite. Il s'efforçait de lui dire des mots gentils et rassurants mais ça lui était presque impossible ; il revoyait sans cesse l'image de ce chien qui lui sautait dessus comme sur un vulgaire morceau de viande.

Sa petite figure, si jolie et si parfaite, serait abîmée pour toujours. Il avait l'impression qu'on avait profané sa fille, son trésor. Rien ne pourrait réparer cela. L'irréversibilité de la chose lui parut soudain si insupportable qu'il s'évanouit un instant.

2.

Sidi Bou Saïd, juillet 1942

Théo ajouta un trait de lumière dans le regard du vieil homme, une ride au coin de l'œil, et leva son pinceau. Il recula d'un pas pour apprécier l'effet.

— Hum.

Cette scène, il l'avait attrapée au vol la veille dans l'une des ruelles de Sidi Bou Saïd. C'était un vieillard assis devant le porche de sa maison, sur un tabouret minuscule, le regard tourné vers un chat miteux assoupi à ses côtés. Le tableau n'était pas franchement raté, non, c'était même assez ressemblant. Mais il n'y avait là rien qui vibre, aucune émotion.

— Un tableau mort, murmura Théo pour lui-même, qui était son plus féroce critique.

Quelques notes de piano parvinrent alors du rez-de-chaussée. Le début d'un nocturne de Chopin. À moins que ce soit Schubert. Il confondait toujours. Théo tenta d'ajouter un peu de couleur par-ci, de l'ombre par-là, mais la musique l'avait déconcentré. À mi-voix, il se mit à maudire Ferdinand qui ne progressait guère malgré les heures passées sur l'instrument ; on entendit plusieurs fausses notes, puis le passage rejoué plusieurs fois, comme si le morceau bégayait. L'image fit sourire Théo. Alors d'un geste rapide il dessina une paire de boucles d'oreilles au vieillard, lui maquilla les paupières d'un bleu vif et peinturlura ses lèvres d'un rouge criard.

— Voilà, dit-il. Au moins, comme ça, il se passe quelque chose.

Jusqu'ici il s'était toujours rassuré en pensant que rien n'était joué, qu'il était encore jeune. Le travail d'artiste, après tout, était celui de toute une vie. Le temps jouerait en sa faveur, il lui apporterait maturité, nuance et précision. Mais maintenant qu'il commençait à vieillir, que devait-il penser de toute cette médiocrité ? À quel âge fallait-il accepter d'abandonner ? De renoncer à ses rêves ? Après tout, il n'était peut-être pas capable de produire de véritables œuvres d'art, des œuvres qui puissent tout à la fois émouvoir et proposer une vision du monde. Est-ce que sa vie, pour autant, en serait ratée ?

Avant même de formuler un début de réponse, il prit son grand pinceau brosse et ouvrit un pot de blanc à peine entamé. C'est le petit chat miteux qui fut recouvert en premier, d'un seul coup de brosse. Puis ce fut au tour du vieillard de disparaître, aux arbres, aux morceaux de nuages. À la fin, le tableau ne fut plus qu'un barbouillis confus et obscur, d'une couleur indéfinissable.

À cette heure de la journée, la chaleur était encore forte. Les insectes s'étaient planqués, les fleurs étaient ratatinées, et le jardin exhalait une drôle d'odeur de pétales en train de pourrir. Théo installa sa chaise à l'endroit habituel, en plein soleil, et secoua son bras pour le détendre. Il savait que la chaleur le soulagerait. Cette blessure avait beau être ancienne, dès qu'il forçait ou peignait avec un peu trop d'ardeur, elle se rappelait à lui tel un animal tapi dans l'ombre.

Malgré les années, Théo avait gardé de cet événement de 1916 un souvenir d'une précision aiguë, comme si chaque détail avait été placé dans du formol et conservé dans un endroit protégé de sa mémoire. Il lui suffisait de fermer les yeux un instant, de se concentrer, pour qu'aussitôt tout lui revienne : les paysages verts et vallonnés de l'Argonne, le soleil couchant sur la rivière, les nuées de libellules et les échassiers aux longues pattes graciles. Et puis surtout, cette grande forêt d'épicéas, sombre et labyrinthique, où l'accident avait eu lieu.

À l'époque, la guerre s'était mise en travers de son chemin alors qu'il entamait tout juste sa vie d'adulte. Il avait quitté son Jura natal quelque temps auparavant, s'était installé à Paris et avait été étudiant à l'École des Beaux-Arts – l'un des meilleurs, selon ses professeurs. Tous l'avaient d'ailleurs encouragé à poursuivre dans cette voie et à se lancer dans une carrière de peintre. Mais il lui avait toutefois fallu gagner sa vie. Alors, sur les conseils d'un bon ami, il était entré à l'Opéra-Comique comme décorateur de théâtre. Le travail lui avait tout de suite plu. Il aimait cet univers de carton-pâte et de féerie. Il aimait vivre hors du monde et hors du temps, éclairé par la lumière artificielle des projecteurs, sans jamais savoir si c'était le jour ou bien la nuit.

Théo logeait à deux pas du théâtre, dans une petite mansarde de la rue de Choiseul. Il y avait entreposé des toiles et des pinceaux et passait tout son temps libre à peindre. Il savait que le chemin serait long mais qu'un jour, à force de travail et de persévérance, il réussirait. Au même étage que lui vivait une jeune comédienne de l'Opéra-Comique, Christine Dubreuil. Elle avait des joues fraîches et roses, de longs cheveux bruns et une peau qui sentait la vanille ; ils tombèrent vite amoureux l'un de l'autre. Théo adorait la peindre, la nuit, à la lueur des bougies. Elle pouvait rester des heures sans bouger, juste en le regardant. Et dès qu'il avait terminé, ils tombaient dans les bras l'un de l'autre et faisaient l'amour, heureux, tandis que les premiers rayons du soleil filtraient à travers la lucarne. Mais ce bonheur de jeunesse fut de courte durée.

Un soir d'automne, Christine lui annonça qu'elle devait partir au front avec le Théâtre aux Armées, afin de divertir les soldats et maintenir le moral des troupes.

Théo fut pour sa part affecté à la section Camouflage de l'armée française. Il retrouva là des camarades décorateurs de théâtre et accessoiristes, mais également des sculpteurs, des peintres, des illustrateurs – tous ces spécialistes de l'illusion et du trompe-l'œil qui avaient été recrutés pour duper l'ennemi. Dans l'atelier de la rue Girardon, à Montmartre, on fabriquait des leurres en carton-pâte, mais aussi de très grandes toiles qu'on utiliserait pour camoufler les pièces d'artillerie ou les véhicules militaires lors des opérations : vus du ciel, ils disparaîtraient dans le paysage et deviendraient ainsi invisibles pour l'ennemi.

Théo ne se plaignait pas. Au contraire, il mesurait sa chance. Chaque jour, à l'atelier, il retrouvait ces énormes cuves où l'on mélangeait les couleurs à l'aide de balais géants. On badigeonnait ensuite les toiles avec un grand pinceau long d'un mètre : nuances de vert, de beige, de jaune ; les toiles ressemblaient à l'œuvre abstraite d'un cubiste. On construisait de faux canons et de faux mortiers, on utilisait du raphia teint en vert pour imiter l'herbe, on concevait enfin de faux arbres dotés d'un poste d'observation pour espionner les lignes ennemies. On n'avait pas l'impression de faire la guerre, juste de fabriquer les décors d'une pièce de théâtre géante. L'atelier était d'ailleurs joyeux et plein d'entrain, son atmosphère très éloignée des traditionnelles sections de l'armée. On chantait des refrains d'opérette, sifflotait des airs d'opéra, et les femmes étaient nombreuses, souvent affectées aux travaux de couture.

Au début de l'hiver 1916, Théo fut envoyé dans l'Argonne, sur le front, afin d'installer l'un de ces arbres-observatoires tout juste sorti de l'atelier de la rue Girardon. La mission, délicate, avait lieu de nuit. Il fallait abattre l'arbre sans un bruit, l'évacuer, puis le remplacer par sa « copie » où se trouvait dissimulée une petite cabine blindée pour le guetteur. Depuis les lignes ennemies, le paysage resterait le même, absolument inchangé, mais serait désormais lardé d'un espion fait de feuillage et d'écorce. Le stratagème était redoutable.

L'installation de ces « arbres » était toutefois périlleuse et plusieurs soldats y avaient déjà perdu la vie. Théo, lui, s'en était tiré avec une balle dans le bras : on l'estima chanceux.

Quand il avait repris connaissance, il s'était retrouvé au milieu d'autres blessés, tous alignés dans la cour de récréation d'une école communale : c'est là qu'avait été installée l'antenne chirurgicale mobile où il allait être soigné.

Depuis quelques mois, ces antennes mobiles avaient essaimé un peu partout et permettaient que les blessés soient pris en charge au plus près du front ; on acheminait le matériel médical grâce à des ambulances spéciales, les *autochirs*, et en quelques heures à peine on parvenait à mettre en place, quel que soit l'endroit, un bloc opératoire fonctionnel avec autoclave pour la stérilisation, réserves d'eau, linges propres et instruments de radiologie.

S'il ne restait plus grand-chose de l'école où se trouvait l'antenne chirurgicale – la toiture avait volé en éclats, les murs avaient été éventrés, les vitres pulvérisées –, on voyait néanmoins surgir des décombres quelques restes du passé : un tableau noir mal effacé, des pupitres renversés, ou encore cette carte de géographie murale presque intacte où apparaissaient les fleuves et les chaînes de montagnes. Quand Théo l'avait vue et compris que peut-être des enfants étaient morts ici, il avait vomi un jet de bile faiblard puis, du bout de sa chaussure, il l'avait recouvert de poussière. En comparaison, son malheur à lui paraissait bien supportable.

Autour de lui, quelques soldats étaient assis sur un bout de muret en ruine, le visage éclairé par la pâle lumière d'hiver. La plupart avaient le bras en écharpe, la tête enrubannée de gros pansements, des plaies au visage ; c'étaient les blessés légers. Les autres, un peu plus loin, gisaient sur des civières d'où s'échappaient d'épouvantables râles. Ils avaient une jambe broyée ou un bras déchiqueté, ou bien encore des morceaux entiers de visage arrachés. L'un d'eux, un blessé à qui il manquait l'oreille et un bout de mâchoire, s'était redressé sur sa civière et était parvenu à s'agripper au bras d'une infirmière. La jeune femme avait aussitôt tiré sur sa blouse d'un coup sec, sans se laisser déstabiliser.

— On va vous soigner, monsieur. Calmez-vous.

Puis elle s'était dirigée vers le bloc opératoire où le chirurgien l'attendait.

— Théo ? dit Anne en lui posant doucement une main sur l'épaule.

Elle le réveillait. Il s'était assoupi en plein soleil.

— Tu es brûlant, dit-elle en lui tâtant le front du revers de la main. Va te mettre à l'ombre.

Il bougonna vaguement mais se leva tout de même et alla se rafraîchir au tuyau d'arrosage. Il remarqua que le grenadier avait donné de belles fleurs rouges, charnues, aussi dentelées que si elles étaient faites en papier crépon. Il en cueillit une pour la dessiner plus tard à l'atelier, puis s'aspergea d'eau fraîche jusqu'à ce que les petits disques noirs qui flottaient en pagaille autour de lui disparaissent complètement.

Théo avait dû être opéré plusieurs fois à son retour du front. Sa chance avait été de tomber sur un chirurgien de génie, le Dr Baumann, grâce à qui il avait pu récupérer une mobilité presque totale. Un miracle, avait-on soufflé dans les couloirs de l'hôpital Saint-Louis, à Paris.

Après sa convalescence, Théo avait réintégré la section des Camoufleurs pour une courte période, et il avait alors participé à l'un des projets les plus fous de l'armée française : la construction d'un « faux Paris » dont le but était d'éviter que la vraie ville soit frappée par les bombardements ennemis. Jamais Théo n'aurait imaginé les militaires capables d'une telle audace créative. Au début, il avait même cru à une plaisanterie. Mais cela n'avait rien d'un canular, bien au contraire. L'armée avait fait appel pour cela à l'ingénieur électricien Fernand Jacopozzi – celui qui plus tard illuminerait la tour Eiffel, le Palais Garnier ou encore le Bazar de l'Hôtel de Ville – et en l'espace de quelques semaines le projet avait pris forme. Jacopozzi avait choisi un endroit à l'ouest de Paris, aux alentours de Conflans-Sainte-Honorine et de Maisons-Laffitte, là où la Seine faisait une boucle identique à celle reliant la cathédrale Notre-Dame à la tour Eiffel. Et selon un plan bien précis, il avait placé aux abords du fleuve une multitude de petites lampes à acétylène : vu du ciel, cette suite de points lumineux scintillant faiblement imitait à la perfection le tracé des rues de la capitale, les avenues, les monuments célèbres et les gares reconnaissables. Un « faux Paris » plus vrai que nature – qui ne fut toutefois jamais bombardé, le projet ayant été achevé au moment même où l'on signait l'armistice.

À la cuisine, Irina était en train de vider les poulets. Elle faisait cela sans y penser, en fredonnant une berceuse russe, la même qu'elle chantait à Ferdinand quand il était bébé mais qui au lieu de l'endormir le faisait babiller. Elle enleva le foie, le cœur, et au moment où elle saisit le gésier elle suspendit son geste. Comme si elle avait senti une présence. Elle sursauta en voyant Théo planté devant la porte, le visage suant et la bouche crispée.

— Vous m'avez fait peur… souffla-t-elle. Tout va bien, monsieur ?

Théo avait contracté la mâchoire pour réprimer une nausée – l'odeur de viande morte lui soulevait le cœur – puis il avait hoché la tête.

— Ça va. Merci, Irina.

De la guerre, il avait gardé un dégoût profond et irréversible pour toutes les chairs qu'on entaille, écorche ou éviscère.

3.

Le dîner fut animé et chaleureux, les mets appréciés. Un rayon de lune éclairait le salon désormais vide tandis qu'Irina terminait de débarrasser la table : quelques pelures d'oranges éparpillées, une assiette avec un reste de flan aux dattes, des verres à vin portant des traces de tanin ou de rouge à lèvres. Et au centre de la table, ce petit bouquet de jasmin déjà tout fané.

C'était le troisième 14 Juillet qu'on fêtait depuis le début de la guerre, et jusqu'ici on avait continué de vivre et d'organiser des dîners, de voir les amis. Pourtant, chaque jour le conflit semblait se rapprocher davantage. Même au marché l'atmosphère avait changé. Les vendeurs ne haranguaient plus les passants ; ils ne faisaient plus goûter leurs abricots juteux ni rebondir les melons dans leurs paumes épaisses ; ils n'empilaient plus les oranges en pyramide et ne couraient plus après leurs fruits qui finissaient toujours par rouler au sol. On les voyait à présent discuter à voix basse, l'air soucieux et les traits tirés, devant des étals presque vides où ne s'alignaient que quelques fruits cabossés et des bouquets de menthe défraîchis.

Une fois les amis partis, Anne et Martha étaient montées sur la terrasse pour profiter de la douceur du soir. La brise salée leur caressait la peau. Martha remarqua le visage amaigri et pâle de son amie ; cette soirée l'avait visiblement épuisée. Son état l'inquiétait mais elle n'osait rien dire. Elle la connaissait. Elle savait qu'Anne nierait et détournerait aussitôt la conversation.

— Tu veux un thé ? lui demanda-t-elle à la place. Ça te ferait du bien, non ?

Anne remua la tête et fixa un instant les lumières des bateaux qui scintillaient au loin, le ciel bourré d'étoiles, la baie splendide.

— J'attends le feu d'artifice, dit-elle simplement en posant sa main sur celle de Martha. Après j'irai me coucher.

Une salve de pétards crépita dans la rue voisine, suivie par les cris joyeux des gamins du quartier. Ce soir-là, dans les rues de Sidi Bou Saïd, l'odeur de poudre se mêla à celle du jasmin. Anne ferma les yeux, puis murmura :

— Ne t'inquiète pas. Ça ira mieux demain.

Pendant ce temps-là, au Petit Mousse, la fête battait son plein. Dans ce dancing en bord de plage qui ne désemplissait pas, les tables étaient plantées de guingois dans le sable, les serveurs pieds nus, et les jeunes gens dansaient en soulevant d'épais nuages de poussière. Susie et Colette y passaient toutes leurs nuits d'été, elles adoraient l'endroit. De loin, on aurait dit un vaisseau échoué sur la plage, bruyant et lumineux, d'où jaillissaient les rires et les tubes à la mode.

Pour une fois, Ferdinand avait eu le droit d'accompagner sa sœur Susie et sa copine. Il tâchait de garder un air détaché, naturel, mais en réalité il était bouleversé. Colette l'éblouissait. Elle dansait comme on pousse un cri, comme si c'était toute sa vie. Elle était exaltée et ravissante, unique en son genre. Et quand parfois leurs regards se croisaient par hasard, Ferdinand se retrouvait à sourire un peu bêtement tandis qu'une flambée ardente lui explosait dans le ventre. Il n'avait jamais connu ça. Il avait presque terminé son anisette lorsque les premières notes de *Mon amant de Saint-Jean*, le grand succès du moment, résonnèrent sur la plage. Une clameur enthousiaste parcourut alors les danseurs et les couples se réarrangèrent aussitôt, comme mus par le désir irrépressible de flirter. La valse musette de Lucienne Delyle, à la fois entraînante et triste, faisait l'unanimité. Rien qu'en l'écoutant, on avait envie de s'aimer et de souffrir.

Comment ne pas perdre la tête
Serré par des bras audacieux
Car l'on croit toujours aux doux mots d'amour
Quand ils sont dits avec les yeux

Colette et Susie, elles, s'étaient retrouvées dans les bras de deux gaillards costauds et visiblement très alcoolisées. Leurs gestes étaient brusques et désagréables, leur peau suante, leurs lèvres répugnantes.

Sans plus réfléchir
Je lui donnais
Le meilleur de mon être

Les types tournaient trop vite, maladroitement, en faisant de grands gestes exagérés et forçant les filles à les suivre. Colette avait perdu tout son sourire. Son visage était crispé et tendu. La voix gouailleuse de Lucienne Delyle changea alors de tonalité, devenant navrée et amère.

Mais hélas, à Saint-Jean comme ailleurs,
Un serment n'est qu'un leurre
J'étais folle de croire au bonheur
Et de vouloir garder son cœur

Colette essaya de se dégager, de repousser le gars, mais au lieu de la laisser, il lui empoigna les fesses d'une main obscène et vint coller sa bouche contre son oreille.

— Alors quoi ? On fait la salope et on s'étonne ?

Le type n'eut pas le temps de comprendre le reste. Ce qui arriva ensuite n'avait été ni raisonné ni prémédité ; Ferdinand s'était rué sur lui et lui avait envoyé un violent coup dans les côtes.

— Laisse-la, sale con.

L'autre, par réflexe, avait levé le poing pour riposter, mais quand il avait vu Ferdinand, il avait eu ce rictus de surprise suivi d'un gros rire goguenard qui puait l'alcool.

— Qu'est-ce que tu fous, le minot ? Tu veux une fessée déculottée ou quoi ?

Son copain éclata de rire tandis que Susie attrapait Colette par le bras et la tirait de là, ordonnant à son frère de les suivre. Elle savait combien les situations pouvaient dégénérer rapidement, surtout en ce moment. Les gens étaient à cran.

Ils s'étaient trouvé une table un peu à l'écart des danseurs. Le serveur leur apporta des bières, et une limonade pour Ferdinand.

— Pourquoi t'as fait ça ? lui demanda Susie, furieuse. Tu cherches les ennuis ?

Ferdinand ne sut quoi répondre. Il jeta un coup d'œil gêné vers Colette. Elle ne disait rien non plus, mais ne semblait pas vraiment fâchée. « N'en parlons plus, c'étaient des cons », s'apprêtait-elle à dire lorsque son visage s'éclaira d'un coup. Elle venait d'apercevoir son ami François qui les cherchait en déambulant entre les tables.

— On est là ! fit-elle en agitant le bras en l'air. Par ici !

François répondit par un grand sourire. Il détonnait complètement dans le paysage. Il portait un costume couleur crème, très chic, avec fédora assorti et souliers vernis. Ses cils avaient été allongés au mascara et ses yeux bleus, brillants comme des pierres, étaient soulignés d'un trait de khôl. Il se pencha vers Colette – salut ma beauté, comment tu vas – puis sans crier gare il l'embrassa à pleine bouche. Ferdinand détourna le regard.

— Qu'est-ce qui te prend imbécile, dit Colette en le repoussant gentiment. Et t'étais où d'abord ?

— Avec mon mec, répondit-il. Je suis tellement heureux que j'ai envie d'embrasser tout le monde.

Colette rigola, ouais d'accord mais pas avec moi, j'ai eu ma dose ce soir, puis elle se leva et l'entraîna vers la piste.

— Viens danser au lieu de dire des conneries.

Ferdinand regarda Colette s'éloigner au bras de François tandis qu'un charleston hyper connu jaillissait des haut-parleurs. Il attrapa une olive, souffla son noyau droit devant lui, et sourit en imaginant le taré de tout à l'heure se le prendre dans l'œil. Il refit ça deux ou trois fois, puis se lassa. Susie ne lui adressait pas la parole, elle semblait toujours aussi énervée contre lui.

— Je vais danser, finit-elle par dire en se levant à son tour. Tu restes là et tu te bats contre personne, d'accord ?

Ferdinand passa l'heure suivante à s'ennuyer et à regretter son geste. Susie n'accepterait plus qu'il vienne avec elle désormais. Il s'apprêtait à quitter le Petit Mousse, dépité et nauséeux, quand Colette se planta devant lui, encore tout essoufflée par sa danse.

— Tu viens ? fit-elle en lui tendant la main. J'adore cette chanson.

Elle l'invitait. À danser. Il n'eut pas le temps de répondre quoi que ce soit qu'elle l'avait déjà tiré de sa chaise et l'entraînait vers la piste. Le contact de sa paume, douce et tiède, le fit immédiatement basculer de l'autre côté, dans le revers du monde, là où patientent les grandes émotions d'une vie : Colette était face à lui, à danser et à sourire, et il n'en revenait pas. Il suivait ses pas, complètement à contretemps, mais cela n'avait aucune importance.

On tira alors le feu d'artifice. Les fusées éclataient les unes après les autres, illuminant la baie de gerbes scintillantes, et lorsqu'elles retombaient, elles laissaient dans le ciel une trace pailletée. Les visages des danseurs se teintaient de rose, de bleu vif ou de jaune d'or, c'était magique. *You're driving me crazy*, chantait Joséphine Baker dans les haut-parleurs. *You're driving me crazy*, répétait Colette à tue-tête, enthousiaste et survoltée. Ferdinand, lui, ne dansait pas, il volait.

Lorsqu'il s'était couché ce soir-là, Ferdinand avait encore sur la peau des effluves de *Tabac blond* de Caron, ce parfum fauve et poudré typique des garçonnes dont Colette se mettait quelques gouttes chaque matin, derrière l'oreille et au creux du poignet. C'était enivrant, à rendre fou. *You're driving me crazy*, chuchotait encore Ferdinand au moment où il fut cueilli par le sommeil. Dehors, la nuit était douce et le ciel piqué de milliers d'étoiles. On voyait la Voie lactée, des constellations lointaines, des galaxies mystérieuses. La fenêtre entrouverte laissa alors entrer un parfum de fleurs et de jardins endormis ; il flotta un moment dans la chambre, tel un sortilège antique, puis s'évanouit.

4.

Chère Martha,

Comme je te le disais dans ma lettre précédente, je compte venir te rejoindre prochainement sur ton île avec Joseph. Il vient d'avoir quatre ans et tu ne peux pas imaginer comme il est beau, il rit tout le temps, c'est mon (mot illisible, inventé ?). *Je sais bien que la Tunisie n'est pas une île mais, que veux-tu, dès que je pense à toi, c'est ça que j'imagine : une île de soleil et de mer tiède, avec des palmiers courbés et des maisons rudimentaires ouvertes à tous les vents. Ça doit être si différent de Paris. Cette ville, d'ailleurs, tu ne la reconnaîtrais pas. Elle est devenue froide et grise, hostile. Parfois, j'aimerais revenir en arrière. J'aimerais revoir les lumières briller sur les Champs-Élysées, danser à la Coupole, boire du vin dans des bistrots enfumés de Montparnasse. Je t'envie tant d'avoir eu le cran de partir si loin… Il y a combien d'années déjà ? Tu étais si jeune ! Et si audacieuse. Tu as toujours été la plus courageuse d'entre nous. La plus forte aussi. Et même si je ne te comprenais pas toujours à l'époque, je t'admirais d'oser partir à l'aventure et de quitter ton pays sans savoir ce qui t'attendait.*

J'ai mis du temps à me décider (c'est si difficile quand on a un jeune enfant avec soi, on veut faire les bons choix pour lui, ne pas se tromper), mais c'est chose faite désormais. Un ami nous conduira à Marseille, sûrement dans les jours qui viennent, et de là nous prendrons le bateau. J'ai hâte, et j'appréhende en même temps. J'espère que Joseph ne sera pas malade pendant la traversée. En tout cas, je me réjouis de te revoir et de commencer cette nouvelle vie auprès de toi.

Je t'embrasse bien tendrement,
Ton Irène

Martha avait reçu la lettre d'Irène il y a plusieurs mois déjà. Mais sa sœur avait dû continuer d'hésiter, ou bien l'ami qui devait les conduire à Marseille s'était finalement débiné. Quoi qu'il en soit, au matin du 16 juillet, des policiers avaient tambouriné à la porte du petit appartement qu'elle occupait dans le XIVe arrondissement, près de l'église d'Alésia, et ils avaient déboulé avec leurs gros godillots dans la pièce principale. Joseph avait pleuré, effrayé par ces hommes en uniforme qui braillaient et donnaient des coups de pied dans les meubles, et aussi par la peur qui faisait trembler la voix de sa mère. Quand Irène avait pris son petit garçon dans les bras, elle avait senti son bermuda tout mouillé. Elle avait juste eu le temps de ramasser son doudou, « sers-le contre toi, avait-elle dit à son oreille, sers-le bien fort contre toi ». Puis les policiers les avaient emmenés, elle et Joseph, jusqu'à la rue Nélaton où l'imposant Vélodrome d'Hiver les avait avalés tout crus.

5.

Quelques jours plus tard

Anne était sortie du bloc opératoire exténuée. Ses jambes la portaient à peine. Elle réajusta sa blouse, comme pour se redonner une contenance, et s'avança vers Maximilien et Malika qui patientaient sur un petit banc dans le couloir. Ils se tenaient l'un près de l'autre, sans un mot, comme deux oiseaux fragiles posés sur une branche.

— L'opération s'est bien passée, dit-elle sans toutefois parvenir à soutenir leur regard.

Les risques de complication étaient bien trop nombreux pour pouvoir se réjouir tout de suite, elle le savait. Maximilien s'était levé d'un bond et avait eu ce mouvement vers elle, comme s'il avait voulu la prendre dans ses bras, mais s'était ravisé.

— Nour va rester ici quelques jours en observation, poursuivit Anne sans se laisser déstabiliser. Et si tout va bien, elle pourra sortir à la fin de la semaine.

Elle s'excusa alors de devoir les quitter, prétextant un patient qui l'attendait, et s'empressa d'aller s'enfermer dans les toilettes. Là, elle rabattit la cuvette et s'assit dessus, laissa tomber sa tête entre ses mains. Elle serra fort, aussi fort que possible, comme pour écraser la douleur. Martha avait raison, ce n'était pas normal. Il faudrait faire d'autres examens, d'autres analyses pour identifier la cause exacte de ces maux de tête insupportables. Jusqu'ici Anne n'avait rien voulu entendre, elle avait fait comme si tout allait rentrer dans l'ordre et la douleur disparaître spontanément. Mais elle devait admettre que ce n'était pas le cas. Toutefois, ces derniers jours avaient été si éprouvants qu'elle n'avait pas eu une minute pour s'attarder sur son propre cas.

Au soir du 14 Juillet, juste avant qu'on tire le feu d'artifice, Maximilien était venu la trouver chez elle à Sidi Bou Saïd, dans un état d'affolement extrême. Ses paroles étaient confuses et embrouillées, il était tout juste parvenu à articuler que Nour, sa fille, sa petite fille chérie, s'était fait mordre au visage par un chien errant.

— Au visage, avait-il répété d'une voix qui avait vrillé.

À l'hôpital, on lui avait tout de suite dit que ce serait compliqué pour l'opération. « On manque de personnel en ce moment. » Alors Maximilien avait pensé à sa mère. Il savait bien que ce n'était pas sa spécialité, évidemment, mais il savait aussi qu'elle avait été formée par Hippolyte Morestin, le meilleur, celui qui avait redonné un visage aux « gueules cassées » de la Grande Guerre.

— Je voudrais que ce soit toi qui l'opères, avait-il dit d'un souffle, devant le portail de la villa.

Anne avait d'abord refusé – je ne sais pas faire, ce n'est pas mon domaine –, mais face à l'insistance de son fils, elle avait fini par céder. Et une fois au bloc opératoire, devant le visage abîmé de cette enfant qui était sa petite-fille, elle avait rassemblé toute la concentration et le calme dont elle était capable. Elle ne pourrait pas effacer la trace de cette morsure, non, mais peut-être parviendrait-elle au moins à éviter que cette petite subisse l'affront des regards qui se détournent ou des moqueries méchantes.

Maximilien et Malika n'arrivaient pas à quitter l'hôpital. On leur avait dit de rentrer chez eux et de ne pas s'inquiéter, les médecins s'occupaient de Nour, mais ils étaient restés un moment à errer dans le grand bâtiment, hagards et soulagés, sans trop savoir quoi se dire. Ils avaient eu tellement peur. Au détour d'un couloir désert, Malika poussa un long soupir, comme si elle relâchait toutes les tensions accumulées, puis sans réfléchir à son geste, elle vint se lover contre Maximilien. La tête posée contre son épaule.

— Tout s'est bien passé, murmura Maximilien, si surpris du geste qu'il n'osa pas bouger. Ça va aller…

Mais comme le moment s'était prolongé, Maximilien avait senti ses jambes mollir et sa main s'approcher de la tête de Malika. Est-ce qu'elle revenait à lui ? L'aimait-elle encore ? Avait-elle changé d'avis ? Après tout, c'était lui le père de sa fille, et non Amir, ça lui donnait quand même un avantage sur lui et sur tous les autres.

Enhardi par cette pensée, il tourna doucement la tête et vint lui déposer un baiser sur le haut du front. Elle ne le repoussa pas, posa même une main sur sa poitrine ; son odeur de jasmin et de soleil le fit vaciller. Alors sa bouche, comme mue par une volonté propre, commença à chercher celle de Malika – et la trouva. Le baiser fut bref mais très doux et parfaitement accordé, comme si leurs corps avaient gardé la mémoire de leur tendresse passée.

Il l'embrassa ensuite au creux du cou, sur l'épaule, peut-être entre les seins aussi, et elle esquissa un sourire. Murmura qu'il ne fallait pas, que ce n'était pas une bonne idée. Mais comme elle restait là entre ses bras, sans bouger, Maximilien avait senti son corps déraper. Il aurait voulu l'étreindre avec délicatesse, respirer ses cheveux gentiment, mais à la place il la bouscula contre le mur et glissa une main dans sa culotte, d'un geste empressé presque affolé, comme si à tout moment elle pouvait lui échapper. Il s'était mis à la caresser, d'un index joueur, si bien que Malika avait fini par soupirer d'aise, s'ouvrant comme une fleur. Dès lors il ne contrôla plus rien. Ses doigts s'étaient mis à aller et venir à l'intérieur, n'importe comment, et son sexe à lui était devenu si dur et si douloureux qu'il croyait que son corps tout entier allait exploser, exactement comme quand il l'avait vue la première fois. Il dégrafa son pantalon – il se souvenait de tout, de sa beauté sauvage, de son regard de feu – et rentra en elle brutalement. Malika s'agrippa à son cou, se mit à respirer plus fort. Il se souvenait du désir violent qu'il avait éprouvé. De son coup de foudre absolu. D'ailleurs, très vite, il était allé trouver sa mère et lui avait expliqué d'un ton calme et déterminé qu'il épouserait cette fille avant la fin de l'année.

— Hors de question, avait dit Anne.

— Et pourquoi ? avait-il répliqué, furieux. Parce que c'est une Arabe, c'est ça ?

Anne avait failli éclater de rire, mais devant la colère de son fils – il aurait pu la frapper, elle l'avait senti – elle s'était retenue. Elle avait simplement haussé les épaules et, le fixant droit dans les yeux, elle avait répondu :

— Parce que tu as seize ans, imbécile.

Évidemment, Anne avait longtemps regretté cette phrase car après ça Maximilien avait claqué la porte et n'était plus revenu. Il lui avait juste écrit une lettre. Une lettre dans laquelle il expliquait que cette fille, il l'aimait plus que tout, et qu'il ne voulait plus revoir sa famille. Des mots tellement simples pour une chose si affreuse, avait pensé Anne. Comment une telle douleur pouvait-elle tenir en si peu de lettres ?

Ça lui avait fait perdre la tête, d'ailleurs, et on l'avait hospitalisée quelques jours à Charles-Nicolle, le temps qu'elle se calme. Pendant plusieurs mois ensuite, elle avait détesté croiser une femme arabe dans la rue. Elle se raidissait et détournait le regard, comme si elles lui avaient toutes volé son fils. Sa réaction la choquait elle-même. Elle qui était si profondément humaniste, qui avait toujours soigné ses patients sans distinction de race ou de religion, elle était devenue hostile à l'autre. Elle se trouvait mesquine et fermée, odieuse même. Elle était loin d'être aussi tolérante qu'elle l'avait cru jusqu'ici : les convictions sont-elles des choses si fragiles qu'elles s'effritent dès qu'on s'approche du cœur et des préoccupations intimes ?

Cette nuit-là, tandis que Nour dormait à l'hôpital, Malika et Maximilien avaient fait l'amour plusieurs fois. Vite et mal. De façon désordonnée, sans être ensemble. Maximilien gémissait comme un animal, agrippé à elle, et Malika était là sans être là. Elle le laissait faire, comme une sorte de dernier adieu.

Et puis à un moment, elle l'avait repoussé d'un geste ferme. Il s'était redressé, stupéfait, et l'avait fixée avec des yeux écarquillés.

— Arrête, Maximilien. C'est fini…

— Malika… Malika… Je crois que je vais mourir si tu me…

Mais sa phrase s'était évanouie avant qu'il ne l'achève. Malika avait collé sa bouche contre la sienne, quelques secondes, avant de s'écarter à nouveau.

— C'est fini, avait-elle répété.

Puis elle s'était tournée vers le mur, recroquevillée sur elle-même, et s'était endormie.

6.

Comme chaque fois qu'elle rendait visite à son père, Malika avait du mal à respirer. Elle détestait aller le voir. C'était un homme aigri et renfrogné, qui n'avait jamais un mot aimable et passait son temps à lui faire des reproches. Pourtant, sans que personne ne le lui demande, elle continuait à lui rendre visite au moins une fois par mois.

Elle traversa les ruelles de Kheireddine d'un pas rapide et prit le train Tunis-Goulette-Marsa en direction du centre. Elle avait dans son sac quelques *sfendj* encore tièdes car elle savait que son père était friand de ces petits beignets gonflés et croustillants. Elle savait aussi qu'il les engloutirait sans un merci ni un sourire, tout en lui disant qu'ils étaient nettement moins bons que ceux de sa femme. C'était chaque fois la même scène, les mêmes mots. Et chaque fois la même douleur pour elle. Malgré cela, elle continuait de lui apporter ces petits beignets qu'elle avait elle-même préparés avec tant de soin.

Malika avait été élevée par sa grand-mère, Fatima, une vieille femme aveugle qui vivait à Tazarka, au sud de la péninsule du cap Bon. Fatima s'était occupée de ses deux petites-filles, Malika et Yousra, avec dévotion et générosité. Les filles n'avaient jamais manqué de rien ; elles avaient grandi heureuses et protégées, choyées par une grand-mère aimante. Fatima leur inventait des contes qu'elle racontait sans se lasser, elle leur cuisinait des plats savoureux et pleins d'épices, et le soir, à la lueur de la bougie, elle leur jouait des spectacles de marionnettes avec des poupées qu'elle avait elle-même fabriquées. Parfois aussi, elle leur parlait de leur mère, Dalila. Une danseuse à la beauté exceptionnelle dont le talent et le charme avaient fait jaser dans toute la péninsule et même au-delà.

— Quand elle dansait, c'est bien simple, le monde s'arrêtait de tourner, disait Fatima.

Malika et Yousra n'avaient aucun souvenir de leur mère ; aussi se fiaient-elles au récit de leur grand-mère pour construire leur mémoire.

— Mais toi, tu ne l'as jamais vue danser ?

— Tu ne pouvais pas la voir, n'est-ce pas ?

— Je la sentais, répondait simplement Fatima, les yeux fermés et faisant onduler sa main devant elle. Rien qu'aux vibrations de l'air. C'était… extraordinaire.

Et elle leur racontait en détail la façon dont leur mère tournoyait, sa grâce, sa lumière. Personne n'avait jamais assisté à l'un de ses spectacles sans pleurer tellement c'était beau. Malika et Yousra étaient encore toutes petites lorsque Dalila avait annoncé à Fatima qu'elle partait en tournée dans le pays. « Mon imprésario prévoit ensuite l'Algérie et le Maroc, si le succès est au rendez-vous », avait-elle précisé. Elle allait être absente plusieurs semaines. « Ou plusieurs mois, si le succès… », avait-elle dit encore.

Fatima l'avait regardée embrasser ses deux petites d'un air distrait puis quitter la maison. Sans un mot, les fillettes étaient venues se réfugier dans les bras de leur grand-mère et avaient enfoui leur tête dans les plis de sa gandoura. Fatima leur avait alors chanté une berceuse arabe qu'elle tenait de ses ancêtres, tout doucement, sans laisser trembler sa voix. Puis, en continuant de chanter, elle s'était mise à préparer le couscous en y mettant encore plus de cœur que d'habitude. Elle connaissait sa fille Dalila. Elle connaissait sa liberté. Sa folie. Elle savait qu'elle ne reviendrait pas.

Le père, lui, était un homme marié qui habitait Tunis. Yousra et Malika ne l'avaient jamais vu, tout juste savaient-elles qu'il existait. Il leur avait cependant toujours envoyé de l'argent – la danseuse restait l'un des plus merveilleux souvenirs de sa vie.

Arrivée au terminus du TGM, Malika traîna un peu dans le quartier européen. Elle retardait désormais le moment de voir son père. Elle marcha le long d'une avenue vaste et aérée, plantée d'arbres bien taillés, où s'alignaient des immeubles à l'architecture haussmannienne avec de petits balcons suspendus. Tout était si haut, et si beau. Elle flâna encore un peu, s'attardant devant l'une ou l'autre de ces vitrines : chaussures de cuir, bijoux, pâtisseries. Tout faisait envie. Mais jamais il ne lui serait venu à l'idée d'acheter quoi que ce soit. Elle n'était pas chez elle, ici.

Elle passa devant des terrasses de café remplies de monde où s'agitaient des serveurs endimanchés. Elle croisa des hommes coiffés de chapeaux à la mode, des femmes aux mollets ronds qui portaient des robes en coton, et des enfants qui poussaient des cerceaux grands comme eux. Personne ne semblait remarquer sa présence. Personne ne posa même un regard sur elle. Et c'était comme ça depuis plus d'un demi-siècle. Les Français vivaient ici, au cœur de la ville, tout en ignorant éhontément le reste. Est-ce que l'un de vous parle ne serait-ce que trois mots d'arabe ? eut-elle envie de leur lancer tandis qu'elle s'éloignait, s'enfonçant peu à peu dans les allées sombres du souk, règne du désordre et de la débrouille.

La boutique de son père, spécialisée dans les costumes de mariage, était coincée entre le marchand de bijoux berbères et la diseuse de bonne aventure – et bien souvent d'ailleurs, les clients passaient de l'un à l'autre, sans attendre, dans la même journée. L'endroit n'était pas grand mais le choix immense ; on trouvait des étoffes de toutes teintes, des tissus précieux, des caftans brodés de fils d'or ou d'argent, d'autres ornés de perles ou de sequins brillants.

— C'était bien la peine de te payer toutes ces études, dit Hassan qui engloutissait son troisième beignet. Pourquoi se donner tout ce mal si ton travail, à la fin, c'est de ramasser la merde des colons ?

Il avala une gorgée de thé pour faire passer.

— Hein ? Tu veux m'expliquer ça puisque t'es si maligne ?

Hassan était d'une humeur particulièrement exécrable. L'avancée et l'enlisement de la guerre étaient une bien mauvaise nouvelle pour son commerce – qui allait se marier sous les bombes ? – et plus encore pour son fils aîné, Souleymane, qui n'était toujours pas rentré. Quand tout cela prendrait-il fin ? Quand pourrait-il enfin mener une vie simple et heureuse avec la famille, les amis ? Hassan commençait à se faire vieux. Il avait juste envie de passer de bons moments avec ses proches. Et de marier son fils.

— Sinon elle sert à quoi, la boutique ?

Malika l'écoutait en silence. Elle connaissait sa rengaine par cœur et savait qu'il finirait par insulter les Français, responsables de tous ses malheurs. « Quand est-ce qu'ils vont me rendre mon fils, ces salopards, tu peux me le dire ? » Ça lui rendait les yeux humides, la voix tremblante. Et désormais, de plus en plus souvent, il ajoutait : « C'est à eux qu'il faudra faire la guerre, quand celle-ci sera terminée. »

Oui, c'était ainsi qu'il voyait les choses. D'abord récupérer son fils. Et ensuite son pays.

Malika ne lui racontait rien de sa vie, sinon qu'elle faisait des ménages chez des Français et que sa sœur Yousra allait peut-être avoir un enfant avec Saïd. Hassan ne connaissait évidemment pas l'existence de Maximilien, pas plus que celle de Nour. Il n'avait aucune idée des articles qu'elle écrivait sous pseudonyme et n'avait jamais entendu parler d'Amir, ce brillant écrivain dont elle était tombée éperdument amoureuse. De toute façon, Hassan ne posait pas de questions.

Ce jour-là, toutefois, il l'interrogea sur sa mère, Dalila. Est-ce qu'elle avait des nouvelles, des fois ? Malika fit non de la tête, pourquoi j'en aurais, alors Hassan détourna les yeux, non bien sûr, c'était juste comme ça. Ces derniers temps, sans savoir pourquoi, il s'était mis à revoir Dalila dans ses rêves la nuit – et sans doute, depuis, nourrissait-il le secret espoir de la revoir un jour. Il l'imaginait vivre dans une jolie maison avec de grandes fenêtres, face à l'océan, à Rabat ou à Casablanca.

— Et tes yeux ? Ça va mieux ? demanda Malika.

Sans répondre, Hassan se leva pour attraper la petite boîte en fer-blanc posée sur le comptoir. Malika remarqua sa façon maladroite de s'appuyer à l'accoudoir pour se redresser ; elle remarqua son soupir fatigué, son dos maigre. Et quand il saisit la boîte, elle vit que ses mains tremblaient plus que d'habitude.

— Oui, ça va mieux, finit-il par dire. Cette doctoresse est formidable, une fois de plus elle me sauve la vue.

Il retira le couvercle tout cabossé.

— Je vais te dire, c'est bien la dernière Française que je supporte.

Puis il secoua la boîte sous le nez de Malika : tiens, prends. C'étaient les beignets qu'avait faits Yasmina, sa femme. Malika refusa poliment, elle n'avait pas faim. Et puis les beignets, ça l'écœurait. Il le savait, et insista pourtant.

— Ça va, merci, répéta Malika.

À ces mots les traits d'Hassan se crispèrent et son menton se mit à trembler. Pourquoi refusait-elle toujours les beignets de Yasmina. Pour qui se prenait-elle à la fin, cette petite prétentieuse.

— Bon, je vais y aller, dit Malika, qui avait senti l'air se tendre d'un coup.

Mais au moment où elle se leva, Hassan l'agrippa par la manche d'un geste aussi brutal qu'inattendu et se jeta sur elle, vieux et maladroit, pour lui fourrer de force le beignet dans la bouche.

— Ta grande bouche de menteuse, se mit-il à crier, soudain persuadé qu'elle lui mentait depuis des années et qu'elle lui prenait son argent pour trafiquer on ne sait quoi.

Sinon pourquoi ferait-elle des ménages chez les colons ? Hein ? On n'allait pas au lycée pour apprendre à se servir d'une serpillère.

— C'est impossible ! Impossible ! hurla-t-il encore tout en lui écrasant le beignet sur ses lèvres fermées.

Malika repoussa Hassan comme elle put et, prise de panique, elle quitta la boutique et se mit à courir dans les allées du souk, bousculant un vieillard, trébuchant sur un cageot, aussi vite que si elle était poursuivie par le démon. Dans sa tête, les échoppes se percutaient, se mêlaient les unes aux autres comme les images d'un kaléidoscope ; les tonneaux d'olives se retrouvaient projetés dans la boutique du potier, les ciseaux du barbier dans celle du marchand d'épices, et les théières argentées volaient en l'air un peu partout.

Malika avait fini par quitter les ténèbres du souk, haletante et abasourdie, et quand elle déboucha dans la ville européenne, elle fut éblouie par un franc soleil. Elle marcha un moment les yeux rivés au sol, d'un pas rapide, et ce n'est qu'une fois au bas de l'avenue qu'elle releva la tête et regarda autour d'elle – les terrasses de café tranquilles, les chapeaux chics, les robes légères. Elle sentit alors le sol sous ses pieds devenir mou et instable.

Hassan avait raison. Raison de devenir fou. On ne pouvait pas entrer au lycée, récolter les meilleures notes, être la plus brillante de sa classe et puis : rien. Ce n'était pas possible. Que pouvait-on espérer de ce monde-là ? Comment pouvait-on même continuer d'y respirer ?

Il fallait qu'elle voie Amir. Lui seul la comprendrait et saurait quoi lui dire.

7.

Georges et Mireille Lassalle habitaient une belle villa sur les hauteurs de Montfleury. C'était un couple charmant, toujours serviable et respectueux, très apprécié du voisinage. Georges Lassalle avait grandi à Oran et s'était installé à Tunis une vingtaine d'années plus tôt. Il occupait un poste de fonctionnaire à la direction de l'agriculture et du commerce. Chaque matin, il se levait avec entrain et bonne humeur, ouvrait grand la fenêtre pour admirer l'azur du ciel et entendre les oiseaux, puis il s'habillait en sifflotant, prenait un petit déjeuner frugal et partait au bureau, heureux d'œuvrer au développement de ce pays qu'il aimait tant. Jamais il n'aurait songé à remettre en question la légitimité de la présence française en ces terres. Jamais non plus il n'aurait imaginé que cela puisse nuire à quiconque. Il travaillait avec tant d'ardeur et de sincérité qu'il était convaincu de faire le bien.

Dans ce pays, tout lui plaisait. La beauté était partout. Il aimait la Méditerranée bordée de palmiers et les vallées traversées d'oueds tranquilles, les plaines plantées d'oliviers argentés, les djébels arides et rocailleux. Il aimait les gens aussi, dont il ne connaissait finalement que peu les mœurs et les coutumes, mais qu'il considérait toutefois avec une grande bienveillance. Et par-dessus tout, il aimait la vie douce et ensoleillée qu'on menait ici. Le dimanche, après la messe, on allait à la plage et on se baignait dans la Méditerranée. On buvait des anisettes aux terrasses des cafés. Et sur la table, il y avait toujours des fruits mûrs et sucrés qui semblaient tombés du jardin d'Eden. Ici on faisait pousser tout ce qu'on voulait. La vie était simple, remplie de couleurs et d'épices. Son épouse, Mireille, s'occupait quant à elle de la maison et des enfants, et avait toujours une gentille attention pour son mari. Les Lassalle étaient des gens bien et estimés ; ils avaient de nombreux amis et sortaient plusieurs soirs par semaine.

C'est chez eux que Malika faisait ses ménages. Chaque matin quand elle arrivait, Georges l'accueillait avec un large sourire et lui demandait des nouvelles de sa famille, se souciait de savoir si elle allait bien. Il ne se forçait pas, il était comme ça. Mireille, c'était pareil. Toujours aimable avec Malika. Elle lui parlait avec respect, en la regardant droit dans les yeux, et lui donnait des robes qu'elle ne portait plus, ou des souliers encore très bien mais qui n'étaient plus à son goût. Plusieurs fois, Mireille avait même offert des vêtements neufs pour Nour. Malika était bien traitée chez eux, bien payée. Les Lassalle n'auraient jamais imaginé agir autrement de toute façon ; c'étaient des gens honnêtes et bien éduqués, qui faisaient les choses comme il faut.

Pourtant, Malika éprouvait une gêne, une sorte de défiance vis-à-vis de leur gentillesse. Elle savait que si elle obtenait tous ces égards, c'est parce qu'elle était jolie et lettrée, et qu'elle maîtrisait leur langue sur le bout des doigts. Elle leur ressemblait suffisamment pour susciter leur générosité. Mais il y avait autre chose : elle avait compris qu'à travers elle, les Lassalle étaient convaincus d'agir pour le bien du peuple tunisien tout entier, s'offrant ainsi une bonne conscience à peu de frais.

Le lendemain de sa visite chez Hassan, Malika n'était pas allée travailler chez les Lassalle. Elle avait passé une nuit éprouvante et agitée de cauchemars, où plusieurs fois elle s'était réveillée le corps tout en sueur.

Elle ne cessait de repenser à ce rêve si étrange et si désagréable : une foule silencieuse de Français descendait lentement vers le port de Tunis, se tenant serrés, avec de gros manteaux gris sur le dos et à peine une valise par famille. Tous avaient abandonné leurs villas et leurs appartements du centre-ville, les clés sur la porte. Les jardins se flétrissaient, les fleurs dégageaient une odeur de pourriture. Mais dans chacun de leurs salons, la table avait été dressée pour un repas de fête, vaisselle brillante et nappes brodées, et débordait de mets savoureux : des volailles dorées et croustillantes, des gratins fumants, des terrines de gibier ; il y avait aussi des corbeilles pleines de fruits brillants, des gâteaux décorés de petites billes de sucre et des pots de crèmes parsemées de pistaches et d'amandes.

Dans la suite du rêve, des villageois arrivaient par centaines des campagnes alentour, les yeux creusés par la faim et la misère, et pénétraient dans les salons sans un bruit. Là, ils fixaient un instant la table garnie de nourriture. N'en revenaient pas. Et puis, tous en même temps, ils se ruaient dessus et s'empiffraient autant qu'ils pouvaient, s'écrasant les uns les autres : ils se battaient pour attraper le meilleur morceau, se cassaient les dents en croquant n'importe quoi ; il y avait même des enfants qui s'étouffaient à cause de gâteaux trop gros ou de noyaux de fruits qu'ils n'avaient pas pris la peine de recracher.

Malika s'était réveillée en sursaut, fiévreuse, les deux mains sur les tempes. Le souffle court, elle s'était tournée vers Maximilien qui dormait à côté d'elle, étendu sur le dos, parfaitement immobile, les mains croisées sur la poitrine et la peau si pâle. On aurait dit un mort. Elle l'avait regardé quelques instants encore, le cœur cognant fort, les larmes prêtes à jaillir. Et elle s'était demandé comment on faisait pour finir – un amour, un pays.

8.

Drapée dans son long manteau bleu ciel semé de lys blancs, la Vierge affichait son sourire tranquille et dévoué, et tenait entre ses bras l'Enfant Jésus ; celui-ci, les deux mains tendues vers sa mère, semblait vouloir s'accrocher à son cou. L'éclat de leurs couronnes d'or s'était quelque peu émoussé avec les années et la peinture s'écaillait par endroits, mais la ferveur qui entourait la Madone de Trapani, elle, était intacte.

D'un seul mouvement, les hommes hissèrent la statue sur leurs épaules solides. C'étaient huit pêcheurs, tous Siciliens. Le piédestal était piqué de grosses roses blanches bien ordonnées, si bien que la Madone semblait flotter sur un nuage de fleurs. Quand les porteurs commencèrent à avancer, on vit la statue se mettre à tanguer au rythme de leurs pas lents et se frayer un passage au milieu de la foule. Comme chaque année pour le 15 août, toutes les confessions étaient réunies lors de cette procession qui faisait la fierté des habitants de Tunis : juifs, musulmans, catholiques, tous étaient venus célébrer la Madone et la suivaient à travers les rues de la Goulette, alternant youyous, applaudissements et autres chants liturgiques.

Malika n'arrivait pas à approcher. La foule était trop dense. À côté d'elle, une vieille avançait péniblement et marmonnait des bribes de phrases en arabe, priant la Madone de l'aider. Son fils était malade, son mari mort trop jeune. À un moment, trop essoufflée, elle s'appuya au bras de Malika et lui sourit. Il lui manquait pas mal de dents. Malika répondit à son sourire par un hochement de tête bienveillant et vit alors ce gros moustachu au regard vicieux, juste à côté, qui ne la quittait pas des yeux.

Elle dut jouer des coudes, bousculer les uns, écraser le pied des autres, pour arriver jusqu'à la Madone. Et quand elle fut sur le point de la toucher, elle sortit de sa poche un petit mouchoir blanc, prit appui sur l'épaule de l'un des porteurs, et le frotta rapidement au manteau de la statue avant de le remettre sous son vêtement. C'était pour Nour. On avait dû la renvoyer à l'hôpital, la cicatrice s'était infectée. Malika n'était pas croyante, même pas superstitieuse, mais lorsqu'elle avait vu sa fillette trembler ainsi de fièvre, avec son gros pansement à la joue, elle s'était mise à prier dans toutes les langues de la terre et à envoyer des suppliques à tous les dieux de l'univers. Une petite aide de la Madone, avait-elle pensé, ne pouvait pas faire de mal.

— Alors comme ça on ne dit plus bonjour ? lui lança le porteur sur qui elle s'était appuyée.

— Sandro ! Ça alors !

Elle le complimenta – c'était un sacré truc de porter la Madone, bravo – et en guise de réponse Sandro singea une grimace, faisant mine d'être écrasé sous le poids de la statue. Malika rit en le voyant faire. Elle l'avait toujours apprécié. Maximilien l'avait rencontré quand il travaillait comme docker et ils étaient restés bons amis. Sandro était communiste, et c'était également un fervent défenseur de l'indépendance. Il appartenait à cette petite minorité d'Européens pour qui l'idée même de colonie était à bannir.

— Comment ça va, ta petite ? demanda-t-il.

Malika hocha la tête et, pour éviter de répondre, posa une question en retour :

— Et toi, comment tu t'es retrouvé là ?

Sandro leva les yeux au ciel en souriant. Pour faire plaisir à la *Mamma*, évidemment.

— Et ton mari, il est où ? ajouta-t-il en haussant la voix, faussement réprobateur. Ça fait des semaines que je le vois plus. Il ne vient même plus pêcher avec moi.

Malika éluda une nouvelle fois. Depuis que Nour était retournée à l'hôpital, elle s'était réfugiée chez Amir et n'avait pas revu Maximilien. Elle s'était persuadée que tout cela, c'était à cause de lui. C'est lui qui avait tenu à ce que Nour soit opérée par sa mère, Anne. Lui qui avait insisté, qui s'était montré buté et entêté, comme d'habitude. Peut-être que si ça n'avait pas été elle, les choses se seraient passées autrement. Peut-être que si un autre chirurgien avait…

— Tu ne peux pas penser comme ça, Malika, lui avait rétorqué Amir d'un ton calme, en replaçant ses petites lunettes rondes d'un coup d'index. Tu sais bien que ça n'a pas de sens. Et puis ce n'est pas ça qui fera guérir Nour.

Malika avait baissé les yeux. Je le sais. Mais c'est plus fort que moi. « Quand on a mal on pense mal », avait-elle répondu d'une voix à peine audible. Amir s'était montré compréhensif et l'avait prise dans ses bras. C'était quelqu'un d'intelligent. Il était fin et élégant – aussi bien intellectuellement que dans son apparence – et d'une droiture exemplaire. Il n'y avait rien de tordu ou de mesquin en lui. Souvent, il reprochait à Malika son attitude envers Maximilien, comme si elle se plaisait à le torturer, à jouer avec ses sentiments. « J'ai l'impression que tu te comportes avec lui comme si tu vengeais ton peuple », lui avait-il dit un jour.

Malika tapota l'épaule de Sandro et le rassura, il reverrait son ami très bientôt. Puis, désignant la Madone d'un regard, elle lui souhaita bon courage.

— Bon courage à toi avec la petite, répondit-il.

La Madone de Trapani avait bifurqué et quand elle déboucha sur le port on l'acclama avec ferveur. Guiseppe Giordano applaudit avec la foule, puis se signa. Devant sa poissonnerie, il avait installé un petit stand de sandwichs qu'il distribuait généreusement aux passants. Ferdinand sortit alors de la boutique avec un cageot rempli d'une nouvelle fournée de petits pains, les uns garnis de fromage au cumin, les autres de thon et d'olives.

— Je mets ça où ?

— Juste là, répondit Guiseppe. C'est pour les gamins du quartier, j'irai faire un tour après.

S'il y avait bien une chose que Guiseppe ne supportait pas, c'était de voir les gosses avoir faim. Ça lui rappelait sa Calabre natale et la misère qu'il avait connue là-bas, et vraiment ça le rendait malade. Ici la vie n'avait pas toujours été facile, c'est sûr, il avait mis du temps à se faire sa place, à s'habituer, à ne plus pleurer tous les soirs sa terre et sa famille qui lui manquaient tant. Mais il avait toujours eu de quoi manger. Alors il tâchait de ne pas oublier. De rendre ce que le pays lui avait donné. Et souvent, pour le remercier, les mères du quartier l'invitaient à partager une chorba ou un couscous, et il n'y avait rien de plus précieux pour lui que la chaleur de ces moments passés ensemble.

Maximilien sortit à son tour avec une pile de sandwichs. Il était venu donner un coup de main. Il n'en revenait toujours pas que le hasard les ait amenés à se croiser ici tous les deux, lui et son petit frère, chez Guiseppe.

— Je pense qu'avec ça ce sera bon, dit-il en les posant sur la table. Personne ne va mourir de faim…

Guiseppe hocha la tête, satisfait :

— Oui. C'est bien.

Guiseppe tendit un petit pain à Ferdinand et le remercia. Il pouvait y aller, il avait suffisamment travaillé pour aujourd'hui.

Plus tard, après avoir fini de débarrasser son stand, Guiseppe alluma une cigarette et se tourna vers Maximilien.

— Au fait, t'en es où avec ton gars ?

— Qui ?

— Tu sais bien, celui dont tu m'as parlé la dernière fois.

Peu de temps auparavant, Maximilien avait fait la connaissance d'un nouveau venu dans le réseau, un certain Samuel Ben Attar. Ce dernier avait des contacts en Algérie où, vraisemblablement, se préparait une mission importante. Maximilien songeait de plus en plus à s'engager à ses côtés.

— J'attends que Nour guérisse. Mais je crois que Samuel m'a convaincu, c'est là-bas que nous serons les plus utiles.

Une partie de la famille de Samuel Ben Attar vivait à Alger, l'autre à Constantine. D'après ce que Samuel lui avait raconté, les cousins d'Alger étaient de sacrés gars qui n'avaient peur de rien. Ou, disons plutôt, qui n'avaient rien à perdre. Car deux ans auparavant, comme tous les Juifs d'Algérie, ils avaient perdu la citoyenneté française lors de l'abrogation du décret Crémieux, et depuis, ils n'avaient eu de cesse de combattre Vichy, le fascisme, l'injustice sous toutes ses formes. Ils s'étaient illustrés dans tous les mouvements de résistance locaux et, récemment, ils avaient multiplié les contacts avec les Américains – en particulier avec un diplomate dont Maximilien apprendrait plus tard le nom, Robert Murphy.

À la tombée du jour, le vent s'était levé. La foule de la procession commençait à se disperser et l'on voyait les barques des pêcheurs onduler au bout de leurs amarres, clapotant mollement, à contretemps. Les enfants du quartier avaient récupéré leur terrain de jeux et ressorti leurs ballons, ils couraient partout, se poursuivaient, s'attrapaient en poussant des cris aigus.

C'est alors qu'un groupe de femmes, très maquillées, très apprêtées, perchées sur des hauts talons, s'avança vers la Madone de Trapani. Elles marchaient en silence, par deux ou trois, se tenant bras dessus bras dessous. Le vent, par rafales, agitait leurs robes et décoiffait leurs cheveux ; on vit un ou deux chapeaux s'envoler, tourbillonner en l'air quelques instants, avant de s'échouer dans les eaux tièdes du port. Raïssa, qui marchait aux côtés de son amie Dina, s'était retournée sur ce vieux pêcheur qui distribuait de petits sandwichs aux enfants agglutinés autour de lui, mais sa compagne la tira par le bras, la pressant d'avancer.

— Regarde comme elle est belle, chuchota-t-elle en arrivant devant la Madone.

Le groupe s'arrêta, les talons piétinèrent quelques secondes sur place. Puis, d'un même geste, toutes les femmes joignirent leurs mains et leurs lèvres peintes de rouge se mirent à remuer doucement, marmonnant quelques prières : les prostituées de la ville, elles aussi, étaient venues célébrer la Madone ; on disait de celle-ci qu'elle protégeait du chagrin et des hommes mauvais.

Raïssa était venue pour son fils Nassim, comme chaque fois. Elle s'inclina devant la Vierge puis pressa deux doigts sur ses lèvres et les colla au manteau de la statue, juste au-dessus de la cheville. Les roses du piédestal avaient déjà fané. Raïssa essaya d'en arracher une, mais elle se piqua et retira vivement sa main. Elle fit une dernière prière pour Nassim, le regard levé vers la Madone. Il lui manquait tellement, son fils adoré.

— Dépêche-toi ma chérie, lui murmura Dina. Y en a qui attendent derrière.

Un coup de vent plus fort que les autres souleva alors une flopée de pétales blancs et les fit tournoyer en l'air comme un souffle d'écume.

9.

L'attente s'éternisait. Susie n'en pouvait plus. L'odeur d'ail et d'oignon frits qui flottait dans ce gourbi miteux lui donnait la nausée. Sa grand-mère Blanche, assise à ses côtés, lui posa une main sur le genou.

— Ne t'inquiète pas, ma chérie. Zohra connaît son affaire.

Susie n'en avait parlé à personne, même pas à Colette. Son premier réflexe avait été d'aller trouver sa grand-mère et de tout lui raconter.

La nuit du 14 Juillet, au Petit Mousse, elle avait dansé un long moment avec Jean-Eudes, le militaire sur qui elle avait des vues. Il avait des yeux acier, des bras musclés aux veines saillantes et des cheveux coupés ras. Elle ne le quittait pas du regard, et son corps à elle était devenu mou comme une poupée de chiffon. Entre deux chansons, il l'avait embrassée à pleine bouche, sans délicatesse, en tournant sa langue à toute vitesse. Puis il l'avait entraînée un peu l'écart, plus loin sur la plage, et sans autre préliminaire il lui avait retiré sa culotte d'un geste si brutal qu'elle s'était déchirée.

Susie s'était alors refroidie. Elle n'avait plus envie, il lui faisait mal. « Je veux retourner danser », avait-elle tenté, mais évidemment c'était trop tard. Le reste, elle n'en avait qu'un souvenir vague : elle avait senti le sable épais lui griffer la peau et se glisser partout ; elle avait vu le ciel bourré d'étoiles floues et le cou nerveux de Jean-Eudes. Il était si lourd sur elle, si dur, si fou d'excitation. Ça n'avait sans doute pas duré très longtemps, mais pour elle la chose avait été interminable. Il l'avait labourée de coups de reins en lui disant des mots dégueulasses, sortis d'on ne sait quelle imagination malade, et de temps à autre il lui tirait les cheveux à les en arracher, ou la mordait très fort. Il avait fini par jouir en poussant un râle à l'odeur inquiétante. Après quoi, il avait remonté son slip et l'avait fixée de ses yeux acier, froids comme une arme, et il avait rigolé d'un rire méchant. Elle en faisait une tête. Si elle se voyait… Elle avait l'air minable. « Minable », avait-il répété en crachant par terre.

Susie l'avait regardé s'éloigner, hébétée. Autour d'elle, il ne restait plus que le silence. Elle avait les cheveux pleins de sable, l'intérieur des cuisses collant et tout visqueux. Elle n'avait même pas osé s'essuyer.

Elle avait vu les vagues s'évanouir mollement sur le rivage. Les oiseaux se cacher. Et la lune ronde fondre sur elle-même, laissant dans le ciel une longue traînée sale. Une honte poisseuse l'avait alors submergée et elle était allée vomir près des rochers.

Blanche prit la main de sa petite-fille et la serra doucement. Susie avait les doigts glacés malgré la chaleur étouffante.

— Ne t'inquiète pas, répéta-t-elle. Tout va bien se passer.

Blanche avait connu la vieille Zohra près de quarante ans auparavant, en 1903 exactement. Elle venait de s'installer à Tunis, avec son mari Raoul et sa fille Anne, alors tout juste âgée de sept ans. Ils avaient fui la Martinique après l'éruption de la montagne Pelée, laissant derrière eux leur maison, leur vie, leurs souvenirs.

— Je ne voulais pas d'un autre bébé, avait-elle expliqué à Susie. Pas après ce que nous venions de vivre.

Souvent Blanche repensait avec nostalgie à leur grande maison qui donnait sur la plantation de canne à sucre, à leur jardin débordant d'hibiscus et de frangipaniers, à l'odeur âcre et écœurante de la distillerie voisine. Elle repensait aussi à leurs amis, les Morestin, avec qui ils avaient partagé de si bons moments. Elle se souvenait encore de leur dernier dîner ensemble à Saint-Pierre. On avait servi des vivaneaux grillés arrosés de citron vert et de piment, avec un gratin de christophines et une salade de gombos. Et pour le dessert, de l'ananas au rhum, une mousse à la noix de coco, et des petits biscuits qu'on avait trempés dans la liqueur. Charles Morestin, le père, n'avait pas tari d'éloges sur la cuisine qui, une fois de plus, était délicieuse. Il avait aussi raconté quelques anecdotes médicales de son cru, tenant en haleine toute la tablée. Il était médecin à l'hôpital civil de Saint-Pierre et avait le don de rendre ses récits passionnants. Comme chaque fois, la petite Anne l'écoutait avec dévotion. Elle aimait sa voix grave et rassurante, l'odeur fraîche et citronnée de son eau de toilette, et par-dessus tout, ses histoires de maladies, de blessures graves et d'opérations qui sauvaient des vies. C'était sans conteste sa plus fervente admiratrice.

— Je voulais qu'Anne continue à être cette petite fille délurée et curieuse de tout, avait dit Blanche. C'était ma priorité. Et il n'y avait pas de place pour un autre enfant.

Aussi, quand Blanche avait senti ses seins s'alourdir et les nausées matinales l'assaillir, elle s'était mise à parcourir la ville de long en large à la recherche d'une bonne âme qui pourrait l'aider. Mais toutes les portes auxquelles elle avait frappé s'étaient refermées aussitôt. La plupart de ceux (et celles) à qui elle s'adressait ne l'écoutaient même pas jusqu'au bout.

Et puis, une nuit, Zohra lui était apparue en rêve. Elle avait de grosses mains robustes et de longues aiguilles à tricoter, et vivait quelque part dans la médina. Il ne lui restait plus qu'à la trouver.

Blanche, dès le lendemain, s'était mise en quête de cette apparition providentielle et l'avait cherchée partout, dans tous les coins et recoins de la médina, bredouillant les seuls mots d'arabe qu'elle connaissait. Elle la trouverait, elle en était convaincue. Pas un moment elle n'avait douté de l'existence de Zohra.

Il faut dire que Blanche avait toujours fait confiance à ses rêves. À commencer par celui qui lui avait sauvé la vie, à elle et sa famille.

Ce rêve avait commencé par une scène de bal en plein air où les gens dansaient et riaient dans les rues de Saint-Pierre. On entendait les talons claquer contre le pavé, les verres tinter. Et puis soudain, le ciel s'était assombri. Une pluie de cendres s'était mise à tomber, noircissant les robes et déposant dans les cheveux une épaisse poudre grise. Certains avaient pris peur, d'autres avaient ignoré la chose et continué de s'amuser. Mais le nuage de cendre était devenu si dense et si compact qu'il avait fait tousser Blanche jusque dans son sommeil. Un ruban de lave avait alors dévalé les flancs de la montagne Pelée et, en une poignée de minutes, il avait recouvert la ville de Saint-Pierre.

Blanche s'était réveillée en sursaut, le souffle court, et s'était empressée d'aller confier sa terrible vision à son mari Raoul, qui se trouvait tranquillement attablé devant une assiette d'œufs au lard. « Ce n'est qu'un mauvais rêve », avait-il répondu tout en sucrant machinalement son café. Mais Blanche, convaincue de ce qu'elle avançait, n'avait pas désarmé.

— Quitter Saint-Pierre ? Mais enfin, quelle idée… Et pour aller où ?

— Chez les Morestin, à Basse-Pointe, avait-elle dit d'un souffle.

Raoul avait râlé, il n'avait vraiment pas que ça à faire, mais face à l'obstination de son épouse il avait fini par céder et, le 7 mai 1902, ils quittèrent Saint-Pierre.

Le lendemain, la ville avait disparu sous la lave. Aucun de ses habitants n'avait survécu.

— Sauf un homme. Un prisonnier. Protégé par les murs de son cachot.

Blanche raconta à Susie l'histoire de ce cultivateur de gombos et de patates douces, Louis-Auguste

Cyparis, qui avait été mis en prison à la suite d'une bagarre et qui, grâce à cela, avait eu la vie sauve. Ce fut le seul rescapé de la catastrophe. Par la suite, il avait été recruté par le cirque Barnum & Bailey pour exhiber ses brûlures et témoigner du miracle, devenant ainsi le premier Noir célèbre du monde du spectacle aux Etats-Unis.

— Le pauvre homme est mort dans la misère, quelques années plus tard. Il vivait reclus dans une petite bourgade perdue au fin fond du Panama.

Tandis que Susie écoutait sa grand-mère avec attention, elle semblait oublier momentanément la présence de la vieille Zohra dans la pièce voisine. Blanche lui raconta alors quelque chose qu'elle n'avait encore jamais dit à personne.

— Le volcan m'a toujours fascinée. Dès qu'il y avait un article de presse qui paraissait sur le sujet, je le lisais, le découpais puis je le rangeais précieusement dans une boîte à chaussures. J'en avais plusieurs comme ça. Et toutes étaient pleines.

Elle prit son temps, sans doute pour ménager son effet, si bien que Susie lui tapota l'avant-bras.

— Continue s'il te plaît.

Blanche ouvrit alors le livre de sa mémoire, où les faits étaient soigneusement consignés, et elle raconta.

Durant les deux semaines qui avaient précédé l'éruption, le volcan avait montré de nombreux signes d'activité : on entendait régulièrement de fortes détonations, aussi puissantes que des coups de canon, et la terre avait tremblé plusieurs fois. On avait aussi vu de drôles de nuages de cendres se former au-dessus de la ville. Et puis il y avait eu ces milliers de fourmis, de scolopendres et autres serpents venimeux qui avaient envahi les rues de Saint-Pierre, de plus en plus nombreux chaque jour, donnant à la ville un air d'Apocalypse. À la cathédrale Notre-Dame-du-Bon-Port, d'ailleurs, il n'y avait jamais eu autant de confessions que durant la semaine qui avait précédé la catastrophe.

Blanche n'avait pas été la seule à craindre le pire. Plusieurs voix s'étaient élevées contre l'incurie du gouvernement, d'autres avaient ardemment réclamé l'évacuation de la population. Mais les autorités s'étaient montrées rassurantes : inutile de céder à la panique, avait-on dit. Le volcan, on le connaissait bien. « On a l'habitude de ses humeurs, il fait partie de la vie de Saint-Pierre. » Et surtout : pas question de reporter le deuxième tour des élections municipales prévu le dimanche suivant.

— Ni d'évacuer la population… termina Susie.

— Exactement. Tu as tout compris.

— Ce n'était donc pas vraiment un rêve prémonitoire, alors ? dit Susie, un peu déçue par ces détails qui émoussaient quelque peu la légende familiale.

— Appelle ça comme tu veux, ma petite-fille.

Elle marqua une nouvelle pause. On entendit un bruit de vaisselle qui s'entrechoque puis un verre se casser ; son tintement résonna un instant à l'oreille de Susie.

— L'important, c'est de savoir lire les signes et d'y être attentif, ajouta Blanche. Ça peut aider à prendre les bonnes décisions.

Susie avait compris qu'à travers cette histoire, sa grand-mère la mettait en garde. Ces derniers temps, en effet, Blanche n'était pas tranquille. Elle le lui avait déjà dit plusieurs fois : elle sentait la guerre se rapprocher dangereusement. « Dans ces cas-là, avait-elle confié à sa petite-fille, ce qu'il faut pour s'en sortir, hormis la chance, c'est une bonne dose de lucidité. Car souvent les choses sont là, devant soi. Il suffit de bien vouloir les voir. »

La vieille Zohra sortit de la cuisine et, d'un signe de tête, fit comprendre à Blanche que tout était prêt. Elle avait un visage rond et tout fripé de rides, avec des petits yeux plissés qui lui donnaient l'air d'une tortue. Susie remarqua ses mains fortes et calleuses, disproportionnées par rapport au reste. Des mains d'ogre, pensa-t-elle tandis qu'elle suivait la vieille femme jusqu'à la cuisine. Au milieu d'un empilement de casseroles et marmites, il y avait un épais morceau de viande de mouton qui traînait là. De gros navets violets, quelques pommes de terre, des pots remplis d'épices. Susie regarda la vieille Zohra se laver les mains, puis les sécher soigneusement avec une serviette à peu près propre. Les gestes étaient lents, méticuleux, empreints d'une certaine solennité. Susie s'installa exactement comme Zohra le lui demanda. Elle inspira, tâchant de faire refluer cet affreux mélange de nausée et de larmes qu'elle sentait remonter. Et au moment où Zohra approcha ses mains, elle pensa : qu'elle était « minable », vraiment, tellement elle avait peur.

10.

Tunis, automne 1942

Quelque part dans l'univers, entourée d'amas stellaires et de matière noire, notre planète poursuit sa course autour du soleil, indifférente au chaos du monde et à l'agitation des Hommes. Ainsi, le jour où nous mourrons, nous disparaîtrons sans laisser de trace et cela ne perturbera en rien l'univers. Ce fut la première pensée d'Anne lorsqu'elle eut connaissance du diagnostic. C'était à la fois terrifiant et d'une simplicité désarmante. Si simple que ça en devenait presque rassurant, une sorte de pensée consolatrice.

Anne attrapa les portraits de ses enfants que Théo avait peints quand ils étaient petits et s'abandonna un moment à leur contemplation. Dehors le soleil déclinait et les derniers rayons teintaient les rues d'une lumière douce. Devant les fenêtres ouvertes, les fins voilages de coton flottaient légèrement, gonflés par la brise, et les bruits de la ville parvenaient comme atténués. Elle s'assit sur le rebord du lit, posa les portraits à côté d'elle. Une grosse mouche s'était attardée sur sa table de nuit et se frottait consciencieusement les pattes. Anne l'observa un instant, puis elle la chassa d'un geste vague et attrapa le flacon de parfum qui se trouvait là. Le bouchon craqua lorsqu'elle le dévissa, libérant l'effluve du parfum. C'était un oriental boisé qu'elle adorait et portait comme une robe de soirée. Elle l'approcha de son nez et inspira : odeur d'air transparent. Elle recommença, le flacon collé au nez. Toujours rien. L'odeur avait disparu. Ou plutôt : elle était là, mais Anne ne la sentait pas. Ce fut alors comme si le sol se dérobait sous ses pieds.

Anne comprit en cet instant que la maladie lui grignoterait le cerveau comme un souriceau affamé, et que la vie allait s'échapper d'elle ainsi : par petites touches, s'attaquant peu à peu à ses sensations, à sa mémoire, à ses émotions. Une mort lente, assez peu douloureuse en somme, mais peut-être la plus effrayante qui soit.

Un vol d'oiseaux migrateurs traversa le ciel. Battements d'ailes cadencés, trajectoire acérée. C'était le signe que de l'autre côté de la Méditerranée, là où elle allait, l'hiver arrivait. Anne s'imagina les bourrasques mordantes, les feuilles mortes qui voltigeaient dans le ciel gris. Elle s'imagina aussi les paysages de terre noire et humide, la pluie froide, les arbres nus. Un paysage à mille lieues de ce qu'elle connaissait et aimait. Quitter Tunis l'angoissait terriblement. Pourquoi fallait-il partir ? Pourquoi fallait-il abandonner sa terre une nouvelle fois ? Elle avait peur de ne pas revenir. De ne plus jamais rentrer chez elle.

Il faut savoir qu'à Tunis, personne n'avait accepté de l'opérer. La tumeur, située au niveau du lobe frontal, était mal placée, lui avait-on dit. L'opération trop délicate. Aucun chirurgien n'avait voulu prendre le risque. Mais si on ne faisait rien, elle le savait, elle mourrait en quelques mois.

Anne avait tout de suite pensé au Dr Clovis Vincent, le célèbre neurochirurgien, celui qui avait opéré le compositeur Maurice Ravel de sa tumeur au cerveau (l'opération avait échoué), celui aussi qui en était venu aux mains avec un patient refusant les électrochocs pendant la guerre de 14 (l'affaire avait fait grand bruit dans la presse, et il en garderait pour longtemps la réputation de « médecin boxeur »). Mais quoi qu'on en dise, Clovis Vincent était selon elle un excellent chirurgien, quelqu'un de convictions et de passion, qui consacrait son existence tout entière à la recherche sur le cerveau. C'était aussi un homme de défi, qui avait l'envie de réussir chevillée au corps. Anne n'avait donc pas eu à faire de grands discours pour le convaincre : il accepta immédiatement. L'opération aurait lieu le dernier lundi d'octobre, à Marseille, dans la clinique où il travaillait depuis quelques mois. Anne partirait de Tunis au petit matin et, environ trente-six heures plus tard, son bateau accosterait de l'autre côté de la Méditerranée. Un trajet qu'elle avait déjà fait, près de trente ans auparavant, en pleine Première Guerre mondiale. Elle avait alors tout juste dix-neuf ans.

Le mois de janvier 1915, selon le souvenir que tous en gardent, avait été particulièrement doux en

Tunisie, au point que les amandiers s'étaient mis à fleurir et s'étaient couverts de pétales rose pâle.

— Je vais m'engager comme infirmière, avait annoncé Anne à sa mère en terminant de nettoyer la vaisselle. Je vais partir pour la France.

Blanche avait d'abord gardé le silence, sous le coup de l'émotion. Puis elle avait pris une grande inspiration et répondu que son père, Raoul, lui aurait interdit de faire ça. Que c'était une pure folie d'aller risquer sa vie au front.

— Papa est mort il y a dix ans, avait répondu Anne en posant sa main sur celle de sa mère, sans se laisser démonter.

Depuis qu'elle était toute petite, Anne savait qu'elle voulait devenir médecin. Mais lorsqu'elle avait quitté la Martinique avec ses parents et débarqué à Tunis, son père Raoul avait enchaîné les mauvais choix et, très vite, leurs économies avaient fondu. La fortune de la canne à sucre parut bien vite un lointain souvenir. Ne supportant guère cette déchéance, Raoul s'était mis à boire et à jouer, des alcools de plus en plus forts, des sommes de plus en plus importantes, et un matin, il était mort d'une crise cardiaque – trois ans à peine après leur arrivée en Tunisie. Anne avait ainsi grandi seule avec sa mère, dans un minuscule appartement du centre-ville, et grâce aux sacrifices de Blanche, elle avait pu aller au lycée et décrocher son baccalauréat. Elle s'était ensuite mise immédiatement à travailler – chez une couturière, pour apprendre à manier l'aiguille comme un chirurgien, avait-elle pensé. Et puis, quelques mois plus tard, la guerre avait éclaté. Anne avait très vite appris qu'on cherchait des infirmières pour soigner les blessés au front ; elle n'avait pas hésité longtemps.

— Au contraire, maman, il aurait été fier que je m'engage pour défendre la patrie.

Elle avait toujours été douée pour convaincre, cette petite. C'est ce que disait son père. Et quand elle avait décidé quelque chose, il était bien impossible de la faire changer d'avis. Consciente de cela, Blanche avait détourné le regard et essuyé une larme ; elle savait qu'elle ne pouvait plus rien faire.

Dès son arrivée en France en février 1915, Anne fut affectée au service de chirurgie maxillo-faciale qui venait d'être créé à l'hôpital militaire du Val-de-Grâce. C'est là qu'on réparait les visages abîmés, ceux qui avaient reçu un éclat d'obus, un tir de grenade ou d'arme à feu ; ceux qui n'étaient parfois plus qu'un trou béant et irregardable. C'est là, dans ce service, qu'on tentait de redonner forme humaine à ces visages. Là aussi qu'Anne allait rencontrer celui qui deviendrait l'un de ses mentors.

Quand elle avait entendu une infirmière prononcer son nom, elle avait sursauté. « La fatigue et le manque de sommeil de ces derniers jours », avait-elle pensé. Mais l'infirmière avait répété le nom, alors Anne avait froncé les sourcils et s'était approchée pour observer de plus près ce « docteur Morestin » qui était en train d'examiner un patient. Elle fut immédiatement frappée par la ressemblance. Hippolyte – car c'était lui, le fils Morestin qui avait quitté Saint-Pierre aux alentours de 1890 – avait exactement les mêmes traits que son père Charles : le même long nez et les mêmes pommettes saillantes, la même petite barbe taillée en pointe. Ils se ressemblaient comme des frères, à ceci près qu'Hippolyte avait un léger strabisme à l'œil droit et une chevelure bien plus fournie.

Le Dr Morestin s'était tourné vers la nouvelle infirmière, Anne, et sans se douter du lien qui les unissait, il lui avait demandé de nettoyer les plaies à l'alcool iodé. Anne s'était exécutée aussitôt, impressionnée mais appliquée, tâchant de faire au mieux.

— Ça va ? avait-elle murmuré au blessé en tamponnant les plaies avec sa compresse. Je ne vous fais pas mal ?

Le blessé avait le regard fixe, il ne clignait jamais. Son nez avait été arraché et à la place il n'y avait plus qu'un fin trait de cartilage qui ressemblait à un petit os d'oiseau. Une partie de sa mâchoire, également, avait été réduite en bouillie. Il ne lui restait qu'un trou sombre et mou, difficile à regarder. L'infirmière en chef, qui avait entendu Anne parler au soldat, lui avait posé une main sur l'épaule et l'avait secouée gentiment.

— Il ne sent plus rien, lui avait-elle assuré. Tu peux y aller.

Plusieurs jours étaient passés avant qu'Anne ose aborder le Dr Morestin. C'était un homme charismatique et brillant, mais redouté pour son caractère. Il était intransigeant, s'emportait facilement. Il pouvait aussi avoir des mots humiliants, même si la plupart du temps il ne s'en rendait pas compte. Il traversait toujours son service d'un pas rapide, les yeux plissés par la concentration, et s'arrêtait de temps à autre pour examiner un patient. Son aura était nourrie par ses réussites et son talent autant que par les nombreuses légendes qui circulaient à son sujet. On racontait par exemple qu'il avait corrigé les balafres d'Al Capone, le célèbre gangster de Chicago (probabilité : faible), ou encore qu'il avait rattrapé le lifting raté de Sarah Bernhardt (probabilité : élevée).

— Docteur Morestin ?

Il avait stoppé net son pas rapide et s'était retourné, l'air surpris. Il n'avait pas une minute à perdre. Tout le monde ici le savait : il partait le lendemain matin pour le front. Il avait fixé Anne de son regard perçant, attendant qu'elle parle, mais elle n'avait pas pu articuler un mot, littéralement coupée dans son élan lorsqu'elle avait vu les petites miettes de sandwich restées coincées dans sa barbe. Morestin s'était impatienté mais il avait tâché de ne pas le montrer, ému peut-être par cette jeune fille qui semblait si… jeune.

— Je vous écoute.

— Je… J'aimerais partir au front, avait-elle commencé. Pour soigner les blessés, et aussi pour apprendre à…

Morestin avait froncé les sourcils.

— À quoi ?

— À opérer. Je voudrais devenir médecin, comme vous, docteur Morestin, avait-elle dit d'un souffle, elle-même surprise par cet aveu imprévu.

Il faut dire que lorsqu'elle s'était trouvée face à lui, elle avait immédiatement vu le visage de Charles Morestin, son père, et alors tout avait ressurgi : la maison à Saint-Pierre et les dîners animés, les poissons fraîchement pêchés, le jardin débordant d'hibiscus et de frangipaniers. Dans son cerveau, les connexions avaient été instantanément chamboulées si bien que le message final n'avait plus rien à voir avec ce qu'elle avait prévu de dire.

Hippolyte Morestin avait eu cet éclat de rire – un rire franc mais néanmoins courtois – et on avait vu son visage se détendre. Il avait passé une main dans sa barbe, retirant discrètement la miette qui le gênait, puis l'écrasant entre son pouce et son index. Son regard brillait d'un éclat particulier, celui du passionné heureux de rencontrer l'un de ses semblables, de naviguer en contrées familières.

— Très bien, mademoiselle, avait-il dit sans la quitter des yeux. Pouvez-vous m'indiquer la couleur de la boule située au bas de la rampe de l'escalier ?

— …

— La boule au bas de l'escalier. Sa couleur. Quelle est-elle ?

— Je… je ne sais pas, avait répondu Anne, interloquée.

— En médecine, l'observation est une qualité indispensable et primordiale, avait rétorqué Morestin, péremptoire. Sachez-le, mademoiselle.

Il s'était rembruni, ses traits tendus à nouveau, et il avait quitté Anne avant même qu'elle s'en rende compte. On avait entendu ses pas marteler le sol, déterminés, autoritaires. Puis il s'était retourné et, du bout du couloir, il lui avait lancé :

— Pour la médecine, je ne sais pas, mademoiselle. Mais on a besoin de renfort à Sainte-Menehould. Vous partirez avec moi demain matin à la première heure.

C'est ainsi qu'Anne, encore jeune infirmière volontaire, s'était retrouvée au cœur de l'Argonne à seulement quelques kilomètres du front. Là-bas, elle s'était tout de suite sentie à sa place. L'hôpital mobile avait été installé dans un endroit entouré de forêts, de rivières et de vallons verts. Les blessés y arrivaient en nombre, sans discontinuer, et la plupart étaient très amochés. Le quotidien était éprouvant mais les équipes soudées. Anne travaillait avec le Dr Morestin et assistait parfois aussi un autre chirurgien, qui avait bien vite remarqué cette infirmière si dégourdie et si avide d'apprendre. Il est vrai qu'elle retenait tout, qu'elle avait le geste rapide et sûr. Et puis surtout, elle tenait le choc quelles que soient les blessures qu'on soignait ; jamais elle n'avait tourné de l'œil ni même faibli devant ces chairs humaines pourtant souvent réduites en charpie. Ce médecin, qui l'appréciait beaucoup, s'appelait Robert Proust.

Souvent, en fin de journée, le Dr Proust grimpait sur la colline voisine et fumait des cigarettes en regardant le soleil se coucher. Dans la lumière du soir, le paysage s'illuminait de vert et d'or ; c'était grandiose. La rivière, avec ses eaux calmes pleines de carpes et de brochets, reflétait tantôt la cime des arbres, tantôt un nuage de passage. La beauté du lieu, dans ces moments-là, n'avait pas de prix. Anne, tout comme ses camarades Lucien, Bernard et Clotilde, le rejoignait souvent là-haut.

— Qui est-ce qui chante dans le chœur, ce dimanche ?

— Ceux de d'habitude. Plus Bernard et moi.

Lorsque c'était possible, on célébrait la messe du dimanche avec les moyens du bord. Le chœur était composé d'infirmiers et de médecins, parfois aussi de soldats encore valides. Il y avait un petit harmonium qu'on avait fait venir exprès de Reims, et pour le reste c'était du bricolage : des soldats avaient réussi à fabriquer un violon et un violoncelle à partir de caisses en bois et de boîtes de camembert, et pour les archets on avait utilisé des branches de noisetier et du crin de cheval. Le son n'était pas fameux, évidemment, mais on parvenait tout de même à reconnaître les mélodies.

Une fois, sur la colline, Robert Proust avait parlé de son grand frère, Marcel. Un écrivain talentueux dont le siècle, à l'en croire, retiendrait le nom. Quand la guerre serait finie il publierait son deuxième roman. « Un chef-d'œuvre », avait assuré Robert. Cela s'appellerait *À l'ombre des jeunes filles en fleurs.*

— Savez-vous que ce prétentieux d'André Gide a refusé son premier manuscrit ? Eh bien, il s'en est mordu les doigts, le sot ! avait dit Robert dans un éclat de rire, avant de jeter son mégot d'une pichenette, vers la vallée.

Hippolyte Morestin, lui aussi, avait remarqué les talents de cette jeune infirmière avec qui il aimait beaucoup travailler – parce qu'elle ne pensait qu'à cela justement, travailler. « Les gens sérieux ne courent pas les rues, de nos jours », disait-il volontiers quand il opérait, tout en jetant un regard accusateur à ceux qui l'assistaient, penchés au-dessus du patient.

Peu à peu, Hippolyte Morestin avait confié davantage de responsabilités à Anne. Il lui expliquait les gestes qu'il pratiquait, les erreurs à ne pas faire, et la laissait peu à peu s'exercer. Il était surpris par sa précision, sa rapidité. Par ses intuitions aussi. Il la trouvait douée d'un véritable sens médical. Si bien qu'un jour il évoqua la possibilité qu'elle entame des études de médecine à Paris, dès son retour du front.

— Je pourrai vous aider, avait-il ajouté tandis qu'Anne terminait sa suture.

Elle avait effectué les derniers points avec application, puis elle avait retiré sa lampe frontale et hoché la tête sans rien répondre.

La médecine. À Paris. Morestin qui l'adoubait. Anne, sonnée, avait quitté le bloc opératoire et s'était retrouvée au milieu de la cour de récréation où était installé l'hôpital mobile. Elle n'en revenait pas. Ne réalisait pas. Et en même temps cela lui parut naturel, comme une évidence, un destin en train de s'accomplir.

Anne avait avancé jusqu'à la marelle dessinée au sol. Les chiffres étaient presque tous effacés. Il ne restait vraiment plus grand-chose de l'école. Dans les salles de classe à ciel ouvert, on voyait des pupitres et des chaises renversées, le sol couvert de feuilles volantes, de gravats coupants, de bouts de toiture. Un jour, Anne avait trouvé un cahier d'écolier à peine entamé et l'avait gardé pour elle. Pour prendre des notes, pour écrire ce qu'elle apprenait et *qu'elle ne voulait pas oublier*. Il lui arrivait aussi de relire ce que l'enfant avait écrit sur les premières pages, d'une écriture à la fois appliquée et maladroite : les poules picoraient dans la basse-cour, les canards nageaient dans l'étang, le fermier enfilait ses bottes jaunes, ce genre de choses. La vie réduite à quelques images simples et rassurantes.

Anne avait traversé la cour de récréation comme en apesanteur ; il lui fallait faire un effort démesuré pour imaginer les cris joyeux des enfants, leurs jeux de billes et de ballon, leurs parties d'osselets. Leur absence en ces lieux, décidément, était une épouvantable erreur. À leur place désormais, on voyait ces soldats blessés assis sur un bout de muret en ruine, qui patientaient en silence. Sous le soleil d'hiver, d'un jaune pâle laiteux, leurs visages avaient pris une teinte de cierge d'église.

Un peu à l'écart, les blessés graves étaient allongés sur des civières. L'un deux, à qui il manquait une oreille et un morceau de mâchoire, poussait des râles rauques et désespérés, qui semblaient venir d'un autre monde. Il s'était redressé tant bien que mal et, quand Anne était passée devant lui, il s'était agrippé à sa blouse en remuant dans tous les sens. Anne avait tout de suite compris ce qu'il voulait : qu'on l'achève, et vite.

— Calmez-vous, avait-elle dit en tirant sur sa blouse d'un coup sec. Calmez-vous, on va vous soigner.

Et tandis qu'elle réajustait son vêtement et se frottait le cou, elle avait remarqué cet autre blessé, un peu plus loin, qui avait le bras droit en écharpe et un petit carnet posé sur les genoux. De sa main valide, il dessinait ; mais le geste était crispé et maladroit, trop appuyé. Cela semblait lui demander un tel effort qu'il avait fini par laisser échapper son crayon.

— Tenez, avait dit Anne en le ramassant.

Mais l'homme n'avait pas récupéré le crayon. À la place, il lui avait tendu son carnet. Anne avait alors fait défiler les pages et découvert une série de dessins au trait sommaire et enfantin : une fleur, un oiseau, un arbre, un bonhomme qui ressemblait à un soldat. Elle lui avait rendu le carnet en esquissant un sourire.

— C'est bien, avait-elle dit avec précaution. C'est joli.

Mais le blessé avait remué la tête et récupéré le carnet d'un geste brusque.

— Pas du tout, c'est une catastrophe.

La balle, lui avait-on dit, était mal placée. Les chances de récupérer une mobilité normale, quasi nulles.

— Je suis peintre, avait-il ajouté en essuyant la larme qui s'échappait malgré lui. Alors qu'est-ce que je vais devenir si je ne peux plus…

Il n'avait même pas réussi à prononcer le mot.

L'accident s'était produit au moment de l'installation d'un leurre, l'un de ces arbres-observatoires fabriqués par la section des Camoufleurs pour espionner les lignes ennemies. Il se souvenait de tout, dans les moindres détails : la nuit sans lune ; l'arbre qu'ils avaient abattu sans un bruit ; le leurre qu'ils avaient installé à la place avec une facilité étonnante. Tout s'était déroulé exactement comme prévu. Et puis à un moment, il y avait eu cette chose qui avait bougé dans les buissons, et lui qui ne s'était jamais vraiment servi d'une arme avait tiré sans trop savoir, pointant vers les fourrés. Mais il avait dû manquer sa cible car la riposte était venue sans attendre et il s'était effondré au sol comme une marionnette à qui l'on coupe les fils. Émile, le soldat qui l'accompagnait, l'avait aussitôt tiré jusqu'au talus voisin pour le mettre à l'abri.

— C'est rien, lui avait-il dit en lui collant le goulot de sa gourde contre la bouche. C'est rien, ça va aller.

Émile, tout en lui soutenant la tête, l'avait forcé à boire plusieurs gorgées d'un coup.

— Encore. Bois encore, ça désinfecte.

La gnôle avait un goût de terre et de fleur. L'effet fut immédiat. Tout autour, la forêt s'était mise à danser ; on voyait des écureuils filer le long des troncs, des oiseaux curieux se poser à côté d'eux, et sur la cime des arbres il y avait de petites choses brillantes qui scintillaient, comme des étoiles de Noël. Émile lui avait fait un garrot sommaire, comme on le lui avait appris, puis il avait dit, l'haleine chargée d'eau-de-vie, qu'il pouvait être fier.

— Au moins, tu morfles pas pour rien. T'as tué un Boche. Bravo, soldat.

Théo savait que c'était faux ; il n'avait tué personne, c'est lui qui avait été touché. Pourtant il n'avait rien répondu, juste repris une autre gorgée de gnôle. Il flottait, protégé par la fraîcheur des arbres et par les paroles désordonnées de son ami. Ce n'est que lorsqu'il était arrivé dans cette cour d'école transformée en hôpital qu'il avait commencé à souffrir comme un chien.

Anne avait essayé de le réconforter, de lui dire des mots rassurants, mais ça n'avait fait qu'aggraver les choses.

— Je suis peintre, s'était-il emporté. Alors si je ne peux plus dessiner, j'en fais quoi, de ma vie ?

Elle n'avait rien répondu. Car elle savait exactement de quoi il parlait, elle connaissait cette absence d'alternative – elle et la médecine, c'était pareil. Elle savait aussi que pour espérer sauver son bras il fallait faire vite, alors elle était retournée au bloc au pas de course. Mais Morestin, étrangement, avait disparu. Personne n'avait su lui dire où était passé le chirurgien.

— Et Proust ? Il n'est pas revenu, le Dr Proust ?

Assis à la table où l'on prenait les repas, André l'infirmier avait fait non de la tête. « Sera là ce soir, le Dr Proust. » Puis il avait piqué la pointe de son couteau dans la conserve de bœuf et en avait retiré un morceau compact et gélatineux, d'une couleur maronnasse, qu'il avait étalé sur une tranche de pain sec. Il avait mis un bout de biscuit par-dessus, appuyé pour souder les deux et, au moment d'enfourner, il avait ouvert grand la bouche en sortant sa langue. Anne avait détourné le regard. Il n'avait aucune manière. Comme la plupart des hommes, il la dégoûtait. Elle s'était toutefois approchée et, lui posant une main sur l'épaule, elle lui avait chuchoté quelque chose à l'oreille. André avait manqué de s'étrangler puis il avait bafouillé, la bouche encore pleine de viande :

— Mais enfin t'es complètement folle, t'as jamais opéré de ta vie !

Ce fut la première opération d'Anne. Elle avait fait ce qu'il fallait et, instinctivement, avait eu les bons gestes. La blessure s'avéra toutefois plus sérieuse qu'il n'y paraissait et nécessita l'intervention d'un spécialiste. Morestin avait tout de suite pensé au

Dr Édouard Baumann, de l'hôpital Saint-Louis, avec qui il avait travaillé avant la guerre. Un génie de la chirurgie. Morestin avait donc signé les papiers nécessaires et tandis qu'on préparait Théo pour son transfert à Paris, il avait pris Anne à part.

— Qu'est-ce qui vous est passé par la tête, vous avez perdu la raison ? Si je vous dénonçais, vous risqueriez de…

Il laissa la phrase en suspens.

— Et votre carrière de médecin ? Vous y avez pensé, en opérant ce pauvre gars ?

Son ton, mélange de colère et de dépit, était celui du maître à son protégé. Elle aurait pu tout foutre en l'air. Est-ce qu'elle s'en rendait seulement compte ?

Morestin avait cependant été impressionné par son travail. Un geste si net et si propre ne pouvait s'obtenir qu'après des années de pratique. Il n'avait jamais vu ça. Avait-elle appris cela uniquement en l'observant ? Morestin l'avait alors fixée un instant, sans dire un mot, et il avait soudain eu l'impression d'être un père face à une adolescente inconséquente, juste bonne à gâcher son talent. Il aurait presque eu envie de lui donner une bonne gifle.

— Au cas où vous ne l'auriez pas encore remarqué, la médecine est *aussi* une question de discipline et de respect des hiérarchies.

Anne avait baissé les yeux et marmonné des excuses. « Entendu, docteur Morestin, ça ne se reproduira plus. » Morestin avait acquiescé, bon allez, n'en parlons plus, puis il était retourné au bloc, faisant semblant de ne pas remarquer qu'Anne souriait discrètement. Elle avait réussi sa première opération, toute seule, et avec succès.

Les semaines suivantes s'étaient déroulées comme si l'incident n'avait jamais eu lieu. Les blessés affluaient, on assurait les premiers soins et opérait les urgences, et Anne continuait d'apprendre. Parfois, elle pensait à son blessé, à son carnet à dessins, à son regard si doux. Il avait promis de lui offrir un tableau si un jour ils se revoyaient.

— Vous ne demandez pas de ses nouvelles ? dit un jour Morestin entre deux patients.

— Des nouvelles de qui ?

— Eh bien, de votre blessé. Celui que vous avez opéré, pardi.

Anne avait haussé les épaules, non, pourquoi ?

— Vous me prenez vraiment pour un con ! s'exclama-t-il dans un éclat de rire.

La phrase était si incongrue dans la bouche de Morestin qu'Anne en avait piqué un fard. Il lui tendit alors la lettre du Dr Baumann : après plusieurs opérations, le chirurgien avait fini par réussir à sauver le bras et la main du patient. Cela n'avait pas été une mince affaire, expliquait-il dans sa lettre, mais désormais la main droite pouvait être utilisée quasi normalement. « Vraisemblablement parce que la première intervention a été bien faite », avait-il également écrit. Anne tenta de ne pas laisser paraître son émotion mais fut flattée du regard de Morestin, fier et paternel.

— Il y avait aussi ça pour vous au courrier. De la part de votre blessé, justement, dit-il avec un petit sourire.

Anne prit l'enveloppe, ne sut quoi faire.

— Ben alors ? Vous n'ouvrez pas ?

— Si, si, dit-elle tout en la décachetant maladroitement, sous l'œil curieux de son mentor.

À l'intérieur, il y avait un dessin de Théo. On reconnaissait les bords de Marne, les saules pleureurs plongeant leurs grandes branches feuillues dans la rivière, la lumière dorée, la guinguette animée. Des gens dansaient et d'autres partageaient une assiette de viande grillée ou de pommes frites. Le dessin était si réussi qu'on pouvait entendre les rires des commensaux et le tintement des verres, l'accordéon jouant un air connu, et même le remue-ménage en cuisine. Et sur le côté, au ras de la rivière, là où émergeaient les joncs, on voyait ce couple d'oiseaux qui préparait tranquillement son nid.

Anne avait gardé un air détaché – ou essayé, du moins – puis elle avait remis le dessin dans l'enveloppe. Elle ne voulait surtout pas que Morestin pense qu'elle s'intéresse à autre chose qu'à la médecine. Mais elle avait tout de même remarqué l'adresse au dos du dessin – 23, rue de Paradis, Paris Xe arrondissement – et ses oreilles s'étaient mises à bourdonner. Une nuée de papillons avait alors envahi le bloc opératoire, se cognant partout, aux murs, au plafond ; ils se cramaient les ailes au contact des lampes, se noyaient dans les tasses de café, se posaient sur des compresses imbibées de sang. Anne fit ce geste pour retirer le papillon qui s'était coincé dans ses cheveux, et dit qu'elle avait besoin d'une pause. Ce n'est que lorsqu'elle quitta le bloc que Morestin lui lança :

— Au fait, j'ai convaincu Baumann de vous prendre dans son service à Paris. Je pense que vous avez fait le tour, ici.

Au début du printemps 1918, peu après la naissance des jumeaux qu'elle avait eus avec Théo, Anne écrivit une longue lettre à Hippolyte Morestin.

Elle le remerciait pour tout ce qu'il avait fait pour elle. Ses études de médecine la passionnaient, elle n'avait jamais été aussi heureuse. Pourtant elle travaillait sans relâche : les journées à l'hôpital, les nuits à potasser ses cours. Et depuis qu'elle avait ses nouveau-nés, c'était encore pire ; il avait fallu ajouter les langes, les biberons, les pleurs à consoler. Elle n'aurait jamais imaginé que des êtres si petits réclament autant d'énergie. Elle lui raconta que Maximilien et Susie étaient nés à la maternité Baudelocque, dans le XIVe arrondissement, tout juste une semaine avant que le bâtiment soit touché par un tir d'obus. Ils avaient eu de la chance. Pour le moment elle tenait le coup. Elle dormait peu, jamais plus de deux heures d'affilée, mais elle s'était habituée à la tête qui tourne et au cœur qui bat n'importe comment. Parfois, pour se redonner de l'énergie, elle fumait une cigarette mais ça lui donnait aussitôt envie de vomir. Le Pr Baumann avait été formidable avec elle. Il l'avait aidée, soutenue, lui arrangeant même à l'hôpital une petite chambre pour elle et ses jumeaux. Elle avait beaucoup apprécié travailler avec lui. C'était un homme intègre et élégant, qui n'avait rien du mandarin et avait en horreur l'abus d'autorité. Anne quittait son service à regret. Mais son choix, expliquait-elle à

Morestin, s'était porté sur l'ophtalmologie. Elle s'était passionnée pour les traumatismes oculaires et, en cette période, les mutilés des yeux étaient nombreux. Il y avait tant à faire.

Dans sa lettre, elle lui raconta aussi ce qu'elle n'avait jamais osé lui dire de vive voix : son enfance sur l'île de la Martinique, la plantation de canne à sucre de ses parents, les arbres tropicaux aux racines géantes et l'odeur végétale de la terre après la pluie. Elle égrena pour le plaisir ces noms aux sonorités si familières, anse d'Arlet, anse Mitan, anse Couleuvre, et décrivit le goût du poulet boucané, la saveur des goyaves, le bleu turquoise de la mer. Enfin, elle termina la lettre en évoquant avec tendresse les amis chers de la famille, les Morestin.

Étrangement, Anne ne reçut jamais de réponse d'Hippolyte Morestin. Elle avait d'abord pensé qu'il n'avait pas eu sa lettre. Puis elle songea qu'il l'avait bien eue mais n'avait pas voulu répondre, le passé étant pour lui un sujet trop douloureux : en effet, lorsque sa famille avait péri dans l'éruption de la montagne Pelée – à l'exception de ceux qui se trouvaient comme elle à Basse-Pointe – Hippolyte vivait depuis plusieurs années déjà à Paris. Il en avait développé un indéfectible sentiment de culpabilité ; la culpabilité du survivant.

Elle trouva tout de même son attitude un peu rustre, se sentit blessée qu'il ne daigne pas lui répondre. Puis elle oublia la lettre, son quotidien ne lui laissant pas le temps de penser à autre chose qu'à l'immédiat.

Ce n'est que quelques mois plus tard, au début du mois de février 1919, qu'elle entendit à nouveau parler de lui : un matin, en arrivant à l'hôpital, on lui apprit que le Dr Morestin avait contracté une pneumonie et n'y avait pas survécu. Il venait de mourir, au Val-de-Grâce, à peine trois mois après la signature de l'armistice.

Elle avait alors passé la journée dans un état d'hébétude, sans pouvoir prononcer le moindre mot, soignant ses patients tant bien que mal. Quand elle était rentrée chez elle ce soir-là, tard, Théo et les jumeaux étaient déjà couchés. Elle était totalement désorientée.

Sans réfléchir elle avait sorti son grand faitout en fonte, l'avait posé sur la cuisinière puis elle avait fouillé ses placards. Vides. Il n'y avait qu'une ou deux boîtes de conserve qui traînaient et un vieux morceau de fromage. Anne avait alors fermé les yeux. Inspiré profondément. Puis elle avait mimé les gestes de sa cuisinière à Saint-Pierre, ces gestes qu'elle avait si souvent vus faire – découper le poulet en gros morceaux, écraser l'ail et hacher les oignons, faire dorer en attendant que ça crépite ; puis jeter les aubergines et les tomates, les pommes de terre, la poudre de colombo, le piment, et à la toute fin : une grande tasse de lait de coco. Elle avait remué doucement. L'air était saturé d'épices et de soleil, la sauce épaisse et parfumée.

Mais quand elle avait rouvert les yeux, la cuisine était laide et triste. Il faisait froid, les fenêtres étaient pleines de givre. Anne avait regardé le fond de sa cocotte, tout abîmé par les traces de brûlé, et elle l'avait gratté distraitement du bout de l'ongle.

Ce jour-là, pour elle, le monde de l'enfance avait disparu pour de bon.

Sur l'avenue Roustan, les cafés étaient à présent bruyants et pleins à craquer. Anne referma la fenêtre, tira les voilages. Ces derniers temps, on entendait si souvent des disputes éclater. Les gens buvaient plus, s'énervaient facilement. On craignait que la guerre arrive jusqu'ici. Son ami Marcel Tournier lui avait d'ailleurs raconté qu'en Algérie, les plages étaient désormais interdites aux Juifs, aux Arabes et aux chiens. Il lui avait aussi dit que… que quoi, déjà ? Elle fronça les sourcils, réfléchit, fouilla dans sa mémoire, mais ça lui avait échappé. C'était quelque chose d'important pourtant, elle le savait.

Prise de panique, elle attrapa alors une feuille de papier sur laquelle elle griffonna ces quelques mots : Morestin & Val-de-Grâce, Sainte-Menehould & Robert Proust, Édouard Baumann & Saint-Louis – pour être certaine de ne pas les oublier, ceux-là.

Elle replia ensuite le précieux papier et le mit en sécurité, bien au fond de sa boîte à bijoux, juste à côté des deux petites créoles en or que sa mère lui avait données lorsqu'elles étaient arrivées à Tunis. Qui sait ce que cette opération lui laisserait comme souvenirs. Qui sait ce qu'elle aurait oublié à son réveil.

Peut-être ne saurait-elle plus qu'elle était née en Martinique puis avait émigré en Tunisie. Peut-être aurait-elle oublié l'intégralité de ses connaissances de médecine. Peut-être ne reconnaîtrait-elle même plus ses enfants – mon Dieu, était-ce possible ?

Quoi qu'il en soit, la neurochirurgie était un terrain hautement miné, encore largement en friche, et elle le savait. Elle connaissait les chances de réussite aussi bien que les risques.

11.

Quand Maximilien avait appris ce qui était arrivé à Susie, il n'avait pensé qu'à une chose : aller casser la gueule de Jean-Eudes. Pour ça, il l'avait attendu à la sortie du bar qu'il avait l'habitude de fréquenter et s'était approché de lui l'air de rien.

— T'as pas une clope ?

L'autre avait dit, désolé je viens de fumer la dernière, alors Maximilien avait hoché la tête – dommage pour moi. Puis il lui avait pointé un revolver sous les côtes, l'avait entraîné à l'ombre d'une ruelle sordide et là, il l'avait dérouillé comme jamais ; les deux genoux, les couilles, le nez, la mâchoire. Jean-Eudes avait senti le sang inonder sa bouche puis il avait craché des petits cailloux qui étaient en fait des bouts de dents. Maximilien n'avait éprouvé aucune pitié. Il avait agi mécaniquement, sans réfléchir. Il avait juste pensé à sa sœur qui n'avait pas pu se défendre face à lui, à la peur qu'elle avait eue, à sa douleur ; le type avait été si violent avec elle que, pendant plusieurs jours, elle n'avait pas pu marcher normalement. Et puis il y avait eu Zohra, ses longues aiguilles à tricoter, et une semaine entière de fièvre après ça. Bon sang, si ce genre de chose arrivait à sa propre fille, il ne sait même pas comment il... Maximilien avait rejeté cette pensée au loin et, comme pour conjurer le mauvais sort, il avait donné une dernière série de coups à Jean-Eudes, avant de le laisser étendu dans la ruelle, gémissant comme un toquard.

Avant cet épisode, Susie avait refusé de revoir Maximilien. Elle avait trop souffert de son absence, de son absurde abandon. Et il aurait fallu accepter qu'il revienne comme ça, comme si de rien n'était ? Alors c'est vrai, il n'y avait pas eu d'excuse. Pas de mots posés sur les choses. Mais à la place Maximilien avait réglé son compte à un salaud. C'était sa manière à lui de réparer. Et Susie, évidemment, avait baissé les armes.

Les jumeaux étaient installés dans l'un des cafés de l'avenue Roustan. Comptoir en zinc, percolateur qui siffle, grands miroirs aux murs. Exactement comme dans une brasserie parisienne. Le serveur pila devant leur table, tenant son plateau en équilibre sur trois doigts.

— Qu'est-ce que je vous sers ? dit-il en jetant un œil à l'horloge murale.

Son service était presque terminé ; il aurait le temps d'aller piquer une tête à la plage. Susie commanda une citronnade, Maximilien un thé à la menthe avec du sucre. Beaucoup de sucre si possible.

— On n'a plus de sucre, monsieur.

Maximilien ne releva pas. Le serveur était déjà reparti. Dehors, les palmiers étaient tristes et amaigris, leur feuillage jauni craquait au moindre souffle de vent. L'été avait emporté avec lui les derniers signes d'insouciance. On savait que la guerre était proche désormais. Les Alliés se battaient à El Alamein, en Égypte, et ils étaient sur le point de remporter une victoire décisive. Les troupes germano-italiennes allaient se replier en Libye, puis probablement en Tunisie. Allait-on devoir se battre ici aussi ? Y aurait-il des bombes et des maisons détruites, des cadavres en pleine rue ? Pour chasser l'angoisse, les jeunes gens s'enivraient d'alcool et fumaient à s'en cramer les poumons, ils dansaient, faisaient l'amour autant qu'ils pouvaient. Les femmes s'embrassaient entre elles, les hommes n'hésitaient pas à dire je t'aime. Il y avait une telle urgence à vivre. Les vieux, eux, s'étaient mis à redouter que chaque bon moment soit le dernier : dernière fête d'anniversaire, dernière baignade, dernier coucher de soleil. Pourquoi leur faisait-on ça à eux ? pensaient-ils chaque soir en s'endormant. Pourquoi ne les laissait-on pas vieillir tranquilles, et mourir en paix ?

Maximilien alluma le bout d'une cigarette qu'il avait gardée dans sa poche. Il souffla la fumée puis retira la petite miette de tabac restée collée sur sa langue.

— Nour est guérie, annonça-t-il. Elle est encore un peu faible mais les médecins disent qu'elle va pouvoir sortir.

Quelques jours plus tôt, Susie l'avait accompagné à l'hôpital. Elle avait apporté à Nour une jolie poupée en tissu qu'elle avait fabriquée elle-même. Elle avait été émue par la beauté de cette petite fille. Sa peau brune et veloutée, ses grands yeux noirs, ses cils si épais. Même avec son gros pansement à la joue et ses yeux cernés, elle était adorable. Maximilien lui avait dit qu'elle ressemblait comme deux gouttes d'eau à sa mère. Il lui avait aussi dit, en baissant les yeux, que Malika vivait désormais avec un autre homme. En entendant sa voix mollir, Susie avait posé une main sur son épaule, mais le contact avait été désagréable alors elle l'avait retirée presque aussitôt. Il s'en remettrait, voilà ce qu'elle avait pensé.

— Je vais partir en Algérie, ajouta Maximilien tandis qu'il terminait son thé à la menthe. Avec Samuel. Tu sais, le type dont je t'ai parlé.

Susie ne répondit rien. Il lui annonçait cela avec une légèreté insupportable, presque comme s'il lui parlait d'un voyage d'agrément. Était-il inconséquent à ce point ?

— Et ta fille ? demanda-t-elle.

— Elle sera avec sa mère, bien sûr. Et de toute façon, je serai de retour dans quelques semaines.

Maximilien partait en mission à Alger, avec deux de ses camarades du réseau, François et Samuel Ben Attar. Il ne pouvait pas lui en dire plus pour le moment.

— Avec François ? T'es sûr ?

Susie fut surprise que Colette ne lui ait rien raconté. Elle devait le savoir, pourtant. Elle fit alors tourner le fond de sa citronnade et eut un petit rire bizarre.

— Quoi ? fit Maximilien. Pourquoi tu ris comme ça ?

— Bah rien, répondit-elle en haussant les épaules. Tu reviens après huit ans d'absence et la première chose que tu fais, c'est d'aller risquer ta vie en Algérie…

Elle avala la fin de son verre d'un trait.

— Et tu crois que je vais rester là sans rien faire ?

Un peu plus loin, au bas de l'avenue, un petit groupe d'hommes était en train de discuter. Le ton était vif et les gestes emportés.

— Stalingrad va tomber, disait l'un.

— N'importe quoi, disait l'autre. Je te jure que cette fois, c'est les Boches qui vont morfler.

Un jeune garçon en haillons s'était approché d'eux. Ses pieds nus étaient noircis par la crasse et son crâne abîmé par la teigne. Il leur tendit des petits bouquets de jasmin défraîchi. « Bon prix, bonne qualité », assura-t-il. L'un des hommes, sans même le regarder, eut ce geste agacé pour le faire déguerpir, comme s'il chassait une mouche embêtante. Le garçon insista, « bon prix », alors un autre lui lâcha une pièce, retirant aussitôt sa main ; il ne prit même pas les fleurs. Le garçon empocha la monnaie et s'éloigna en trottinant avec ses bouquets.

— Moi je te répète que la roue tourne : les Boches, c'est terminé. Les oppresseurs, on va tous les crever.

À ces mots, le garçon en haillons s'était retourné, avait agité son jasmin en l'air, et crié « Yalla ! ». On l'avait ensuite vu cracher en direction du groupe de Français puis s'enfuir en courant – pour lui, les oppresseurs, c'étaient eux.

12.

Le chalutier traînait dans son sillage une nuée de mouettes surexcitées. À la barre, Sandro avait le sourire ; ses poissons étaient énormes et gras, il avait rarement fait une aussi bonne pêche. D'un signe de la main, il salua l'énorme paquebot qui quittait le port et faisait retentir sa corne de brume tel un monstre échappé de mythologies anciennes. Sandro fut impressionné par l'épaisse fumée noire qui s'échappait de la cheminée, par l'étrave fuselée aussi haute qu'un immeuble. Il observa les passagers agglutinés là-haut sur le pont comme des insectes. À côté, son chalutier avait la taille d'un joujou d'enfant.

Appuyés au bastingage, Anne et Théo regardaient la ville de Tunis s'éloigner. Ils ne disaient pas un mot. Anne avait peur de ne plus jamais revenir. Peur de ne plus revoir ses enfants, sa mère. Ni son amie Martha, qui lui manquait déjà.

Plus tard, lorsqu'ils furent en pleine mer et que le vent devint si vif et si fort qu'il était impossible de se tenir sur le pont, Anne rejoignit sa cabine et se coucha dans le petit lit étroit, les genoux repliés contre la poitrine. Théo la couvrit de plusieurs couvertures, mais elle grelottait tellement que rien n'arrivait à calmer ses tremblements.

À quel moment la tumeur était-elle apparue ? Il y a quelques mois ? quelques années ? Même si ça ne changeait rien, Anne aurait aimé connaître la date exacte, savoir depuis quand elle vivait avec cette bombe à retardement qui allait certainement la tuer. Elle n'avait même pas fini de mettre son bureau en ordre, ni les dossiers des patients. Il y avait encore tant de choses qu'elle aurait aimé faire. Comme fêter Noël avec sa petite-fille, par exemple, décorer l'arbre de boules brillantes et de morceaux de coton. Elle qui n'avait jamais attaché d'importance à ce genre de choses, oubliant même parfois d'offrir des cadeaux à ses propres enfants, elle aurait tout donné pour célébrer cette fête en famille.

— Ça ne peut pas être fini maintenant, murmura-t-elle à Théo dans cette cabine qui sentait le vomi séché. J'ai l'impression que… que ma vie commence à peine.

Le paquebot continua sa traversée dans la nuit froide. Des milliers d'étoiles floues étaient apparues et semblaient tomber du ciel comme des flocons de neige.

Personne ne le savait encore, mais dans quelques jours, les Alliés débarqueraient sur les plages d'Alger, d'Oran, de Casablanca. La Tunisie serait quant à elle occupée par l'armée allemande pour plusieurs mois. Le bateau sur lequel avaient embarqué Anne et Théo était ainsi le tout dernier à effectuer la liaison entre Tunis et Marseille.

III.

1.

Casablanca, 8 novembre 1942

Le petit chat, tout maigre et tout mité, s'était réfugié sous le lit et tremblotait comme une feuille. Dès qu'une détonation se faisait entendre, il donnait des petits coups de patte frénétiques dans le vide, comme pour se défendre, puis se remettait à trembler de plus belle. Le personnel de la clinique, pourtant, avait été formel : aucun animal n'était autorisé au sein de l'établissement – et encore moins un animal errant. Mais cela faisait désormais plus d'un an qu'elle était hospitalisée ici, sans compagnie ni aucune distraction, alors quand elle avait trouvé ce petit chat, évidemment, elle n'avait pas résisté.

Elle avait d'abord plaidé sa cause auprès des infirmières, brandissant le petit chat apeuré par la peau du cou et jouant de son accent charmant :

— Il est *so cute*, n'est-ce pas ? Vous ne trouvez pas ?

Elle avait aussi essayé les blagues, les grimaces rigolotes qui faisaient sa réputation, mais rien n'y avait fait.

— Hors de question, avait répondu le directeur, catégorique. Un chat errant dans la clinique, est-ce que vous vous rendez bien compte de ce que vous dites, Miss Baker ?

Ses yeux s'étaient arrondis, incrédules, et elle avait dû promettre solennellement de se séparer de l'animal.

Depuis, dès que quelqu'un entrait dans sa chambre pour lui apporter des médicaments ou lui servir un repas, elle s'empressait de planquer le petit chat sous ses draps, dans le tiroir de la table de nuit, ou même sous sa propre blouse.

Ce soir-là, depuis sa fenêtre, elle fixait le ciel de Casablanca, droite comme un soldat. Elle guettait le moindre échange de tirs, la moindre explosion, le moindre signe de combats.

— Sac à puces, viens ! lança-t-elle au petit chat terré sous le lit. Viens voir comme c'est beau, les Américains sont enfin là !

On frappa alors deux coups secs à la porte et le médecin fit irruption dans la chambre. Elle poussa un cri de surprise tout en se retournant vers le lit mais le chaton, *thanks God*, s'était volatilisé.

— Miss Baker ! lança le médecin. Éloignez-vous de là, bon sang !

Il se rua sur elle et la tira jusqu'à l'autre bout de la pièce.

— Je vous l'ai déjà dit cent fois, gronda-t-il, furieux. Vous ne devez pas vous approcher des fenêtres, c'est bien trop dangereux.

— Mais enfin, docteur, vous vous rendez compte ? C'est extraordinaire ! Ils sont là !

Le médecin soupira, il savait qu'il était inutile d'insister. Il commençait à bien la connaître après ces longs mois d'hospitalisation. Sa détermination et son obstination étaient impressionnantes. Il fallait la voir, face à la maladie : jamais une plainte, jamais le moindre signe d'abattement. Pourtant les traitements étaient lourds et douloureux, mais elle gardait sa gaieté, son humour et sa vitalité ; on l'entendait souvent chantonner à travers les cloisons ou rire toute seule. Les infirmières l'adoraient. Les médecins, eux, devaient faire avec son caractère indocile et ses questions embarrassantes, mais tout le monde s'accordait au moins sur une chose : sa présence enchantait littéralement le service.

Quand le médecin quitta la chambre, le petit chat réapparut comme par magie.

— Viens Sac à puces, chuchota-t-elle en s'accroupissant et tendant la paume. Viens me voir par ici.

Il tenait dans sa gueule une petite boule de poils que Joséphine Baker prit d'abord pour une souris mais qui était en fait un bout du pull qu'elle venait de lui confectionner – une infirmière lui avait rapporté du souk un morceau d'étoffe avec lequel elle s'était fait un châle ; le reste avait servi pour habiller le petit chat. Elle avait tellement hâte de sortir. Tellement hâte de remonter sur scène, de revivre normalement. Elle voulait revoir Casablanca aussi, se promener le long de la corniche, admirer le soleil couchant, sentir les embruns dorés lui picoter la peau. Pour le moment, les médecins refusaient d'en entendre parler. Mais elle, elle savait que c'était pour bientôt.

On frappa deux coups discrets, à peine effleurés. Rien qu'à sa manière de toquer, elle l'avait reconnu : c'était Georges, son fidèle ami qui comme elle était agent de renseignement de la France libre.

— *Hello darling*, dit-il en faisant jaillir de derrière son dos un superbe bouquet de roses anciennes. Je t'apporte ta surprise, comme promis.

Il vint l'embrasser ; un baiser tendre déposé sur le haut du front.

— Merci, Georges. Elles sont magnifiques.

Elle plongea son nez dans le bouquet.

— Comme elles sentent bon… Tu ne peux pas savoir à quel point l'odeur de l'hôpital m'écœure, je n'en peux plus.

Georges lui sourit – je comprends ma chérie, je comprends – puis il disposa les fleurs dans le vase en cristal posé sur la table de nuit. Elle l'observa les arranger avec soin, rectifier la position de cette rose, redresser celle-là, tourner le vase dans un sens puis dans l'autre. Cela lui prit un temps fou. Elle finit par plisser les yeux.

— Tu es sûr que c'est bien ça, la surprise ? demanda-t-elle, un brin malicieuse.

Il haussa les épaules, faisant mine de ne pas comprendre : quoi ? tu es déçue ? Puis il s'avança jusqu'à la fenêtre. Dans le ciel, les avions vrombissaient et les nuages s'amoncelaient. L'atmosphère était électrique. Georges suivit des yeux les avions qui ressemblaient à de gros oiseaux métalliques et il imagina les milliers de soldats qui seraient bientôt en ville.

— Il va bien falloir les divertir, tous ces gars, marmonna-t-il.

— Tu dis ?

Georges se retourna brusquement.

— Miss Baker ? fit-il en singeant la surprise. Alors c'est vrai ce qu'on raconte ? Vous remontez enfin sur scène ?

Sans attendre la réponse, il frappa dans ses mains et on vit la porte de la chambre s'entrouvrir timidement.

— Entrez, mesdemoiselles, entrez…

Joséphine plaqua sa main sur sa poitrine et se tourna vers Georges avec un sourire aussi épanoui que les roses de son bouquet. Elle avait tout de suite compris.

— J'ai pensé qu'un peu de renfort ne serait pas de trop, ajouta-t-il, satisfait de son coup. Les demoiselles ici présentes s'occuperont des costumes et du maquillage. Et je t'assure qu'elles feront un travail remarquable.

Georges fit un clin d'œil aux deux jeunes filles qui avaient rougi jusqu'aux oreilles.

— N'est-ce pas, mesdemoiselles ?

Joséphine éclata d'un rire solaire, *oh my dear Georges, I love you*, puis elle vint donner aux filles une chaleureuse accolade.

— Bienvenue mes amies, leur dit-elle d'une voix émue. On va faire de belles choses ensemble.

Elle imaginait déjà la loge encombrée de costumes et d'accessoires, les robes suspendues au portant, les chapeaux élégants, les coiffes serties de plumes ou de sequins. Elle pouvait aussi sentir l'odeur de la poudre de riz, cette odeur douce aux reflets mauves qui allait se mêler au puissant parfum de la laque vaporisée sur les coiffures.

— Merci, mesdemoiselles… dit-elle en sortant de sa rêverie. Merci d'être venues jusqu'ici.

Colette et Susie bredouillèrent quelques banalités, s'excusèrent de ne pas être présentables. Le voyage avait été long et épuisant ; elles avaient de gros cernes sous les yeux et ne sentaient pas très bon. Elles échangèrent ensuite un regard, ne sachant plus quoi ajouter. Elles n'en revenaient pas de se trouver là, dans cette clinique, à Casablanca. Juste devant la grande, la très grande Joséphine Baker.

2.

Alger, la veille

Le pharmacien était un homme d'une cinquantaine d'années, calme et fatigué, avec des joues creuses et de petites lunettes rondes cerclées d'argent assorties à ses cheveux. Il n'aimait pas les ennuis. Quand il vit Maximilien entrer dans l'officine, il le salua d'un discret signe de tête puis disparut dans l'arrière-boutique. Derrière son comptoir, l'étagère était remplie de flacons bleutés : *Papaver*, *oleum camphorat*, *lycopodium*, *sulfate quinine*, *pulvis althaea*, pouvait-on lire sur les étiquettes blanc crème, d'une belle écriture manuscrite. Le soleil de fin de journée traversait le bleu des flacons et donnait l'impression de les illuminer de l'intérieur. Maximilien songea à Nour et à ses histoires de potions magiques. Pour un peu, on se serait cru dans l'antre merveilleux d'un sorcier.

Lorsque le pharmacien revint derrière son comptoir, il réajusta ses lunettes d'un coup d'index. Son corps osseux flottait dans une blouse trop grande pour lui ; il était nerveux, mal à l'aise. Sans regarder Maximilien, il lui tendit un petit sachet.

— Voilà. C'est ce que vous avez demandé.

Maximilien lui donna un billet en échange et, sans un mot, il fourra le sachet dans la poche de son veston. Il ne savait pas exactement ce qu'il contenait, mais Samuel Ben Attar lui avait dit que ça serait bien utile pour ce soir. Il lui avait aussi raconté que son cousin, José Aboulker, avait ces derniers jours multiplié les contacts avec les Américains, au niveau de l'État-major et du renseignement. Le débarquement était, semble-t-il, imminent.

Quand Maximilien arriva en haut de la rue Michelet, il regarda sa montre et accéléra le pas. Il laissa derrière lui les villas cossues, les arbres bien taillés, et passa devant ce petit parc désert, triste à mourir. Il avisa la balançoire rouillée, le vieux ballon oublié. Et pensa tout de suite à sa fille Nour. Que faisait-elle en ce moment ? À quoi pensait-elle ? Il l'imagina en train de jouer, de rire ou de dessiner ; elle dessinait si bien pour son âge. À moins qu'elle ne soit en train de pleurer, de chercher du réconfort auprès de ses doudous, ou bien de demander son papa ? De plus en plus souvent, Maximilien se retournait dans la rue. Il avait peur d'être suivi, de prendre une balle perdue. Il avait peur, non de mourir, mais de ne plus revoir sa fille.

Arrivé au bas de la rue, il passa devant l'épicerie, la quincaillerie fermée, puis devant le garage Lavaysse où toutes leurs armes avaient été entreposées à la va-vite. Quelques revolvers, de vieux fusils Lebel datant de la Première Guerre. « De la merde, avait dit l'un des gars du réseau, comment tu veux qu'on tire avec ça ? » « Faudra faire avec parce que c'est tout ce qu'on a », avait répondu José Aboulker, sans ciller.

Maximilien s'arrêta au numéro 26 de la rue Michelet et entra dans l'immeuble. C'est là qu'habitait la famille Aboulker. Ce nom, pour nombre d'Algérois, était celui d'une fameuse lignée de médecins. Mais depuis deux ans, c'était également celui d'une poignée de résistants courageux et particulièrement bien organisés. Les Aboulker, comme tous les Juifs d'Algérie, avaient perdu la citoyenneté française en 1940 et, depuis, ils n'avaient eu de cesse de se battre, de tisser des réseaux, de lutter contre le fascisme sous toutes ses formes. Leur appartement était devenu l'un des hauts lieux de la résistance locale.

— Ah te voilà ! dit José en ouvrant à Maximilien. Va rejoindre les autres, on est en train de distribuer les ordres de mission.

Fidèle à sa lignée, José Aboulker était étudiant en médecine. Il était jeune, vingt-deux ans tout juste, mais son charisme et son courage l'avaient propulsé à la tête d'un réseau local de résistance qui œuvrait désormais à un seul et même objectif : permettre le débarquement des Alliés à Alger, en plein territoire vichyste.

Maximilien lui tendit le sachet du pharmacien.

— Formidable, dit José en l'empoignant par l'épaule. Ça va nous être très utile.

Il accompagna Maximilien jusqu'au salon, où la fumée de cigarette saturait la pièce et formait un épais nuage grisâtre. Il y avait encore plus de monde que la veille. Les conversations se jouaient à voix basse ;

des amis de la famille, des volontaires, des diplomates américains. Les mines étaient sérieuses, les phrases laconiques. Maximilien chercha du regard son ami Sam Ben Attar mais ne le trouva pas. À la place, il aperçut Mme Aboulker, la mère de José, qui déposait deux grands pichets de citronnade sur la table au fond de la pièce, et sentit son estomac se tordre. Il n'avait rien avalé de la journée. Il se rapprocha et vit, à côté de la citronnade, deux beaux pains à la croûte bien cuite, du mérou froid, de la mayonnaise et des pommes de terre en salade. Sans hésiter, il prit une assiette et se servit de tout, tapissant son mérou et ses pommes de terre d'une bonne couche de mayonnaise. Il reconnut aussitôt le goût classique et sobre de la cuisine bourgeoise, sans épices ni saveur d'Orient. Il trouva cela si délicieux – lui qui ne jurait habituellement que par les tagines et le ras-el-hanout – qu'il en eut les larmes aux yeux.

La nuit était sombre, enveloppée d'un fin brouillard. Le froid était tombé d'un coup. Les gars de José se trouvaient planqués derrière une camionnette, à quelques mètres seulement du commissariat central. Maximilien était parmi eux et n'en pouvait plus d'attendre. Il avait une telle envie de pisser que ça lui en faisait oublier la peur. Quand enfin on donna le signal, Sam Ben Attar sortit discrètement de la cachette et, profitant d'un moment d'inattention du gardien, il balança les boulettes empoisonnées préparées grâce au sachet du pharmacien. Les deux gros molosses qui gardaient l'entrée ne se méfièrent pas. Mieux, ils bouffèrent ça avec avidité, à s'en démantibuler les mâchoires. Leurs crocs s'entrechoquaient bruyamment et la bave jaillissait de leurs gueules, ils étaient affamés – et ne s'en remirent pas.

Le gardien remarqua ses bêtes qui chancelèrent puis se couchèrent bizarrement, une bave mousseuse et blanchâtre s'échappant de leurs gueules. Il les secoua par le collet, leur mit un coup de pied : « Hé, qu'est-ce que vous faites ? » Les chiens grognèrent à peine. Il leur flanqua un deuxième coup de pied, « Hé, réveillez-vous ! », et quand il releva la tête il vit tous les fusils Lebel braqués sur lui.

— Qu'est-ce que vous faites ? répéta-t-il bêtement.

Il n'avait pas l'air d'avoir peur. Son regard s'était posé sur les fusils, de vieux fusils tout graisseux qui semblaient dater de…

— Allez, fais pas le con, lança Samuel en le poussant avec son fusil. Tu exécutes ce qu'on te dit et tout ira bien.

Le gardien n'émit aucune résistance. Il touchait un salaire de misère. Il avait juste envie qu'on lui foute la paix. Quelques minutes plus tôt, il était encore en train de penser à sa fiancée en se caressant distraitement la queue à travers son pantalon. Il voulait mener une vie tranquille, offrir une jolie bague à sa belle, et faire l'amour avec elle dans l'un de ces cabanons du bord de mer. La guerre, les colons, les Arabes, tout ça il n'y pensait pas. Ils pouvaient bien s'entretuer, il n'en avait rien à foutre.

— Pas la peine de me pousser, l'entendit-on maugréer. Je suis pas aussi crétin que j'en ai l'air.

Et en effet, sans qu'on le lui demande, le gardien les conduisit jusqu'au local téléphonique du commissariat. L'un des petits jeunes continuait à le tenir en joue, pour l'impressionner sans doute, et en le regardant du coin de l'œil, le gardien remarqua son visage imberbe et ses petits boutons d'acné sur le haut du front. Le gamin avait la bouche entrouverte et son haleine puait la peur. Le gardien se demanda même si le fusil était chargé. Il essaya plusieurs clés de son trousseau, le secouant à chaque fois dans un cliquètement sinistre, mais aucune ne fonctionna.

— Alors, qu'est-ce que tu fous, dit l'un des jeunes en lui envoyant un violent coup de pied dans le cul. On va pas y passer la nuit, ouvre-la cette porte !

Le gardien eut soudain peur que les choses tournent mal. Ses mains se mirent à trembler et, par réflexe, il se pinça l'entrejambe ; le stress lui avait toujours provoqué des érections. Qu'espéraient-ils donc, ces petits cons ? pensa-t-il en enfonçant la dernière clé dans la serrure. Prendre le contrôle de la ville, peut-être ?

Au même moment, à l'autre bout d'Alger, le frère de José Aboulker et ses camarades pénétrèrent sans bruit dans la chambre du préfet. Lui et sa femme dormaient profondément. Leurs ronflements étaient puissants, réguliers, parfois interrompus par un soupir ou un pet. Tranquillement, on leur pointa les fusils dessus. On attendit quelques secondes – échange de regards perplexes. Puis l'un des gars finit par envoyer un gros coup de godillot dans le pied du lit.

— Hein ? Quoi ? Qu'est-ce que c'est ? sursauta le préfet, la diction hasardeuse, tandis qu'on les empoignait pour les tirer hors du lit, lui et sa femme.

Le préfet enfila en catastrophe une robe de chambre ; sa femme fit de même en se tournant pudiquement vers le mur, puis elle glissa ses pieds gonflés dans des pantoufles en satin surmontées d'un pompon ridicule. Elle plaqua sa main sur sa bouche, honteuse, quand elle se rendit compte que ses bigoudis pendouillaient lamentablement. Elle n'eut pas le temps, cependant, de faire de manières ; on les poussa vers le salon, là où ils recevaient habituellement leurs invités, et on ligota le préfet à une chaise. L'un des gars cassa un ou deux objets, pour la forme, puis il s'approcha de la bibliothèque et se mit à balancer tous les livres par terre.

— Hé ! Pourquoi tu fais ça ?

— Pour ça, dit-il en brandissant un livre de Maurice Barrès. Et pour ça, ajouta-t-il en jetant à travers la pièce un exemplaire de Drieu La Rochelle.

Le frère de José haussa les épaules, le laissa continuer. Il se baissa toutefois pour ramasser l'un des livres éventrés qui gisaient à ses pieds – *Les Misérables* – et le remit consciencieusement dans la bibliothèque.

Plusieurs fois le préfet avait demandé à qui il avait affaire et quel était l'objet de cette scandaleuse intrusion, mais personne ne lui répondit. Il remarqua que les hommes portaient des brassards vichystes, ce qui ajouta à sa confusion. Il n'avait pas souvenir d'avoir commis une erreur ou désobéi, il avait toujours été parfaitement fidèle aux ordres du régime. Qui étaient donc ces jeunes gens ? Que voulaient-ils ? Décidément, il ne comprenait rien. Il finit par hausser le ton, exaspéré :

— Je ne sais pas qui vous êtes, messieurs, mais croyez-moi : quand toute cette chienlit sera finie, vous serez fusillés !

La femme du préfet, d'instinct, préféra jouer sur un autre terrain et choisit de ménager ses assaillants. Comme ils l'avaient laissée libre de ses mouvements, elle proposa de faire du café. À sa surprise, ils acceptèrent de bon cœur, et l'un d'eux offrit même son aide.

Après le commissariat et la préfecture, José Aboulker avait annoncé les nouvelles prises les unes après les autres : le siège de Radio-Alger, la Grande Poste, et enfin la résidence du gouverneur général. Les principaux lieux stratégiques de la ville, jusqu'alors sous contrôle de Vichy, étaient désormais aux mains d'un petit groupe de résistants d'à peine quatre cents hommes. À chaque nouvelle annonce de José, on s'échangeait en silence des tapes dans le dos, des gorgées d'alcool fort et des taffes de cigarettes. L'objectif était en passe d'être atteint. Les représentants de Vichy étaient désormais presque tous neutralisés. « Bientôt, plus aucun ordre émanant de Vichy ne pourra être transmis dans Alger », résuma fièrement José Aboulker.

Cette nuit ne ressembla à aucune autre. L'air était glacial, les rues désertées. Il régnait dans la ville un calme inquiétant. On entendait le bruissement sec des palmiers et le souffle sombre de la mer au loin. Étonnés par cette tranquillité inhabituelle, quelques oiseaux s'étaient mis à chanter alors qu'il faisait encore nuit noire.

Les Américains auraient dû débarquer à présent. Ils auraient dû envahir les rues d'Alger, libérer la ville, torpiller les fidèles de Laval et de Pétain. Oui mais voilà, il ne se passait rien. Pas un mouvement ni un navire à l'horizon, pas un coup de canon. Rien. José restait toutefois confiant, son visage ne laissait rien paraître. Mais les autres commencèrent à s'agiter.

— C'est quoi ce bordel ?

— Qu'est-ce qu'ils foutent ? Ils nous lâchent ou quoi ?

L'un des jeunes s'était mis à trembler de manière incontrôlée, le métal de son fusil cliquetant contre la boucle de son ceinturon. Maximilien, lui, avait envie de vomir. Trop de clopes, trop d'eau-de-vie. Il ferma les yeux pour que ça passe. Très loin dans sa tête, il entendit ce petit air de Joséphine Baker, une rengaine charmante et triste qui le fit chantonner tout doucement entre ses lèvres, *You left me sad and lonely... why did you leave me lonely ?*

Les images se formaient et se déliaient dans son esprit, aussi vaporeuses et séduisantes que dans un rêve – une plage proche de Tunis, avec de grands arbres pour donner de l'ombre et Nour qui jouerait à faire rouler des pastèques aussi grosses que des ballons. Elle rirait d'un petit rire aigu et n'aurait pas cette grossière cicatrice qui lui barrait désormais la joue. Malika serait là aussi, très belle et très amoureuse de lui. Elle porterait une robe vert anis, en coton léger ou même en soie, et ensemble ils danseraient,

danseraient sans pouvoir s'arrêter jusqu'à ce que les étoiles s'éteignent. *I'm burning like a flame, dear…*

Un coup de canon le fit alors sursauter. Il pensa à Susie qui avait réussi à le rejoindre à Alger et qui était partie quelques jours plus tôt pour le Maroc, avec son amie Colette. Une mission avec Joséphine Baker. *You're driving me crazy…* Il avait d'abord cru à une plaisanterie mais il s'était fait bien rabrouer, cet ignare. La chanteuse était l'un des membres actifs de la Résistance, son courage comme son audace forçaient le respect de tous.

À quatre heures du matin, plusieurs coups de canon retentirent. Les Américains débarquaient sur les côtes algériennes, enfin – et avec eux la liberté, les tablettes de chocolat, les savonnettes et le whisky au goût caramel. Autour de José, tout le monde laissa éclater sa joie : on cria des hourras et on s'embrassa, on se serra fort, on chanta la victoire. Samuel Ben Attar se jeta dans les bras de son cousin José.

— C'est gagné ! C'est gagné ! dit-il en riant ou en pleurant, on ne savait plus trop.

C'est ainsi que, grâce à eux, sur ce petit bout de terre d'Afrique du Nord à la périphérie du monde, on ouvrait la voie à la libération. Au milieu de l'euphorie, on fit silence un instant. Chacun avait conscience de vivre un moment important que les écoliers apprendraient plus tard dans les livres d'histoire.

3.

Tunis, 9 novembre 1942

Serrés sur la branche d'un vieux caroubier, les oiseaux regardaient avec perplexité les avions se poser sur la piste d'El-Aouina. Les militaires qui descendaient sur le tarmac chaussés de leurs gros godillots gueulaient dans une drôle de langue ; une langue qui n'était pas celle du pays. Ils avaient l'air fatigués et agités. Les oiseaux remarquèrent l'aigle d'argent brodé sur leurs uniformes sombres. Par réflexe, ils se serrèrent un peu plus, émirent un piaillement aigu, puis s'envolèrent tous ensemble d'un même battement d'ailes. Ils n'avaient aucune envie de se faire attraper par le vilain rapace.

À quelques kilomètres de là, Martha terminait de tailler ses rosiers. C'était la première fois qu'elle faisait ça. Elle qui avait toujours laissé son jardin à l'état sauvage, brut et exubérant, s'était mise à élaguer, émonder, rafraîchir. Les lauriers et les citronniers étaient devenus tout proprets, avec leur feuillage coupé net, sans aucune brindille qui dépasse, comme des petits garçons sages sortant de chez le coiffeur. Le jasmin, quant à lui, n'était plus cette cascade mousseuse et odorante ; Martha s'était servie d'une grande cisaille pour le faire réduire de moitié, et depuis qu'il avait pris cette forme disciplinée son odeur n'avait plus grand-chose de sa lourdeur entêtante.

Martha jeta le sécateur par terre et s'essuya le front du revers de la main, y laissant une trace de terre poudreuse. Elle contempla un moment son jardin et, devant le résultat, elle se mit à rire doucement. Décidément, elle trouvait ça affreux.

— J'aimais mieux avant, dit Ferdinand en sortant de la maison encore à demi ensommeillé. J'aimais mieux quand c'était le bordel.

Elle se retourna vers lui et sourit.

— Tu as raison, ça n'a aucun sens. Mais si jamais on doit partir bientôt, au moins ce sera…

Elle se retint toutefois de terminer sa phrase. Ce n'était pas la peine. Ce que venait de vivre ce garçon était suffisamment éprouvant comme ça.

Cela s'était passé quelques jours plus tôt, dans l'appartement de l'avenue Roustan. Depuis le départ d'Anne et Théo, Ferdinand vivait seul avec sa grand-mère. Ils n'avaient eu aucune nouvelle, ni des jumeaux partis pour l'Algérie, ni de l'opération d'Anne. Blanche et Ferdinand essayaient de ne pas y penser, de vivre normalement, mais les journées étaient longues et la situation si incertaine. Pour passer le temps, Blanche tricotait machinalement. Parfois aussi, elle s'installait dans le fauteuil du salon et Ferdinand venait s'asseoir par terre auprès d'elle, en tailleur, pour lui lire des passages de ses romans préférés : *Notre-Dame de Paris*, dont l'éblouissement était intact, et puis son trio fétiche, *L'Assommoir-Nana-Germinal*, dont elle ne se lassait pas. Il lui suffisait de fermer les yeux pour se sentir aussi sale et débauchée que les personnages, pour frémir devant l'horreur de leur existence, leurs vains espoirs, et tout ça sans même bouger de son fauteuil. Elle adorait ça. D'autres fois elle préférait se laisser bercer par la langue tout en grâce de Flaubert, ou encore par les descriptions interminables de Balzac, mais son favori, son chouchou entre tous, c'était *Une vie* de Maupassant. Souvent, Blanche s'endormait en écoutant la voix de son petit-fils, qui était si juste et si précise, et quand elle rouvrait les yeux elle ne savait plus bien – où elle était, ni à quelle époque. « On dirait que c'est toi qui les as écrits, tous ces livres. C'est si beau quand tu lis, mon ange », murmurait-elle alors.

Ferdinand refermait le livre et servait à sa grand-mère un verre de vin. Il lui cuisinait ensuite quelque chose, souvent des pâtes qu'il nappait d'une sauce à la tomate et au piment. Blanche aimait savourer cette sauce brûlante au goût piquant qui lui laissait les yeux rouges et le palais en feu. Elle mangeait dans la cuisine, seule avec son petit-fils, sans échanger un mot ou presque, mais dans ces moments-là, elle éprouvait un sentiment de gratitude si profond et si intense qu'elle ne pouvait s'empêcher de laisser filer une larme.

— C'est le piment, mentait-elle en essuyant sa joue du revers de la main et en reniflant doucement. Ta sauce, elle est forte…

Quand elle s'était mise au lit ce soir-là après la lecture de Ferdinand, elle s'était rappelé la toute dernière phrase du livre de Maupassant qu'elle aimait tant : « *La vie, voyez-vous, ça n'est jamais si bon ni si mauvais qu'on croit.* »

D'un geste lent, elle avait ouvert le tiroir de sa table de nuit et caressé distraitement le vieux revolver que Théo lui avait confié avant de partir ; n'importe quoi, pensa-t-elle. Comme si je savais m'en servir. Puis elle avait secoué sa petite boîte de bonbons à la violette. *Jamais si bon ni si mauvais qu'on croit.* Elle avait pensé à sa fille Anne, à la maladie, à la guerre qui était ici désormais, et le goût mauve et acidulé avait alors pétillé sur sa langue, délicieux et enfantin ; elle en avait soupiré d'aise. Seulement voilà, le bonbon s'était retrouvé logé dans sa trachée et elle avait eu beau tousser, tousser encore, il était resté en place, aussi fixe qu'un bouchon hermétique.

Autour d'elle, en quelques secondes, les murs s'étaient couverts d'une végétation tropicale dense et hostile. Des lianes s'étaient emmêlées à ses cheveux puis enroulées autour de son cou, des racines lui griffaient la peau. De la mangrove lui rentrait dans les oreilles, les narines. Ce fut si rapide qu'elle n'eut pas le temps de se débattre. Une famille d'animaux sauvages était venue se serrer dans un coin de la chambre et l'observait avec de grands yeux curieux.

Elle avait bien tenté d'appeler son petit-fils, Ferdinand, Ferdinand, mais sa voix n'était plus qu'un mince filet d'air. Les mains agrippées à sa gorge, les yeux révulsés, elle avait alors vu le plafond se fissurer de part en part puis craquer d'un seul coup, libérant un puissant flot de lave pure. Elle avait essayé de s'enfuir, de sauter de son lit, mais cette fois elle n'y échapperait pas. La montagne Pelée l'avait rattrapée. Elle avait juste eu le temps de sentir ses poumons se remplir de lave – et son cœur se figer.

Quand Ferdinand avait trouvé sa grand-mère le lendemain matin, elle gisait par terre au pied de son lit, le drap enroulé autour d'elle, la chevelure défaite. On aurait dit qu'elle s'était battue avec un tigre.

Le choc fut tel qu'il plongea Ferdinand dans un état de sidération. Il ne cria pas, ne pleura pas. À vrai dire il ne ressentait rien. Ni tristesse, ni chagrin. Il s'allongea simplement auprès de sa grand-mère et se mit à lui caresser les cheveux, tout doucement, comme on l'aurait fait pour consoler un enfant. Et puis il lui chuchota les premiers mots d'*Une vie*, qu'il connaissait par cœur à force de les lui avoir lus. « *Jeanne, ayant fini ses malles, s'approcha de la fenêtre, mais la pluie ne cessait pas.* »

Un vent froid s'était mis à souffler et balayait la chambre dont les fenêtres étaient grandes ouvertes. Des papiers volèrent. Le pilulier et le flacon de Cologne valdinguèrent par terre. Les pages d'un vieil album photo se dispersèrent au vent.

En quelques minutes, il n'y eut plus rien. La vie et les souvenirs furent emportés dans le ciel. Ferdinand eut juste le temps d'apercevoir un reste de liane tropicale accroché au mur, un bout de feuillage, une araignée velue qui tissait tranquillement sa toile. Et dans les cheveux de sa grand-mère, des petits cailloux de lave refroidis.

4.

Chamonix, le même jour

La neige tombait à gros flocons. Théo essuya la buée du plat de la main et, pendant un moment, il contempla le paysage blanc et silencieux. Il n'avait pas vu cela depuis si longtemps. La beauté simple de l'hiver. Ça le fit tressaillir d'émotion. Son regard se posa sur cet arbre aux branches maigres et tortueuses où la neige s'était accumulée par petits paquets, puis sur ce chalet en pierre rustique dont la cheminée fumait lentement. Une gentille pie pourrait très bien venir se poser là sur le portail, comme dans le tableau de Monet, pensa-t-il au moment où il entendit Anne gémir doucement.

Il se retourna pour vérifier qu'elle dormait toujours. L'opération avait été longue et compliquée. Le neurochirurgien, Clovis Vincent, avait passé plus de huit heures au bloc opératoire où il avait incisé, gratté, aspiré, suturé ; rien ne s'était passé comme prévu, ça avait failli foirer plusieurs fois, mais l'équipe avait été formidable et le Dr Vincent, acharné et méthodique, avait fini par terminer l'opération. La tumeur avait été retirée et Anne avait survécu. Pour le reste, on ne savait pas. Le médecin était prudent. Il avait choisi d'envoyer sa patiente à Chamonix, en centre de convalescence, là où l'air pur et sain était réputé tout guérir. « On met toutes les chances de notre côté », avait-il assuré d'une voix ferme.

Théo s'approcha du lit et remonta la couverture sur Anne pour lui couvrir les épaules. Il attendit quelques secondes. Anne avait ouvert un instant les yeux. Puis s'était rendormie. Théo en profita pour s'échapper de cette pièce qui l'étouffait.

Il fit quelques pas dans la neige fraîche qui crissa sous ses bottines. L'air sentait le froid et le bois brûlé. C'était l'odeur de l'hiver, l'odeur de son enfance. Théo avait grandi dans les montagnes du Jura, à Morez, où ses parents s'étaient installés sur les conseils du médecin de famille. « L'air des montagnes fera le plus grand bien à votre épouse, avait assuré le vieux Dr Durrieux. En ville, elle dépérit aussi vite qu'elle respire. »

Ils avaient donc quitté Besançon pour Morez et avaient emménagé dans une maison simple, un peu à l'écart du centre-ville. La chambre de Théo, à l'étage, donnait sur des groseilliers et des pommiers dont il ferait par la suite de nombreux dessins. L'été, le jardin bourdonnait d'abeilles et d'insectes, et les papillons, nombreux, se posaient sur les gentianes ou la bruyère en fleur. On mangeait dehors, on regardait les oiseaux picorer des fruits ou des chenilles, et on ramassait les framboises sauvages qui poussaient le long de la clôture ; la saison passait en un instant. Puis quand novembre arrivait, on rangeait la table et les chaises dans la remise et l'on attendait avec impatience l'arrivée des premiers flocons. En hiver, le paysage était superbe : la neige recouvrait tout d'un blanc éblouissant, presque bleu, et figeait la vie des végétaux jusqu'au printemps suivant.

Théo avait vécu là pendant quelque temps, heureux, entouré de sa mère et de son père. Il avait fêté ses six ans avec ses nouveaux copains de l'école et il avait même reçu un vélo, un vélo rouge que son père lui avait bricolé. Sa mère l'avait regardé s'élancer dans la pente à côté la maison en retenant son souffle, serrant fort les dents, et quand Théo était arrivé au bout du chemin elle avait applaudi en sautant sur place, bravo, bravo mon chéri, puis elle avait pleuré de joie. Théo avait accueilli les baisers de sa mère avec émotion, une pluie de baisers tendres qui lui avait recouvert les joues, les paupières, le cou. Il avait pensé que ce jour-là, vraiment, était le plus beau de sa vie.

Et puis le lendemain matin, on lui avait annoncé qu'elle était morte. Que *sa mère était morte* – malgré le bon air des montagnes, malgré les abeilles du jardin, malgré l'amour et les baisers de son fils. Théo n'avait jamais su exactement de quoi. Officiellement, on disait « de phtisie » parce qu'elle toussait toujours un peu, mais Théo avait plusieurs fois entendu les mots de « dépression », de « clinique » et d'« électrochocs ». Plus tard, il apprendrait qu'elle avait elle-même mis fin à ses jours.

Son père, après l'enterrement, s'était renfermé sur lui-même. Il avait noyé son chagrin dans le travail, passant tout son temps à l'atelier où il fabriquait et réparait des lunettes pour les habitants de la région. Son habileté et sa réputation étaient telles que les commandes n'avaient jamais cessé d'affluer. Il avait le dos toujours courbé, les doigts abîmés à force de travailler, et à la fin de la journée, quand il avait terminé, il levait enfin le nez de son établi et faisait quelques pas dans la pièce. Il pensait alors à son fils, qui était seul à la maison ; il se forçait à se sentir un peu coupable, à pleurer un peu. Mais rien ne venait. Il n'avait même pas la force pour ça.

Théo avait choisi le dessin. Ça avait été son refuge, son mode de survie. Ses professeurs avaient vite décelé chez lui l'enfant doué, l'acharné, celui qui n'abandonne jamais, alors ils l'avaient encouragé. Théo avait dessiné sans relâche, tâtonnant, essayant, recommençant, et il avait fini par quitter le Jura pour Paris, où il avait intégré l'École des Beaux-Arts.

La suite de l'histoire, on la connaissait. C'était la guerre, la rencontre avec Anne, et puis la naissance de ses jumeaux. Un jour, Anne lui avait parlé du pays d'où elle venait, la Tunisie. Est-ce qu'il avait déjà vu la Méditerranée ? Et sa lumière si particulière, la connaissait-il ? Théo n'avait aucune envie de quitter son pays. Paris lui convenait très bien. Mais Anne avait insisté ; l'Afrique du Nord serait pour lui un territoire d'inspiration infini, avec ces rivages bordés d'agaves en fleurs, ces oueds rocailleux, ces ruelles pittoresques et ces souks bruyants. Nombre de peintres, à commencer par Delacroix, n'y avaient-ils pas trouvé leurs plus beaux sujets ?

Théo n'était guère convaincu, mais il avait accepté. De toute façon, il l'aurait suivie partout, en Tunisie ou ailleurs. Il l'aimait tellement.

Au début, à leur arrivée à Tunis, ils s'étaient installés chez Blanche, la mère d'Anne, qui habitait un minuscule appartement dans la ville européenne, entre la cathédrale Saint-Vincent-de-Paul et la médina. L'endroit était si exigu qu'Anne et Théo devaient dormir dans le salon, avec les jumeaux. Pour gagner sa vie, Théo avait trouvé un travail d'assistant chez un architecte tandis qu'Anne décrochait son premier poste à l'hôpital – la première femme médecin de Tunisie, disait-on.

Théo s'arrêta un instant, piétina la neige pour réchauffer ses pieds, et souffla dans ses paumes. Ses doigts lui faisaient mal à force d'être engourdis par le froid. Comment avait-il fait pour supporter ça si longtemps ? Il pensa aux rues de Tunis, noyées de soleil et de ciel bleu, puis se baissa pour refaire son lacet ; il arrivait à peine à le nouer. Il se demanda comment ils avaient fait, tous ces soldats venus des colonies, pour seulement tenir un fusil dans ces conditions. On savait que certains étaient morts rien qu'à mettre un pied dans l'hiver. Même lui, qui avait grandi dans le Jura, avait eu du mal. Peut-être était-ce pour cela, d'ailleurs, qu'il avait manqué sa cible et que l'Allemand l'avait touché en retour.

Quand Théo se redressa, il eut la désagréable sensation que quelqu'un l'observait. Autour de lui, pourtant, il n'y avait personne. Le paysage était parfaitement silencieux. Seuls quelques oiseaux s'agitaient dans les branches. Il se remit en route, essayant d'imaginer ce qu'avait pu devenir l'Allemand. L'avait-il blessé ? L'homme avait-il succombé à ses blessures ? Ou bien avait-il survécu, trimballant avec lui l'un ou l'autre de ces symptômes traumatiques hérités de la Grande Guerre, peur panique, cauchemars, phobie des autres ? Théo, lui, ne pouvait pas toucher un corps ni caresser une peau sans ressentir un dégoût profond, une répulsion. La guerre lui avait laissé cela. Elle l'avait privé de toute possibilité d'éprouver le moindre plaisir charnel, le moindre désir. Bien sûr, avec Anne, il avait réussi à se forcer un peu. Au début. Et puis – à peine quelques années après la naissance des jumeaux – il lui avait confié son malheur : il n'arrivait pas à la toucher ni à l'embrasser sans que ça lui soulève le cœur. Sentir son corps contre le sien était une épreuve, faire l'amour était douloureux. Et pourtant, il l'aimait plus que tout. Oui, plus que tout. « Tu es belle et tu es jeune, avait-il dit. Je refuse que tu perdes ces années. Trouve-toi un amant et je serai heureux. » Anne s'était mise en colère et l'avait même giflé ; il était fou, c'était lui qu'elle aimait. Elle avait trouvé cela absurde, et terriblement vexant aussi.

Et puis un jour, sans qu'elle s'y attende, l'occasion s'était présentée. Ça avait été pour elle une telle déflagration, une telle révolution, que sa peau frémissait au moindre courant d'air, ses larmes coulaient pour un rien. Elle ne pensait alors plus qu'à cela, à aller retrouver son amant et à faire l'amour, vite, n'importe où, jamais rassasiée. Son corps avait pris le pouvoir. Évidemment, quand Théo avait compris qu'elle n'était pas seulement allée voir ailleurs mais qu'elle était tombée amoureuse, il avait regretté.

Une rafale glacée lui fit fermer les yeux et baisser la tête. Le tourbillon de neige mit quelques instants à retomber. C'est alors que Théo le vit. L'Allemand était là, engoncé dans un uniforme trop petit pour lui et déchiré de partout. Il souriait. Ses yeux, contrairement à ce que Théo avait imaginé, n'étaient pas d'un bleu propret mais d'une couleur indéfinissable et boueuse. Sa peau était toute craquelée, brune comme de l'écorce. Et puis, à la place du ventre, il y avait ce trou, ce gros trou béant d'où sortaient – Théo mit un moment à comprendre – d'où sortaient ses viscères sanguinolents. Oui, le soldat tenait à la main ses propres intestins et on voyait des grappes d'insectes qui grouillaient partout à l'intérieur. L'Allemand éclata de rire en agitant ses intestins alors Théo, pris de terreur, se mit à lui balancer de la neige par paquets, des boules énormes et dures qui l'assommèrent petit à petit. Théo hurlait et s'écorchait les mains au sang, jetant toujours plus de neige sur cet Allemand maudit qui lui avait pris une partie de sa vie. Et comme chaque fois, plusieurs minutes furent nécessaires pour faire disparaître son fantôme – et le renvoyer loin, très loin dans les ténèbres.

5.

En ce début décembre 1942, les prix avaient flambé. Un paquet de fèves, une livre de pois chiches, un peu d'huile d'olive : c'est tout ce que Michel avait pu obtenir ce jour-là. Depuis que les Allemands occupaient la Tunisie et se livraient à un pillage systématique des récoltes, s'attaquant également aux stocks des abattoirs, il était compliqué de se nourrir. Les magasins n'ouvraient d'ailleurs que trois jours par semaine, et tout était rationné. Il y avait aussi ces rumeurs d'arrestations arbitraires, de plus en plus fréquentes, et pour la première fois Michel avait hésité à ouvrir son bar. Mais il avait pensé aux gamins. Et rien que pour eux, il se devait d'être là. Ils s'ennuyaient tellement depuis que le lycée avait fermé qu'on ne pouvait pas en plus les priver de bar. Alors tous les après-midi, Michel leur offrait des tasses de café et s'installait avec eux pour une partie de cartes, de dominos ou pour colporter les derniers ragots.

— Vous ne savez pas ce qu'a dit le rabbin à la synagogue, la semaine dernière ?

Ferdinand et le Baron levèrent à peine le nez de leur jeu, la partie était serrée.

— Me déconcentre pas, Michel, répondit le Baron. Je suis en train de gagner.

Michel jeta un vague coup d'œil au jeu.

— Pas du tout. T'es en train de perdre lamentablement.

Le Baron ne releva pas. Michel plaqua alors ses deux mains sur la table, puis avança sa tête pour être sûr de retenir leur attention.

— Les Allemands, fit-il tout bas. Ils ont déjà réclamé trois mille Juifs.

Michel avait le front suant et les yeux fiévreux, son haleine sentait l'alcool.

— Des volontaires pour les camps de travail. Des gars capables de creuser une terre dure comme la pierre, avec leurs petites pelles et leurs petites pioches, et de se faire tabasser dès qu'ils arrêtent. Vous imaginez ? Quand je vous dis que ça sent pas bon…

Le Baron abattit ses dernières cartes et lança un regard noir à Michel.

— Voilà, à cause de toi, j'ai perdu.

À la salle de boxe ce jour-là, il n'y avait pas grand monde. Seuls quelques garçons s'entraînaient en silence. On entendait le couinement sec des semelles contre le sol, des coups frappés de temps à autre. Ferdinand n'avait aucune énergie.

— Allez, frappe ! lui lança le Baron en désignant son torse. Frappe, ça va te faire du bien.

Depuis que sa grand-mère était morte, Ferdinand était allé habiter chez Martha et vivait comme un somnambule : il n'avait aucune envie, aucun désir, sauf peut-être celui de dormir. Martha lui cuisinait pourtant tout ce qu'il aimait, kefta, pkaïla, couscous, gâteau au miel, mais il n'avait plus goût à rien.

L'entraîneur, Benjamin Nizard, s'était assis sur le banc. Il était livide. Son plus jeune fils, Élie, lui avait refilé un mauvais virus et il avait déjà vomi trois fois. Mais Nizard n'avait pas voulu écouter sa femme, il était quand même venu à la salle pour entraîner les gamins. « Sinon j'étouffe », avait-il dit en quittant le petit appartement où ils vivaient entassés avec leurs cinq enfants.

Aux toilettes, il s'aspergea le visage d'eau froide et se rinça la bouche pour la énième fois ; le mauvais goût acide ne partait pas. Il repensa à ce que lui avait dit son frère lors du dîner de shabbat : sur les trois mille hommes demandés par les Allemands, seule une centaine s'étaient présentés devant la Grande synagogue, pelle à l'épaule et un petit sac de vivres à la main. La communauté, avait-il ajouté, devait désormais s'attendre au pire.

Mais Benjamin avait pris l'habitude de ne pas trop prêter attention aux mises en garde de son frère. À l'écouter, on se dirigeait toujours vers le pire – et les Juifs, quelle que soit l'époque, étaient inlassablement victimes des plus grandes catastrophes. Benjamin, lui, raisonnait différent. Il était d'un naturel plus optimiste et pratiquait sa religion avec modération, sans trop en faire, plus par tradition que par réelle conviction. Il avait tendance à penser que son frère ramenait tout à la judéité et que cet excès le conduisait à voir des menaces partout. Lui, il préférait avancer et se battre plutôt que de s'apitoyer. C'est sans doute pour ça que la boxe lui avait tout de suite plu.

Quand les soldats firent irruption dans la salle, en hurlant et en agitant leur fusil dans tous les sens, Benjamin Nizard fut si surpris qu'il resta figé sur place, incapable du moindre mouvement. Les Allemands attrapaient des garçons au hasard, les secouaient, leur demandaient leur nom, et quand ils avaient la chance de tomber sur un Juif ils criaient encore plus fort et l'embarquaient immédiatement. Benjamin Nizard n'essaya même pas de se défendre. Il faillit vomir sur le soldat qui l'avait empoigné.

— Et lui ? C'est ton fils ? brailla le soldat en désignant Ferdinand.

Nizard ne comprit pas que la phrase lui était adressée alors le soldat insista et lui envoya un violent coup de pied dans les genoux : « Lui ! »

Nizard remua la tête, non, pas du tout. C'est pas mon fils. Mais le soldat parut sceptique ; il s'arrêta un instant pour dévisager Ferdinand, fronça les sourcils, puis finit par tirer Nizard hors de la salle.

— Il te ressemble, pourtant.

On ne sut jamais exactement combien de Juifs furent raflés ce 9 décembre 1942 à Tunis. Mais tous furent envoyés dans des camps de travail forcé disséminés un peu partout dans le pays, à Bizerte, Kairouan, Nabeul ou Enfidha.

Ce soir-là, comme chez Benjamin Nizard, il y eut de nombreuses chaises vides à la table du dîner.

Des enfants réclamaient leur papa qui n'était pas rentré.

Des femmes se tordaient les mains d'inquiétude, espérant revoir leur mari bien vite.

Et des mères, les cheveux blanchis d'un coup, devenaient tout simplement folles à l'idée qu'on ait pu leur prendre leur fils.

6.

Frontière algéro-tunisienne, 24 décembre 1942

La pluie tombait sans discontinuer depuis plus d'une semaine. La boue collait aux godillots et la plupart des chemins étaient impraticables, aucun avion ne pouvait décoller. Mais dans la division de l'US Army à laquelle appartenait Larry McLowry, au milieu d'un désert de roches coupantes et de petits cailloux, il régnait ce jour-là une atmosphère fébrile.

Pour les fêtes, les soldats avaient reçu des colis venus du New Jersey, de l'Iowa ou du Texas et ils avaient pris leur temps pour les ouvrir, déchirant le papier avec précaution, avec ce sourire curieux de l'enfant qui découvre son cadeau. Pendant plusieurs minutes, on n'avait plus entendu un mot, les plaisanteries avaient cessé. Chacun s'était recueilli en lui-même, imaginant le salon familial, le sapin alourdi de boules brillantes et de friandises, la dinde rôtie couverte de pommes de terre beurrées ; et puis, derrière les fenêtres embuées, la neige qui tombait avec lenteur et recouvrait peu à peu l'allée du jardin.

L'un des soldats avait reçu un papier à lettres enluminé de fleurs délicates et s'était empressé d'écrire à sa petite amie qui lui manquait tant. « À mon retour, je me collerai à toi comme la boue d'ici. » Ça l'avait fait rougir lui-même. Ses camarades s'étaient foutus de lui, « T'es un sacré poète, ducon », et ils avaient ri de bon cœur en faisant tourner une petite fiole d'alcool.

Larry McLowry, lui, était resté reclus dans un coin. Il pensait à sa mère et à ses trois sœurs. Elles vivaient dans une jolie maison en bardeaux, à Dennis, Massachusetts, sur la péninsule de Cape Cod, et pour la première fois elles s'apprêtaient à fêter Noël sans lui. Elles avaient quand même prévu un petit cadeau pour lui, qu'il trouverait à son retour, et mis le couvert à sa place.

Sa mère était institutrice. C'était, disait-on, la plus belle femme des environs. Elle lui avait appris à parler le français et à lire de la poésie. Quant à ses sœurs, elles le choyaient et l'adoraient – le petit dernier. Alors il n'avait qu'une envie, c'était de rentrer et de se blottir dans leurs bras. Certainement pas de tuer quelqu'un, et encore moins de mourir maintenant. Il détestait l'armée, les fusils et les blagues de soldats.

Mais pour l'heure, il fallait se battre pour libérer Tunis. Libérer une ville et un pays qui n'était pas le sien. « On se bat pour le monde libre », lui répétait-on à longueur de temps, mais ça ne provoquait chez lui ni sursaut ni élan guerrier. Pourquoi n'était-il pas aussi courageux que les autres ? Pourquoi avait-il si peur ?

Il essaya de bouger son épaule mais la douleur était si vive qu'elle lui donnait la nausée. Il s'était luxé quelque chose, il n'avait pas bien compris quoi. « C'est rien, lui avait-on dit après un examen sommaire. Sois courageux, boy. Et arrête de te plaindre comme une fillette. »

Dans son coin, Larry McLowry s'était mis à pleurer tout doucement, parce que la douleur, parce que la saleté, et parce qu'il ne comprenait toujours pas ce qu'il fichait là. Ses larmes s'étaient mêlées à la morve salée et, entre deux sanglots, il s'était mis à entendre la voix de sa mère qui l'appelait depuis un endroit qui lui parut si beau et si lointain. « Viens, mon Larry… Viens et allume les bougies, on va lire de la poésie. »

7.

Chamonix, le même jour

Quelqu'un avait déposé une branche de houx et quelques pommes de pin sur le rebord de la fenêtre. Dehors, la neige avait cessé. Un lièvre passa à toute allure puis disparut dans les fourrés. Anne se redressa sur son lit, péniblement, et mit quelques secondes à se rappeler où elle était. Le rêve qu'elle venait de faire lui avait laissé une agréable sensation, un trouble, une sorte de papillonnement dans le bas du ventre. Elle avait refermé les yeux pour prolonger l'effet du songe, délicieux, mais fut interrompue par la porte qui s'était ouverte brusquement, laissant pénétrer un courant d'air glacé. Théo s'empressa de rentrer dans la chambre, époussetant la neige sur son manteau et soufflant dans ses mains pour les réchauffer.

— Quel froid, dit-il. On n'a vraiment plus l'habitude.

Anne le regarda ôter son vêtement d'hiver puis ses souliers beaucoup trop fins pour ici ; ses chaussettes étaient complètement trempées.

— Je t'ai trouvé du miel, dit-il en posant un petit pot sur la table de nuit. Ça vient de la ferme d'à côté.

Elle esquissa un « merci… c'est gentil » mais détourna presque aussitôt le regard, comme si elle craignait qu'il puisse lire dans ses pensées. Depuis qu'elle était arrivée ici, ses rêves – habituellement si inintéressants et si banals – avaient pris une tournure franchement érotique. Peut-être était-ce l'effet des antalgiques et autres calmants, avait-elle pensé. Quoi qu'il en soit, presque chaque nuit, dans ses songes infusés de médicaments, elle revoyait l'amant, son amant d'alors, et ils faisaient l'amour comme à l'époque.

L'histoire remontait au début de l'année 1926, peu avant que les jumeaux fêtent leurs neuf ans.

Un jour, un jeune homme s'était présenté à sa consultation avec un gros pansement à l'œil. Il sortait d'un combat de boxe. Même si elle n'avait rien laissé paraître, Anne l'avait tout de suite reconnu. À l'époque, c'était une petite star locale ; il remportait toutes les compétitions et avait même concouru aux Jeux olympiques. Il avait une cicatrice à l'arcade et un charme chavirant. Anne avait tâché de rester concentrée, mais la beauté du jeune homme était telle – ou du moins l'effet qu'il lui faisait – que c'en était presque désagréable. Elle avait eu du mal à le regarder. Et quand il était parti, c'est à peine si elle l'avait salué tant elle était troublée. Elle n'en revenait pas elle-même. Elle avait dû ouvrir grand la fenêtre pour laisser entrer l'air, boire un verre d'eau fraîche pour reprendre ses esprits. Ses joues brûlaient et ses jambes flageolaient. Un vrai coup de foudre de jeunette. Sa consultation s'était toutefois poursuivie normalement, les patients s'étaient succédé avec leur lot de problèmes, de plaintes, de contrariétés, et Anne était rentrée chez elle épuisée, comme chaque fois. Elle avait repensé à lui le soir en se couchant, fantasmant vaguement. Puis elle l'avait oublié.

Mais quelques jours plus tard, il était revenu. Pour un problème de vue – de près ou de loin, ou peut-être même les deux, Anne n'avait pas bien compris. Il avait eu du mal à parler, et elle, à écouter. Ils s'entendaient tous deux déglutir ; ce bruit d'ordinaire discret avait pris une ampleur démesurée et gênante. Et puis, au moment où elle avait tendu l'ordonnance, il lui avait attrapé la main, sans hésiter, d'un geste à la fois doux et déterminé. Anne avait été incapable de la retirer, ni de faire le moindre mouvement. Il l'avait dévisagée d'un regard pur, immense, et l'instant d'après il posait ses lèvres sur les siennes, l'attirant à lui avec fougue, lui mordillant un bout d'oreille, lui caressant le sein. Benjamin Nizard était pourtant quelqu'un de fidèle et de réservé, qui n'avait aucun goût pour la séduction ou la débauche ; il était marié à Déborah L., la fille aînée du rabbin, et ensemble ils avaient déjà eu trois enfants avant d'avoir vingt-cinq ans.

Anne, quant à elle, était heureuse avec Théo et les jumeaux. C'était une médecin reconnue et respectée, et jamais elle n'aurait eu l'idée de remettre en cause sa vie pour une passade. Seulement voilà, il y avait eu cette rencontre, cet homme-là, et ça l'avait cueillie comme par surprise : sa peau, son regard, son odeur, elle aimait tout chez lui. Pire, elle était dévorée par lui. Elle ne pensait qu'à lui, à le retrouver, à se glisser dans ses bras. Elle-même ne se reconnaissait pas. Elle négligeait son travail, sa vie de famille. Son unique intérêt se résumait à lui : s'il le lui avait demandé, elle aurait pu tout abandonner pour le suivre n'importe où. Mais était-ce vraiment une surprise ?

Théo et elle ne faisaient plus l'amour depuis longtemps. Il ne la touchait plus, ne l'embrassait même plus, tant les séquelles que lui avait laissées la guerre étaient fortes. Et puis il y avait eu cette phrase, qu'Anne avait balayée sur le moment, mais qui s'était tout de même imprimée quelque part dans un coin de sa mémoire. « Tu es jeune et je ne veux pas que tu perdes ces années. »

Cela dura plusieurs mois. Une folie amoureuse comme il n'en arrive qu'une fois dans une vie. Anne retrouvait Benjamin Nizard en fin de journée, à la place de ses dernières consultations. Ils prenaient l'automobile de Nizard et roulaient en silence jusqu'à une petite plage déserte au nord de Tunis, où la mer était claire et poissonneuse. Nizard aimait plonger et ramener à la surface des coquillages intacts qu'Anne recevait comme de précieux trésors – elle les gardait tous, cachés dans l'un des tiroirs de son bureau. Quand il sortait de l'eau, elle regardait son corps magnifique et bronzé et, dans ces moments-là, elle se sentait flattée qu'il s'intéresse à elle. Il lui donnait des baisers au goût salé, caressait sa peau tout doucement, du bout de l'index, et quand ils n'en pouvaient plus, ils allaient faire l'amour derrière les rochers. L'interdit démultipliait leur désir – et leur plaisir.

Une fois, Théo était parti plusieurs jours sur un chantier à Sfax et ils en avaient profité pour choisir l'une de ces tavernes du bord de mer, dînant de sardines grillées et de vin frais, puis ils avaient passé la nuit dans un hôtel tenu par un vieil Arabe à qui il manquait un œil.

Anne était si grisée, si ivre de cette aventure qu'elle était persuadée que cela ne finirait jamais. Mais un jour, elle s'était réveillée avec une sensation immédiatement reconnaissable. Ses seins étaient devenus durs et lourds, et la moindre odeur lui donnait la nausée. Elle fut si surprise, pour ne pas dire incrédule, que pas une seconde elle n'envisagea d'en parler à Nizard – ne lui avait-on pas affirmé qu'elle ne pourrait plus avoir d'enfant après les complications qui avaient suivi l'accouchement des jumeaux ?

De toute façon, cela ne servirait à rien de l'inquiéter. Non, non. Anne avait donc fait comme si cette grossesse n'existait pas, comme si elle allait s'arrêter d'elle-même, se résorber, s'effacer aussi facilement que cicatrise une petite coupure au doigt. Mais au fur et à mesure que les jours passaient, Anne s'était sentie perdre pied. Ce bébé qu'elle n'avait pas souhaité, eh bien, elle l'aimait déjà ; et souvent elle se surprenait à poser instinctivement une main sur son ventre qui n'avait pas encore grossi. Elle savait désormais – certitude absolue, définitive – que jamais elle n'avorterait. Et elle savait aussi qu'à l'instant même où il l'apprendrait, Nizard ressortirait de sa vie aussi brutalement qu'il y était entré.

Il avait bien tenté de la dissuader, de la convaincre, mais face à son obstination il avait fini par s'emporter et par hurler – elle était folle, hystérique et irresponsable. Une salope, en plus. De toute façon, si elle ne se décidait pas, il la ferait avorter de force.

— De force ? avait répété Anne avec une pointe d'ironie. Tu oublies que le rabbin, le père de ta femme je te rappelle, est aussi un de mes patients.

Nizard avait viré cramoisi. Puis il était parti, impuissant, vaincu, mais la traitant tout de même de tous les noms et la menaçant des pires horreurs si elle s'avisait de révéler à quiconque l'origine de cet enfant. Anne n'avait pas cillé. En réalité, elle ne s'était jamais sentie aussi forte.

Et neuf mois plus tard, au moment où les champs d'amandiers annonceraient la fin de l'hiver en se couvrant de pétales rose pâle, naîtrait un petit garçon nommé Ferdinand.

8.

Tunis, février 1943

C'est cette jolie place de la médina, à deux pas de la mosquée, que l'ambassadeur du Reich, Rudolf Rahn, avait choisie pour faire son discours. Malgré le froid mordant et le vent qui glaçait les os depuis plusieurs jours, les hommes s'étaient réunis en nombre. Saïd grelottait. Son tricot était trop fin, son manteau tout élimé. Il détestait l'hiver, et il détestait avoir l'air d'un pauvre. On tendit un micro à l'ambassadeur qui le repoussa du plat de la main, imposant et impénétrable. Devant lui, la foule était immobile et tous les regards rivés sur lui. Pendant quelques secondes, Rudolf Rahn scruta tous ces visages à la peau sombre, leurs moustaches bien taillées, leurs chéchias posées sur le crâne ; certains étaient vêtus de gandoura et d'autres portaient des complets bien repassés, à l'européenne. Le silence de l'orateur comme sa prestance impressionnèrent la foule. On entendit le battement d'ailes d'un oiseau. Un chien qui aboya. Puis la voix de Rahn qui s'éleva dans les airs, tranchante et déterminée.

Jamais Saïd n'aurait imaginé qu'un jour il viendrait écouter un Allemand lui parler de son avenir. Et tandis que Rahn rappelait la détermination du Reich à écraser leur ennemi commun – la puissance coloniale –, Saïd fixait les insignes militaires qui brillaient au revers de sa veste. Ça lui fit de l'effet. Cette grandeur et ce pouvoir, c'est ce qu'il désirait depuis toujours. Pour son pays, d'abord, et puis pour lui. Il rêvait d'être quelqu'un, de ne plus être pauvre et méprisé. Il rêvait d'une Tunisie fière de son histoire et de sa culture. Le Reich occupait certes le pays depuis trois mois, mais il avait fait libérer plusieurs chefs nationalistes ; Rahn égrena alors solennellement leurs noms et la foule répondit par des applaudissements nourris. Saïd n'avait plus envie d'écouter les voix prudentes, celles qui disaient de se méfier, d'éviter de tomber dans les bras d'un oppresseur plus dangereux encore. Au contraire, il avait envie de croire Rudolf Rahn lorsque celui-ci affirmait que le Reich était à leur côté pour se battre contre la puissance coloniale, contre les Juifs, contre tous ceux qui leur faisaient du tort depuis des décennies. Et quand Rahn avait déclaré avec grandiloquence qu'Hitler était un *fervent protecteur de l'islam*, Saïd avait frissonné. Dans sa tête, les images s'étaient superposées – la majesté de l'aigle allemand, la puissance irréfutable d'Allah – et il avait senti ses poils se dresser. Mais cette fois, le froid n'y était pour rien.

Le discours de Rahn l'avait complètement secoué. Saïd marcha un moment au hasard dans la médina, et plus encore que d'habitude, il fut frappé par l'époustouflante beauté des minarets, par le raffinement des portes mauresques, le charme des ruelles ombragées. Il s'arrêta pour effleurer du doigt ces zelliges colorés qui ornaient la façade d'une maison, puis posa sa paume à plat dessus. Il en eut les larmes aux yeux. Les pierres lui parlaient. Elles lui parlaient de son histoire, de son passé, de la grandeur de son pays. Comment avait-on pu accepter d'être soumis à une puissance étrangère et à sa violence pendant tant d'années ? Et comment pouvait-on imaginer que cela dure encore, alors même que cette puissance se trouvait sérieusement écornée par la guerre ? Saïd glissa sa main dans sa poche et, distraitement, caressa son petit couteau.

Il y avait bien eu des mouvements de révolte, ces dernières années, mais ils avaient chaque fois été durement réprimés. Saïd repensa en particulier à cette journée du 9 avril 1938 où l'on avait défilé pour qu'existe un parlement tunisien. La police avait tiré sur les manifestants et fait plusieurs morts, semant la panique et le chaos. Ce jour-là, également, le dirigeant nationaliste Habib Bourguiba avait été arrêté et envoyé au pénitencier de Téboursouk. Le pays des droits de l'homme, disait-on. Tu parles. Saïd cracha par terre, mû par une rage féroce. Contre les Français, contre lui-même aussi. En fait, il avait honte. Honte de s'être résigné si longtemps, honte aussi d'avoir tant voulu leur ressembler, tant voulu vivre comme eux.

Il marcha jusqu'à la gare, serrant fort son petit couteau et ruminant ses sombres pensées, tandis que la voix de l'ambassadeur du Reich résonnait encore dans sa tête. Se libérer, récupérer le pays. Récupérer cette terre qui était la leur. Jamais l'idée de l'indépendance ne lui était apparue avec une telle netteté et une telle évidence que ce jour-là.

Saïd monta dans le train sans payer. Le wagon était bondé. Il joua des coudes, poussa pour qu'on le laisse passer, et finit par trouver une place à côté d'une petite vieille dont les rides étaient aussi profondes que ces sillons qui creusent la terre des champs. Durant tout le trajet, la vieille marmonna des paroles de bénédictions destinées à on ne sait qui. Parfois, elle s'interrompait et souriait dans le vide. Saïd remarqua qu'elle avait la même odeur que sa grand-mère, l'odeur de la pauvreté, de la cuisine mijotée ; il eut envie de lui embrasser l'épaule.

Quand le train arriva à Kheireddine, Saïd se leva d'un coup, brusquement tiré de sa rêverie, et bouscula tout le monde pour sauter sur le quai. Le soleil d'hiver était doux et bon, la Méditerranée si belle. Il pensa à tous ceux qui l'avaient précédé ici et qui, depuis des millénaires, ne se lassaient pas d'admirer cette mer. Il se sentit alors gonflé d'une force et d'une énergie nouvelle. Oui, quelque chose avait bougé en lui. Il savait que la prochaine fois qu'on le traiterait de « bicot » ou qu'on lui interdirait cette plage, ou simplement qu'on lui adresserait ce regard de mépris, eh bien – il sortit alors son petit couteau et, d'un geste vif comme l'éclair, fit semblant de planter un ennemi imaginaire.

Le train se mit en branle avec fracas et quitta lentement la gare. À travers la fenêtre, Saïd vit la petite vieille lui faire un signe puis lui sourire, découvrant toutes ses gencives. Elle n'avait plus aucune dent.

Saïd s'enfonça dans un méandre de ruelles poussiéreuses où jouaient quelques enfants sales. Il s'arrêta chez le boulanger pour acheter des makrouts aux dattes. Nour adorait ça. Il était sûr de la voir sautiller comme une puce et se jeter à son cou ; les baisers de cette gosse, c'était son oxygène, sa drogue. Même quand il n'avait plus un sou, il lui apportait toujours quelque chose. Quand il entra dans la maison, il vit Nour en train de dessiner par terre, allongée sur le ventre, les deux jambes relevées à angle droit. Amir était assis à côté d'elle et lisait un livre. Depuis que Maximilien était parti en Algérie, Amir s'était installé ici. C'est Malika qui avait insisté. Elle ne voulait pas rester seule. Saïd, lui, n'aimait pas beaucoup cet homme avec ses chemises blanches bien repassées et ses petites lunettes rondes d'intellectuel ; il le trouvait prétentieux. Amir était grand et mince, élégant, il employait des mots savants, et Saïd avait toujours l'impression qu'il ralentissait exprès son débit lorsqu'il s'adressait à lui. Pour lui, Amir était un bourgeois. Il parlait certes d'indépendance et de défense du peuple, mais Saïd n'aimait pas sa façon de s'exprimer, sa modération, son obsession de la nuance. Il n'aimait pas non plus ses réserves à l'égard de l'islam. En bref, il n'avait aucune confiance en lui.

— Tonton Saïd ! fit Nour en lâchant tous ses crayons d'un coup.

Les deux mains derrière le dos, Saïd était resté immobile à l'entrée, tout sourire. La fillette lui tournicota autour, lui attrapa une main, puis ouvrit la paume pour faire apparaître le cadeau.

— Perdu ! dit-il en riant. C'était l'autre.

Et il lui tendit le sachet de makrouts qu'elle déchira aussitôt pour avaler une friandise.

— Yousra n'est pas avec toi ? demanda Malika qui terminait de préparer sa chorba.

L'odeur de bouillon et d'épices qui flottait dans la pièce était délicieuse.

— Ça sent bon, dit Saïd. J'ai faim.

Malika fronça les sourcils, s'avança vers lui.

— Elle n'est pas venue ?

Saïd remua la tête. « Fatiguée », mentit-il, car il n'avait aucune envie de raconter la violente dispute qu'il avait eue avec Yousra lorsqu'elle avait appris qu'il se rendait dans la médina pour écouter Rudolf Rahn. « Tu deviens haineux et borné », lui avait-elle crié entre autres reproches, et il avait répondu par une gifle réflexe qui avait laissé une grosse marque violette sur le visage de son épouse. « Tu ne t'intéresses pas à l'avenir de ton propre pays », lui avait-il lancé avec mépris, et il s'était demandé comment il pouvait continuer à vivre avec une idiote pareille – qui, en plus, n'arrivait même pas à avoir d'enfant.

Amir était venu le saluer, son livre à la main. Quelle tête de con, pensa Saïd en forçant un sourire tandis qu'ils se donnaient l'accolade.

— Regarde ce que j'ai dessiné, tonton Saïd. C'est beau ?

La fillette lui mit la feuille sous le nez, attendant son verdict. On voyait un bonhomme sommairement crayonné : un rond pour la figure, des petits traits piqués sur la tête en guise de cheveu, et un drapeau bleu-blanc-rouge sur le côté.

— C'est papa, dit-elle.

Saïd avait à peine regardé. Il s'était contenté de la féliciter en lui tapotant gentiment la tête et Nour, toute contente, était retournée à ses dessins avec Amir.

— Quoi ? fit Malika en remarquant le regard de Saïd qui s'était assombri d'un coup. Qu'est-ce que tu as ?

Saïd se rapprocha tout près d'elle et, avec une force qui surprit Malika, il lui serra le bras vivement.

— C'est *haram* de dessiner les visages. Pourquoi tu lui expliques pas ça ?

À cet instant, la chorba se mit à bouillir et déborda de la casserole. Malika s'était empressée de baisser le feu mais, dans la précipitation, elle se brûla et poussa un cri.

— Ça va ? dit Amir.

— Ça va, maman ?

Malika acquiesça d'un hochement de tête et se versa de l'eau sur la main, serrant les dents. Quand enfin la brûlure s'apaisa, elle se retourna vers Saïd. Il n'avait pas bougé.

— Depuis quand tu te soucies de ce qui est *haram* ou pas, toi ? lâcha-t-elle d'une voix qui trembla légèrement. Tu mélanges vraiment tout.

Saïd la regardait fixement. Il ne répondit rien. Mais dans ses yeux brillait un feu mauvais.

9.

Bâtie en haut d'une colline non loin d'El Battan, la propriété des Lecomte dominait un vaste domaine agricole planté de vignes, d'oliviers et d'arbres fruitiers. L'endroit n'avait plus grand-chose à voir avec ce qu'il était lorsque Maurice Lecomte l'avait acquis vingt-cinq ans plus tôt. Cet ancien ingénieur des Ponts et Chaussées, originaire de Clermont-Ferrand, était venu s'installer en Tunisie au tout début du Protectorat et avait participé à la construction de la plupart des routes du pays entre 1890 et 1914 ; puis, au sortir de la Première Guerre mondiale, fatigué par ces années de dur labeur, il avait acheté ce corps de ferme dans l'idée d'en faire une exploitation florissante. À force de travail, pensait-il, on ferait de cette terre poussiéreuse un sol fertile et riche : on produirait de l'huile d'olive brillante comme l'or, du vin goûteux, et les vergers donneraient des fruits sucrés que l'on pourrait vendre dans tout le pays et même au-delà. Son goût pour l'effort, il l'avait transmis à ses deux fils, Albert et Paul, qui avaient hérité de la propriété à sa mort en 1922. Albert Lecomte comptait désormais sur son fils aîné Pierre-Marie – celui que ses camarades surnommaient avec humour le Baron – pour reprendre l'exploitation.

Ferdinand était venu s'installer à la ferme quelques jours après la rafle du 9 décembre. Au vu des circonstances, Martha avait jugé plus prudent de s'éloigner un temps de la ville et elle avait confié Ferdinand aux bons soins des Lecomte que la famille connaissait bien. L'adolescent, qui depuis la mort de sa grand-mère n'avait plus goût à rien et passait la moitié de ses journées à dormir, semblait renaître depuis qu'il était arrivé ici. Il faut dire que Sylvie, la mère du Baron, en avait fait une affaire personnelle ; elle était aux petits soins. Chaque matin, grâce aux produits de la ferme, elle préparait des œufs frits et du lard, faisait rôtir des tranches de pain trempées dans un mélange de lait et de sucre, et pressait des oranges du verger. L'odeur du petit-déjeuner se glissait sous les portes des chambres, venait chatouiller les narines et faisait saliver les dormeurs encore en plein sommeil. Ferdinand, à peine l'œil ouvert, descendait à la cuisine, la faim lui tordant l'estomac, et goûtait à tout. Il retrouvait peu à peu l'appétit. Une fois rassasié, il allait aider à la ferme, au pressoir et participait aux divers travaux des champs. Il passait aussi du temps avec Sylvie dans la bibliothèque, où tous deux aimaient s'échanger des conseils ou discuter du roman qu'ils venaient de lire. Quand Sylvie parlait des personnages, c'était avec une quantité impressionnante de détails, comme si elle les connaissait intimement. Leurs failles, leurs névroses, leurs désirs ; elle savait tout sur eux, y compris – et peut-être même surtout – ce qui n'était pas écrit dans les livres. C'était une lectrice incroyable, douée d'une sensibilité extraordinaire, qui aimait qu'un roman l'habite longtemps après l'avoir refermé.

Ferdinand avait commencé à prendre des notes de leurs conversations : les caractéristiques des personnages, leurs désirs, leurs défauts ; la manière dont l'intrigue était construite et se dénouait. Tel un mécanicien qui soulève le capot, il avait envie de comprendre comment ces textes étaient fabriqués. Et peut-être qu'un jour, lui aussi, il aurait son nom imprimé sur une couverture.

Depuis quelque temps, ce désir avait germé en lui. Il s'était mis à inventer des histoires, à imaginer des personnages et des drames, des fins heureuses ou malheureuses. Ses récits tenaient en quelques pages, il n'allait jamais au-delà, mais déjà ça le soulageait. Il se sentait moins seul. Un jour, il avait montré ses textes à Marcel Tournier, le libraire, qui l'avait encouragé. « Continue, c'est prometteur », avait-il dit. Il lui avait également reparlé de son ami Edmond Charlot, l'éditeur algérois, qui se lançait dans la publication d'une revue littéraire dirigée par Jean Amrouche. « Tu te souviens de Jean, l'ami de ta mère ? » L'aventure s'annonçait exaltante, et ils allaient sûrement avoir besoin de renfort. « De préférence de jeunes recrues pleines de talent », avait ajouté Marcel avec malice.

En fin de journée, Ferdinand partait arpenter les vignes, son carnet à la main, et s'arrêtait parfois pour noter une idée, une phrase, un bout d'histoire. Il se forçait à être attentif à chaque détail : le bruit que faisaient ses pas dans la poussière et les bestioles qui détalaient dans les fourrés, la trajectoire des nuages, ou encore les oiseaux qu'on voyait furtivement traverser le ciel pour aller trouver un refuge avant la nuit. Ce jour-là, tandis qu'il remontait vers la ferme après sa promenade, lui revint en mémoire l'incipit de Flaubert. « *C'était à Mégara, faubourg de Carthage, dans les jardins d'Hamilcar.* » La phrase, tout comme le roman, lui avait fait forte impression. Il avait hâte d'en parler à Sylvie, qui avait toujours jugé Emma Bovary exaspérante. Lui, il trouvait au contraire la langue et le style de Flaubert époustouflants. Il aimait penser que l'écrivain était venu jusqu'ici, sur ces terres, pour les besoins de son roman. Pour s'imprégner des sensations, des odeurs, de la lumière. Son imagination puissante et son érudition avaient fait le reste.

— Alors, qu'est-ce que tu fous ? dit le Baron qui était venu à sa rencontre. Tout le monde est déjà là et mon père a sorti ses meilleures bouteilles.

Une grande table avait été dressée dehors, sous les arbres, et des lampions se balançaient doucement aux branches. Entre les assiettes, on avait disposé de petits bouquets de fleurs des champs, et plusieurs grands crus bordelais étaient alignés, attendant d'être bus. Albert Lecomte avait choisi ses plus belles bouteilles. Il ne supportait pas l'idée que les Allemands puissent un jour venir piller sa ferme et taper dans ses trésors. Alors il avait décidé qu'on réunirait les amis et qu'on boirait – à la France, à la victoire.

Ce soir-là, les hommes portaient des costumes fatigués mais fumaient tous le cigare, satisfaits et bedonnants. Ça parlait grandeur et prestige de la France.

— Il suffit de voir ce qu'on a fait de ce pays, disait l'un. Comme on l'a rendu beau et prospère.

— C'est vrai, renchérissait un autre. Sans nous, pas un de ces champs ne serait cultivé comme ça.

— Et tu oublies les routes, les écoles, les hôpitaux…

Les épouses acquiesçaient sagement tout en grignotant des olives, leurs longs doigts sertis de bagues brillantes. Elles avaient sorti des placards leurs plus jolies robes et avaient effacé leurs cernes d'angoisse avec des restes de maquillage trouvés dans les tiroirs.

Sylvie ne ressemblait à aucune d'elles. Elle avait une beauté naturelle, sans affèterie. Ses joues étaient rosies par le grand air, ses lèvres parfaitement dessinées ; elle n'avait même pas besoin de mettre de rouge. Elle avait noué ses cheveux en un chignon lâche et portait aux oreilles de délicates dormeuses en or, en forme de gouttes. Quand elle aperçut Ferdinand, elle vint le prendre par le bras et l'entraîna vers la maison.

— Viens… Ils me barbent tous, à parler de politique.

Ferdinand rougit. Sylvie avait un peu bu, son haleine sentait le vin. Elle lui fit un petit clin d'œil puis, l'air de rien, glissa sa main dans la sienne ; Ferdinand faillit en perdre l'équilibre.

La cave des Lecomte était impressionnante. Il y avait là des dizaines de bouteilles, toutes rangées selon l'année, le domaine. Que des grands crus classés du Bordelais.

— Tu veux goûter quelque chose ? dit Sylvie en se tournant vers Ferdinand. Profites-en, Albert veut tout liquider.

Sylvie attrapa par le col plusieurs bouteilles au hasard – Branaire-Ducru, Latour, Gruaud Larose – comme s'il s'agissait de vulgaires vins de pays et elle les fourra dans les bras de Ferdinand.

— Tiens, aide-moi à porter ça à table.

Ferdinand fit ce qu'elle dit, sans toutefois parvenir à la quitter des yeux. Elle était tellement belle. Il faillit tout lâcher pour l'embrasser.

— Sylvie ? fit-il à mi-voix.

Elle s'arrêta à quelques centimètres de lui ; leurs regards se troublèrent.

— Je voulais te dire… commença-t-il.

Mais d'un geste – un geste qu'elle avait maintes fois rêvé dans le secret de sa chambre –, elle le fit taire. Sa paume s'était posée sur la joue encore imberbe de Ferdinand, l'ami de son fils, et elle resta un instant ainsi. On entendit les éclats de rire des invités, la voix tonitruante d'Albert qui annonçait une partie de cartes. Sylvie sourit puis, tout doucement, retira sa main.

Elle s'était aventurée au bord du précipice, au bord de son désir, et elle l'avait repoussé loin, loin au fond d'elle-même. Car devant ce jeune garçon qui n'avait encore aucune expérience de la vie, elle avait eu peur. Peur de le blesser, peur de le détruire. Peur surtout de ce qu'elle aurait été capable de faire, elle. Tout quitter, s'enfuir. L'amour et le chagrin. La mort au bout du chemin. Elle avait lu tellement de romans.

— Quand tu seras devenu écrivain, lui dit-elle simplement, je voudrais me retrouver dans tes livres.

Ferdinand remonta et, encore chancelant et ému, il déposa les bouteilles sur la table. Albert Lecomte lui donna deux bonnes tapes sur l'épaule, merci mon garçon, et devant ses convives il lança d'une voix forte et échauffée par l'alcool :

— Mes amis, retenez bien ce visage. C'est notre prochain écrivain national.

Les invités, déjà bien éméchés, applaudirent à tout rompre et Albert déboucha l'un des crus que Ferdinand venait d'apporter. En remplissant les verres, il expliqua que ce gamin, eh bien, il avait déjà écrit des tas d'histoires que sa chère Sylvie adorait. Et plus tard, poursuivit-il, on raconterait qu'il avait grandi ici, en Tunisie, et que depuis ce petit bout de terre loin de tout il avait conquis le monde entier.

— À nous, mes chers amis, dit Albert Lecomte en levant son verre.

Les convives l'imitèrent.

— Et à ce beau pays qui est le nôtre.

10.

Quelques semaines plus tard,
le 7 mai 1943

Lorsque les Alliés entrèrent dans Tunis, la foule était nombreuse pour les acclamer. Rarement on avait vu autant de monde dans les rues de la capitale. Des croix de Lorraine avaient été peintes un peu partout sur les murs de la ville, à la va-vite, et on ne parlait plus que de ça : de la France libre, de la Résistance qui avait vaincu l'ennemi et libéré le pays. Les visages étaient souriants et suants, le soleil aussi chaud qu'en plein été. On applaudissait, on chantait, on lançait des bravos et des youyous aux soldats perchés dans leur camion. Ils paraissaient si jeunes, ces soldats, si abasourdis face à cette liesse. Devant eux, les gens faisaient le V de la victoire, hurlant de joie, et d'autres brandissaient leurs enfants en l'air tels des trophées. Ce jour-là, la joie et l'espérance avaient fleuri dans toutes les têtes.

Saïd, lui, n'avait pas participé à la fête. Il faut dire que quelques semaines plus tôt il était encore en train de traduire en arabe des tracts pour les nazis. Il avait interdit à Yousra de sortir.

Malika avait quant à elle rejoint Amir sur l'avenue de France et ce dernier avait pris Nour sur ses épaules pour qu'elle profite du spectacle. Malika et Amir savaient tous deux que la route serait encore longue. Que le combat, pour eux, était loin d'être gagné. Ils n'étaient pas dupes. Ils savaient bien qu'une fois la joie de la victoire retombée, les indigènes retrouveraient leur place. Ils n'auraient pas plus de droits, ni plus de liberté : la France ne leur ferait pas de cadeau. Ce jour-là, pourtant, Amir et Malika se laissèrent gagner par la liesse, applaudissant comme tout le monde et criant des hourras, s'embrassant pour un rien. Et quand la foule s'était mise à chanter *La Marseillaise*, ils avaient écouté en silence le premier couplet, puis ils avaient échangé un regard et avaient tous deux repris en chœur le refrain national.

Maximilien fut de retour d'Algérie quelques jours plus tard. Quand il arriva chez lui, la première chose qu'il vit, c'est le visage calme d'Amir, ses petites lunettes rondes, son sourire tranquille, et sa main posée sur l'épaule de Nour qui terminait un dessin.

— Papa ! cria la fillette dès qu'elle l'aperçut.

Elle se jeta dans ses bras, joyeuse et entière, lui griffant la peau avec ses ongles de petite fille. Maximilien faillit tomber à la renverse et la serra si fort, si tendrement que ses larmes coulèrent toutes seules ; il crut que son cœur allait lâcher.

— T'es revenu papa ? lui dit-elle, incrédule. Pour de vrai ?

Puis fronçant son petit nez, elle ajouta :

— Tu repars pas sinon je pleure, d'accord ?

Il remua la tête, submergé par l'émotion, et alors tout lui revint en mémoire. La première fois qu'il avait embrassé Malika. La première fois qu'il avait frôlé sa peau. Et celle où, fou d'amour, il lui avait parlé d'avoir un enfant.

Sa rencontre avec Malika avait été pour lui une telle déflagration qu'il avait tout de suite voulu l'épouser, fonder une famille. Il avait alors tout juste seize ans. Sa mère, évidemment, avait ri en entendant cela, elle s'était même un peu moquée ; mais la chose était si sérieuse pour lui qu'il n'avait pas supporté : après ça, il n'avait pas revu ses proches pendant huit ans.

Avec Malika, ils avaient passé leur premier été à travailler dans une ferme près de Nabeul. Maximilien avait aimé ces moments au grand air, à s'occuper des animaux, de la cueillette, et à se coucher le soir fourbu et épuisé. Il avait été impressionné par la force physique de Malika, qui contrastait avec la délicatesse de son corps, et par sa volonté farouche, sa résistance. Jamais elle ne se plaignait. Il avait également été épaté par son incroyable culture. Elle avait tout lu, pouvait parler des grands romanciers français autant que de poésie arabe, d'histoire, de philosophie islamique. Son aisance était désarmante, ses idées si limpides. Pourtant, Malika n'avait pas été aidée par la vie. Elle avait grandi sans père ni mère, élevée par une grand-mère aveugle, dans une maisonnette isolée du cap Bon.

Quand Maximilien avait rencontré Fatima, sa grand-mère, il s'était tout de suite entendu avec elle.

Il faut dire que dès le début, elle l'avait accueilli comme un fils – d'ailleurs elle l'appelait ainsi : « mon fils » – et c'est auprès d'elle qu'il avait appris à parler l'arabe comme un Tunisien.

Après ce premier été, Maximilien avait trouvé du travail sur le port, chez les dockers, et il s'était mis à fréquenter la bande des Italiens. Que des communistes convaincus, avec qui il parlait d'indépendance, de lutte et de souveraineté du peuple tunisien. À leur côté, très vite, Maximilien s'était transformé. Le combat lui avait donné de l'assurance. Sa voix était devenue plus grave, son apparence physique plus sèche et plus nerveuse. Malika était tombée amoureuse à ce moment-là. Maximilien avait alors su qu'il pourrait déplacer des montagnes pour elle.

À peine un an plus tard, il avait pris la tête du syndicat. Son bagou et son milieu social d'origine avaient été ses meilleures armes car, d'instinct, il avait su se positionner en leader ; sa fougue d'homme amoureux avait fait le reste, lui insufflant l'énergie et l'audace nécessaires à tout grand projet.

Et puis il y avait eu la naissance de sa fille.

Il avait alors tout juste vingt ans.

À ce moment de sa vie, il était gouailleur et respecté, courageux, fou amoureux. Jamais il n'aurait imaginé que tout cela puisse s'arrêter. C'est même lui qui avait présenté Amir à Malika. Oui, tu as bien entendu : lui. Comment aurait-il pu penser une seconde qu'elle tombe amoureuse de cet intellectuel maigrelet et compliqué ?

11.

— Saïd est en prison, bredouilla Yousra en larmes, avant de s'effondrer dans les bras de sa sœur.

Malika faillit penser, bien fait pour lui, il l'a bien cherché cet abruti, mais devant le désarroi de Yousra, elle partagea ses larmes et la serra fort contre son cœur.

Ces derniers jours, dans le pays, la tension était montée d'un cran. L'esprit de fête et de liberté qui avait égayé les rues de Tunis s'était vite envolé : désormais, tous ceux que l'on soupçonnait d'être hostiles à la France et au Protectorat étaient arrêtés, emprisonnés, ou même exécutés d'une balle dans le dos. Il ne s'agissait ni plus ni moins que de restaurer l'ordre colonial et d'assurer un avenir au pays. Alors on traquait ceux qui avaient fait preuve de sympathie à l'égard du Reich. Et on s'attaquait aux militants nationalistes, quels qu'ils soient.

Le très populaire Bey de Tunis, Moncey Bey, fut quant à lui destitué. Une preuve de plus, selon Malika, qu'on enterrait l'idée même de souveraineté du peuple tunisien. Sous son pseudonyme, elle écrivit un vibrant article sur la grandeur de la France, tout en nuances et en émotion, un article où elle louait sa culture, ses écrivains, son humanisme… pour lui opposer la réalité du Protectorat. Pouvait-on vraiment se prétendre le pays des droits de l'homme et opprimer ainsi tout un peuple ? Comment pouvait-on continuer d'accepter un système de domination coloniale inique et violent ? Quel avenir espérer dans ces conditions ?

Elle terminait l'article en rappelant que les Européens qui avaient peuplé la Tunisie à la fin du XIXe siècle avaient pour la plupart fui la misère, parfois même la famine. Ils étaient venus s'installer dans ce pays de soleil, de vent et d'épices, ce pays où les fleurs embaument la nuit et où, génération après génération, ils s'étaient enracinés. Ce pays était devenu le leur. *Cette beauté* était devenue la leur – et désormais ils refusaient de la partager.

Fallait-il rappeler à la France toute cette histoire ? Fallait-il l'écrire, encore et encore ? avait pensé Malika en mettant le point final à son article.

Par on ne sait quel miracle, Saïd fut libéré au bout de quelques jours. D'autres n'eurent pas sa chance. Saïd n'avait rien voulu raconter de sa détention, pas un seul détail ; il avait simplement dit que ceux qui l'avaient enfermé auraient un jour à régler des comptes.

Depuis, tout ce qui sortait de sa bouche n'était que haine, violence et désir de vengeance. Yousra avait peur de lui. Il s'emportait pour un rien, cognait, criait fort. Et puis il avait perpétuellement ce regard mauvais et menaçant où brillait une rage sourde. Parfois aussi, elle le surprenait à parler tout seul dans son coin, à mi-voix, comme s'il complotait on ne sait quel mauvais coup.

12.

Lorsque Malika apprit la mort d'Hassan, son père, elle se garda bien d'en donner les détails à Yousra et Saïd, afin d'éviter d'alimenter la haine. Ce qui était arrivé, elle n'en parla à personne. Pas même à Amir ou à Maximilien.

Les derniers mois de son existence, Hassan avait complètement perdu la tête. Il était odieux avec tout le monde, hargneux, et plus encore avec elle, sa fille illégitime. L'absence de son fils Souleymane avait fini par le rendre fou. Il était même allé jusqu'à forcer la porte de la Résidence générale, la rage aux lèvres, hurlant qu'on lui rende son fils. Les gardes l'avaient sorti de là manu militari, et Hassan avait continué à crier dehors : les Français, c'étaient rien que des meurtriers et ils le paieraient un jour, beuglait-il.

Quelques semaines plus tard, sans que l'on sache si cela avait un lien ou non, Souleymane était rentré de la guerre. Blessé, mais vivant. Hassan n'avait pas su comment remercier Allah. Il ne cessait de pleurer et de rire, d'embrasser la tête de son fils. Vraiment, c'était le plus beau jour de sa vie. Il avait fait plusieurs fois le tour du quartier pour annoncer la nouvelle.

C'est à ce moment-là que sa maison avait été dynamitée. Par chance, personne ne se trouvait à l'intérieur, mais l'explosion avait été si puissante qu'il ne restait plus rien de la modeste habitation ; les fenêtres avaient été entièrement soufflées et les murs réduits en poudre, comme des miettes de biscuits. Plus tard, Hassan était venu se recueillir devant sa maison en ruine, son fils à ses côtés, et il n'avait pas pu prononcer le moindre mot. Quelque chose, au niveau de la poitrine, l'avait piqué comme une aiguille. Le ciel s'était alors déchiré, triomphant et sépulcral, et des milliers de petits poignards brillants avaient fondu sur lui. Hassan n'avait pas lutté. Il avait juste essayé de se raccrocher au bras valide de son fils, mais ses doigts maigres avaient glissé et il s'était effondré au sol dans un bruit sourd.

Malika enjamba ce qu'il restait de la façade et avança avec précaution ; ses pas firent craquer quelques morceaux de verre, des débris de bois, de céramique. Elle s'arrêta un instant pour contempler le désastre. Il était difficile d'imaginer que des gens aient pu vivre ici. Elle se pencha pour ramasser le tesson d'un bol en terre cuite. Hocha la tête. Son père avait un jour dû boire sa soupe dedans. Elle le glissa dans son vêtement, en guise de souvenir. Au fil des années, elle s'était attachée à cet homme à la fois odieux et renfrogné, mais qui parfois faisait preuve de bon sens. Alors elle revenait le voir une fois par mois, parfois plus, comme un bon marin retourne à son port d'attache.

— Hé ! cria une voix. Tu fais quoi ? C'est pas chez toi, ici !

Malika se retourna, déconcertée.

— Oui, toi ! T'es dans mon salon. Dégage !

— Votre salon ? murmura-t-elle.

C'était un tel amas de ruines qu'elle n'avait pas songé une seconde qu'on puisse l'accuser d'une quelconque effraction. Le jeune homme s'avança vers elle en enjambant les gravats d'un pas nerveux. Il avait une main enfoncée dans la poche de sa veste, l'autre l'équilibrait tel un balancier.

— Alors ? dit-il en arrivant à sa hauteur. Qu'est-ce que tu fais ici chez moi ?

Sa voix s'était vaguement adoucie. Il était si près d'elle que Malika pouvait sentir son haleine, aigre et déshydratée, et voir la salive qui s'était sédimentée aux coins de ses lèvres. Elle le dévisagea un instant. Ses traits étaient durs et marqués, son regard sombre. Il dégageait une froideur, comme une sorte d'insensibilité, une absence totale de pitié. En deux années de guerre, Souleymane avait pris vingt ans et – sans doute – perdu une partie de son humanité.

Avant que Malika ait pu répondre, le regard du jeune homme fut attiré par quelque chose au sol, un peu plus loin. Il l'avait bousculée, sans même s'en rendre compte, puis il avait piétiné les gravats d'un pas maladroit à cause de sa main inerte toujours enfoncée dans sa poche. Malika le vit s'accroupir, extraire des débris un petit cadre tout abîmé, puis remuer doucement la tête. Il dégagea alors sa main de sa poche, faisant apparaître un moignon soigneusement bandé qu'il frotta sur le petit cadre pour en ôter la poussière. Malika recula d'un pas.

— Tu venais faire quoi ici ? dit-il en levant soudain la tête vers elle.

— Je… je cherche la dame qui habite ici.

— Y a personne qu'habite ici, tu vois bien.

Il avait retrouvé ce regard sombre et glacial. Donna un coup de menton vers la rue.

— Va-t'en.

Malika n'insista pas. Sur le muret à moitié détruit, elle déposa simplement le sachet qu'elle avait apporté pour Yasmina.

— C'est pour ma mère ? fit-il, tout de même intrigué.

Malika acquiesça puis elle s'en alla sans un mot. Souleymane la regarda s'éloigner, frottant doucement son moignon qui le démangeait, et avant qu'elle disparaisse tout à fait, il lui lança :

— C'est quoi ton nom ? Je lui dirai que t'es venue.

Malika lui fit signe que ça n'avait pas d'importance alors Souleymane esquissa un sourire puis vint récupérer le sachet. L'odeur des beignets lui tourna aussitôt la tête ; il n'avait rien avalé depuis la veille. De sa main valide, il en attrapa un, et quand il mordit dedans les grains de sucre tombèrent au sol comme de petits flocons de neige. Il en enfourna un deuxième, puis un troisième. Ces beignets étaient si bons qu'il en eut les larmes aux yeux. Même sa mère Yasmina ne les faisait pas aussi bien.

13.

Sur le chemin du retour, Malika songea que les années à venir allaient être bien compliquées pour le pays. Ce garçon, Souleymane, avait fait la guerre, il s'était battu pour la France, avait perdu une main au combat. Et pour le remercier on avait dynamité la maison familiale. Que pouvait-on espérer lorsqu'on semait ainsi la haine dans les cœurs ?

Quelque chose, dans cette histoire, échappait à Malika. C'était aussi vain et absurde qu'un mécanisme qui tourne à vide.

En arrivant chez elle, Malika trouva la maison silencieuse et Maximilien assoupi sur une chaise. Elle remarqua un reste de goûter sur la table, des crayons éparpillés, un dessin inachevé. Elle réveilla Maximilien en le secouant par l'épaule.

— Où est Nour ?

Il se redressa, mit un instant à faire la mise au point.

— Ben, tu sais… bredouilla-t-il d'une voix pâteuse. Saïd est passé la prendre tout à l'heure.

— Quoi ?

Malika s'était raidie d'un coup. Depuis qu'elle avait vu les marques sur le visage de sa sœur, elle refusait que Saïd reste seul avec sa fille.

— Mais pourquoi tu l'as laissée partir avec lui ?

— Il m'a dit qu'il s'était arrangé avec toi, répliqua-t-il aussitôt, piqué.

Et il lui retourna le reproche :

— T'étais où d'abord ?

Sans répondre, Malika s'était mise à aller et venir dans la pièce, nerveuse, comme si ça pouvait faire apparaître Nour.

— Malika, qu'est-ce qui se passe ? Il va revenir, Saïd… pourquoi tu paniques comme ça ?

Elle le fixa un instant, les yeux fiévreux, et sa bouche se tordit bizarrement. Il ne l'avait jamais vue comme ça.

— Je vais la chercher, répondit-elle d'un souffle. Je ne lui fais pas confiance.

Malika fouilla tous les endroits où son beau-frère aurait pu se trouver, la plage, la mosquée, même le café maure, mais cet imbécile était introuvable. Et à la tombée de la nuit, quand l'odeur du jasmin se mit à envahir les rues de Tunis, entêtante et folle, il n'était toujours pas rentré.

Amir était venu pour calmer Malika. Elle s'était mise à crier, à se gifler elle-même, répétant en boucle qu'il allait lui faire du mal, ce cinglé, ce salaud. Et que si elle avait été là, rien de tout cela ne serait arrivé. Maximilien avait dû admettre que la présence d'Amir était la meilleure chose qui soit en ces circonstances.

Lui au moins savait lui parler, la raisonner. Maximilien l'observait du coin de l'œil ; sa manière de la prendre dans ses bras, de lui chuchoter des choses, de lui poser une main sur tête, la nuque. Elle ne le repoussait pas. Se calmait même quelques instants. Maximilien se mettait alors à fixer les petites lunettes rondes d'Amir et son visage émacié, son corps maigre d'intellectuel, le tricot de corps blanc qu'on devinait sous sa chemise ; ce type était vraiment son exact opposé – et sans doute comprit-il à ce moment-là que leur histoire était bel et bien terminée.

Suivant son instinct, Maximilien avait quitté la maison et procédé méthodiquement. Il avait fouillé chaque ruelle de la médina, scruté chaque recoin. Il s'était arrêté chez les uns et les autres, avait interrogé d'éventuels témoins, et il était même allé trouver l'un de ses amis, un ancien de la police. Mais personne n'avait vu Saïd ni la fillette.

14.

Alger, au même moment

Le jardin du couvent, en cette saison, foisonnait d'abeilles et de fleurs odorantes. La végétation était splendide. Les rosiers thé étaient épanouis, leurs tiges piquantes d'épines. Il y avait de beaux lauriers, du jasmin, une rangée de petits citronniers. La lavande et le lupin formaient un long ruban mauve autour du jardin et, dans un coin, les plants de menthe, de verveine ou de citronnelle parfumaient l'air d'une agréable fraîcheur.

Depuis plusieurs jours, les religieuses du couvent travaillaient sans relâche dans cette vaste pièce sombre et rectangulaire qui leur servait aussi de réfectoire. L'atmosphère était studieuse. On entendait les ciseaux cliqueter, les aiguilles piquer, le froissement des étoffes. Parfois aussi, un fil à coudre craquer entre les dents. À force de patience et d'habileté, les religieuses parvenaient à transformer de banals morceaux de tissus trouvés au souk en épatantes robes de scène, les unes brodées de perles, les autres de plumes ou de sequins. Joséphine Baker allait donner plusieurs représentations au théâtre d'Alger et, pour l'occasion, elle avait tenu à renouveler l'ensemble de ses costumes. Sans l'aide et l'enthousiasme des religieuses, c'est certain, elle n'y serait jamais parvenue.

Depuis sa sortie de l'hôpital, Joséphine Baker avait enchaîné les concerts. À Casablanca, d'abord, où elle était montée sur la scène du Liberty Club devant une poignée de soldats américains encore vaillants et vigoureux. Puis en Algérie, où elle s'était produite dans de petites salles d'Oran ou de Mostaganem. Elle avait également chanté en plein air, au milieu de champs de pommes de terre, et dans des campagnes isolées, tantôt dans la grange d'un fermier, tantôt dans la salle des fêtes d'un village.

Susie s'était découvert un talent insoupçonné pour la couture. Elle n'aurait jamais imaginé prendre un tel plaisir à confectionner des costumes, à découper, assembler, broder. Sous ses doigts doués d'une dextérité et d'une précision peu communes, les robes se mettaient à scintiller, les chapeaux devenaient des objets d'art, féeriques et magnifiques. Peut-être avait-elle cela dans le sang après tout. « Opérer un patient ou raccommoder une culotte, c'est le même geste », lui avait un jour dit sa mère. Colette, elle, se débrouillait. Mais elle se piquait souvent, ratait, soupirait. À vrai dire, elle était épatée par la virtuosité de son amie, et peut-être même un peu jalouse. Joséphine Baker, quelques jours auparavant, avait pris Susie à part et lui avait suggéré, sur le ton de la confidence, d'aller tenter sa chance à New York, dans les théâtres musicaux de Broadway.

Susie fit le dernier point, coupa le fil, puis lissa le tissu de la paume de la main. Geste net, satisfait.

— Beau travail, s'exclama Joséphine Baker en entrant dans le réfectoire. Grâce à vous, mesdames, ça va être grandiose.

Le drapeau tricolore qui venait d'être achevé mesurait six mètres de haut, quatre de large, et il était frappé en son centre d'une imposante croix de Lorraine.

— Grandiose, répéta la chanteuse, visiblement émue.

Exactement ce qu'elle avait demandé. À la fin du spectacle, au moment précis où elle terminerait sa dernière chanson, l'immense drapeau tomberait du plafond et se déploierait magistralement, claquant comme une voile. Toute la salle entonnerait alors *La Marseillaise*, a capella, tête droite et main sur le cœur. « C'est ma façon de célébrer la liberté, avait-elle ajouté en passant sa main sur le drapeau, comme une caresse. Ma façon aussi de célébrer un grand homme comme lui. »

Ce soir-là, au théâtre d'Alger, il régnait une effervescence particulière. Partout on chuchotait la venue d'un invité exceptionnel ; on s'agitait, on s'excitait, on gloussait pour un rien. Joséphine Baker, elle, tremblait de trac. Elle était d'une humeur exécrable. Les costumes étaient trop longs, mal ajustés. Sa gorge brûlait, son nez piquait, le maquillage fondait à cause de la chaleur. Bref, rien n'allait. Elle était à deux doigts de faire annuler la représentation, et la tension monta encore d'un cran lorsqu'elle commença à entendre, depuis la coulisse, les spectateurs qui emplissaient peu à peu la salle, joyeux et indisciplinés, dans un brouhaha qui allaient croissant.

— J'ai tellement peur de mal chanter devant lui, confia-t-elle à Susie qui terminait de lui fixer sur la tête une splendide coiffe de plumes. C'est un héros, tu sais. Un véritable héros.

Susie ajusta les dernières épingles, jeta un ultime coup d'œil. Voilà, c'était terminé. Joséphine Baker lui attrapa le menton gentiment, merci *sweety* c'est parfait, puis après une grande inspiration elle s'élança sur scène comme on se jette dans le vide. Susie avait senti ses doigts froids, légèrement tremblants. Le trac la rendait malade. Mais à peine Joséphine Baker avait-elle mis un pied sur scène que son angoisse s'envola. D'un coup, comme par magie. Une énergie furieuse prit alors le dessus et, tout au long de la première partie, les titres s'enchaînèrent à un rythme invraisemblable, provoquant les applaudissements et les hourras.

— C'est quand même pas tous les jours qu'on chante devant le général de Gaulle, lâcha-t-elle, essoufflée et resplendissante, de retour dans la coulisse.

Susie acquiesça et, d'un geste concentré et rapide, l'aida à se déshabiller. Le costume fut retiré en quelques secondes et elle lui enfila aussitôt le suivant – une robe de satin sur laquelle elle avait cousu une multitude de petites perles de verre ; à la lumière des projecteurs, l'effet était magique, comme si des éclats d'étoiles jaillissaient de la robe et scintillaient au gré des mouvements.

Tandis qu'on lui remettait un coup de poudre sur les pommettes et sur le front, Joséphine Baker continuait à bavarder. Elle était joyeuse et exaltée, trépignait d'y retourner. Quel show, répétait-elle comme si elle n'en était que la spectatrice. Et au moment où elle allait s'élancer à nouveau, Colette lui tendit un verre d'eau tiède au miel qu'elle avala d'un trait.

À l'entracte, un officier vint faire savoir à Joséphine Baker que le général de Gaulle l'attendait dans sa loge. Elle fut si surprise qu'elle ne sut quoi répondre ; elle se contenta d'enfiler un fin gilet par-dessus sa robe à sequin puis, en silence, elle suivit l'officier jusqu'à la loge.

L'entrevue ne dura que quelques minutes, mais Joséphine Baker en ressortit bouleversée. Le général de Gaulle lui avait dit toute son admiration : c'était une grande artiste et une résistante valeureuse. Il la remerciait pour tous ses concerts donnés au profit de la France libre. Son combat pour la liberté l'honorait. Elle avait brièvement baissé les yeux, par modestie, alors il avait ajouté qu'elle pouvait être fière, très fière même, puis tout en continuant à parler, il avait allumé une énième cigarette. On racontait qu'il en fumait jusqu'à soixante par jour tant la pression qui pesait sur lui était forte. « J'ai hâte de vous entendre chanter *J'ai deux amours*, avait-il conclu. C'est ma favorite. » Puis, pour signifier sa reconnaissance, il avait tiré de sa poche une petite croix de Lorraine en or qu'il lui avait solennellement déposée au creux de la paume.

La seconde partie du spectacle fut mémorable. Joséphine Baker était comme touchée par la grâce. Elle chantait de toute son âme, avec une intensité et une allégresse extraordinaires. Face à elle, des centaines de cœurs battaient à l'unisson ; le moment resterait gravé dans les mémoires. Car ce soir-là, la musique et la beauté avaient tout balayé : la guerre, le racisme, la maladie. Plus rien d'obscur n'existait.

Lorsqu'elle entonna l'ultime couplet de sa dernière chanson, Joséphine Baker leva le bras et, comme prévu, d'un claquement de doigts elle fit se déployer derrière elle l'immense drapeau bleu-blanc-rouge frappé de la croix de Lorraine.

La salle entière se leva alors d'un seul et même mouvement et, spontanément, le public se mit à chanter les premières mesures de *La Marseillaise.* C'était vibrant, profond, empreint d'une gravité émouvante. Et lorsque les dernières notes retombèrent, l'ovation fut magistrale. Joséphine Baker s'inclina pour saluer, une main sur le cœur, et quand elle se redressa on la vit qui pleurait et souriait à la fois. Les applaudissements tambourinaient à ses tympans, si fort que pendant quelques secondes elle en fut totalement étourdie ; des milliers de papillons battaient à ses oreilles, des confettis colorés tourbillonnaient dans sa tête et des larmes de joie faisaient briller ses yeux. Ce concert à Alger fut sans nul doute l'un de ses plus beaux souvenirs d'Afrique du Nord.

15.

La pièce montée penchait légèrement sur le côté. Un peu à l'écart, Ali l'observait d'un œil inquiet. Il avait travaillé quatre jours non-stop dans son arrière-boutique pour livrer cette pyramide de petites pâtisseries orientales surmontée d'un personnage en pâte à sucre représentant Joséphine Baker, avec sa fameuse ceinture de bananes. Il avait remué des quantités de miel et fabriqué des litres de sirop, il avait pilé les amandes, haché les pistaches, jonglé entre la cannelle et la fleur d'oranger, et il craignait désormais que son bel édifice sucré ne s'effondre sous l'effet de la chaleur. Le directeur du théâtre le fit sursauter en lui posant une main sur l'épaule.

— Sacré travail, Ali. J'espère que tu es libre dans les prochaines semaines parce que j'ai déjà quelques belles commandes pour toi, assura-t-il d'un air jovial.

Ali écarquilla les yeux. Il n'avait jusqu'ici jamais imaginé que sa petite pâtisserie de quartier puisse devenir célèbre, mais depuis quelque temps les commandes affluaient. « Grâce à la guerre », pensait-il, car tous les pâtissiers ont échangé leurs spatules contre des fusils. « Grâce à ton talent », lui rétorquaient sa mère et ses deux sœurs, péremptoires.

— Ali, ta pièce montée a vraiment fait sensation, ajouta le directeur de sa belle voix grave. Tu vas pouvoir agrandir la boutique.

Et il partit dans un grand éclat de rire. Ali était à la fois heureux et gêné : il était l'indigène qui réussit, celui à qui l'on s'adresse avec cet éternel mélange de bienveillance et de condescendance. Le directeur prit congé, très excité par la soirée qui s'annonçait, et l'invita à aller se servir au buffet ; il l'avait amplement mérité.

Ali ne s'approcha pas du buffet. Il se contenta de déambuler parmi les invités endimanchés, observant leurs chapeaux et leurs costumes élégants, les hauts talons de ces dames, leurs mollets tout blancs, leur rouge à lèvres qui débordait comme si elles s'étaient empiffrées de cerises. Quelques serveurs se faufilaient parmi eux, le front perlant de sueur, ramassant ici ou là des verres vides qu'ils alignaient sur leurs plateaux ronds. Il vit le directeur du théâtre s'arrêter auprès d'un petit groupe qui attirait les regards. Ali s'approcha discrètement.

— Quel spectacle fabuleux, dit l'un d'eux. Joséphine Baker est vraiment une très grande artiste.

— Oui, époustouflante.

— Et vous aviez raison, Alger est en passe de devenir notre nouvelle capitale culturelle.

Le directeur se rengorgeait. Il avait face à lui l'écrivain André Gide et le poète Jean Amrouche, tous deux nouvellement installés à Alger. Il les remercia chaleureusement, les joues empourprées par le vin autant que par l'émotion. Leur présence était un honneur, ils étaient ici chez eux. Ne trouvant rien d'autre à dire, le directeur se tourna vers l'éditeur Edmond Charlot qui les accompagnait, et le gratifia d'une poignée de main.

— Et vous, comment ça va, la librairie ? Vous êtes toujours rue Charras ?

Edmond Charlot lui répondit d'un hochement de tête, un discret sourire aux lèvres. Il avait horreur des mondanités, toutes ces hypocrisies l'assommaient. Il n'avait qu'un seul intérêt dans la vie – la littérature – et une seule ambition : transmettre au monde les plus beaux textes et faire rayonner la civilisation méditerranéenne si chère à son cœur.

Edmond Charlot avait la réputation d'être un passionné, un passeur acharné. Camus et Giono figuraient à son catalogue, il avait publié des textes de Jane Austen, Virginia Woolf, Henry James. Et il était toujours à la recherche de nouvelles plumes et de nouveaux défis. Aussi, lorsque Jean Amrouche était venu le voir avec son projet de revue littéraire, il avait tout de suite accepté. « Je ne sais pas encore comment on fera pour imprimer, mais on se débrouillera, avait-il répondu, enthousiaste. Votre idée me plaît. »

Il faut dire qu'Amrouche avait su se montrer convaincant. Maintenant qu'Alger était la capitale de la France libre, avait-il affirmé, la ville avait une place à prendre dans le paysage littéraire en recomposition. Une revue était un bon moyen de s'affirmer. « Et puis j'ai un formidable assistant », avait-il ajouté en désignant Ferdinand.

À présent, le directeur du théâtre trépignait d'aller rencontrer le général de Gaulle. Pour ne pas paraître trop rustre, il fit un signe à l'un des serveurs, pointa l'index sur les verres vides de ses invités, puis après quelques simagrées de circonstances, il s'éclipsa.

— Je t'ai montré les nouveaux essais de maquettes ? dit Jean Amrouche en sortant de sa sacoche une poignée de feuillets froissés et annotés dans tous les sens.

Charlot eut un petit sourire amusé ; il avait trouvé aussi passionné que lui. Il regarda attentivement les propositions, revint sur l'une puis sur l'autre, hocha la tête, et conclut qu'elles étaient toutes très bien. À vrai dire, il lui laissait carte blanche. Amrouche hésiterait longuement, ne voulant pas se tromper, mais il finirait par choisir la maquette dont l'esthétique était la plus proche de celle de *La Nouvelle Revue française* – typographie sobre, titre rouge coquelicot, sommaire imprimé sur la couverture – et il opterait pour le nom qui lui était apparu une nuit en plein sommeil : *L'Arche*.

Larry McLowry était venu chercher Susie à la fin de la représentation, tenant timidement un bouquet de fleurs à la main. Un peu gênée, Susie plongea le nez dedans et s'amusa qu'elles ne sentent rien.

— Parce que c'est des fausses, railla Colette.

Susie fit mine de ne pas entendre.

— À demain, dit-elle en lui déposant une bise sur la joue. Repose-toi.

Susie avait rencontré Larry lors d'un précédent concert devant les soldats américains. Ils avaient sympathisé, bu un verre ensemble, et il lui avait parlé de Cape Cod, où il habitait. Tout en lui prenant doucement la main, il lui avait décrit la maison en bardeaux posée sur le sable blanc, la mer aux reflets métalliques, et cette lumière froide si particulière de la côte Est. Est-ce qu'elle connaissait le peintre Edward Hopper ? Susie n'en avait jamais entendu parler, mais elle avait laissé sa main dans celle de Larry et commencé à lui poser un tas de questions.

— Si c'est loin de New York ? avait répété Larry, étonné. C'est ça que tu veux savoir ?

Susie avait acquiescé et, peu à peu, elle avait senti son cœur battre sur une fréquence nouvelle : quelque part dans son imagination, les lumières de Broadway s'étaient mises à briller, aguicheuses et tentantes, bien décidées à infléchir le cours de son destin.

16.

Saïd refit surface après deux jours d'errance. Hirsute et sale, les yeux rouges à force d'avoir fumé, il ramena la petite chez elle sans un mot. Nour sauta dans les bras de sa maman, joyeuse et enfantine, ignorant totalement l'inquiétude des adultes.

— Regarde, dit-elle en tendant son petit poignet, regarde ce qu'on a fait avec tonton.

Malika tremblait de tout son corps et faillit défaillir en serrant son enfant contre elle. Le soulagement fut si intense qu'elle ne songea même pas à crier sur Saïd. Elle attrapa la main de sa fille, hagarde, et tandis que les larmes commençaient à lui brouiller la vue, elle vit apparaître cet enchevêtrement compliqué d'arabesques fleuries et orangées qu'une vieille femme du souk lui avait dessiné au henné.

Maximilien, lui, s'était tout de suite rué vers Saïd, les deux poings serrés, et si Amir n'était pas intervenu, sans doute lui aurait-il pété toutes les dents. Saïd n'avait pas cillé, il n'avait même pas reculé d'un demi-pas. En regardant Amir se débattre pour contenir Maximilien, l'enserrant comme il pouvait de ses bras tout maigres, Saïd s'était mis à rire d'un petit rire méchant et inquiétant. Puis, d'un coup, il leur avait tourné le dos et s'était éloigné en titubant.

Alors qu'il marchait d'un pas rapide et désordonné dans les rues de Kheireddine, la trajectoire incertaine, Saïd s'était revu gamin. Il avait repensé aux claques sur la tête que lui donnaient ses frères à la moindre occasion, si violentes qu'elles l'étourdissaient à chaque fois. Il ne disait jamais rien, ne pleurait pas. Il encaissait et disparaissait en se frottant le crâne, retenant ses larmes comme il pouvait. On l'appelait le débile, le bon à rien, l'incapable. Son père, quand il était là, l'ignorait ou le frappait, selon l'humeur. Sa mère, il ne l'avait pas connue, elle était morte à sa naissance. Saïd avait souvent pensé que la vie n'était pas gentille avec lui. Oui, il avait grandi avec ça, avec cette idée que la vie n'était pas gentille. Et quand la douleur cognait trop fort dans sa poitrine, que la solitude faisait trop mal, il allait regarder la mer ou partait se promener dans les ruines de Carthage. Cette beauté – il s'en était rendu compte – était la seule chose qui parvenait à le calmer.

Et puis un jour il avait rencontré Yousra. Avec elle, il avait cru pouvoir tout recommencer. Repartir de zéro. Lui qui ne croyait à rien, qui n'avait eu droit à rien, il avait cru pouvoir construire quelque chose avec Yousra. Il avait découvert la douceur, la bonté, il s'était mis à sourire et à s'ouvrir aux autres, à la couvrir de cadeaux. Tout de suite il avait voulu un enfant d'elle. Mais l'enfant n'était pas venu et Yousra, au fil du temps, s'était détournée de lui. Alors Saïd s'était remis à ruminer, à brasser de mauvaises pensées, à se renfermer sur sa haine. La vie recommençait à s'acharner sur lui.

Personne ne sut jamais exactement ce qui s'était passé pendant ces deux jours d'absence. Nour raconta qu'ils avaient dormi sur la plage, qu'ils avaient joué à construire des cabanes. Elle ne parla que d'amusements et de choses banales. Elle ne comprenait pas que ses parents lui posent autant de questions. Ils l'ennuyaient. Toutefois, quelques jours plus tard, Nour changea de comportement ; elle se montra taiseuse et renfrognée, irritable pour un rien, comme si quelque chose la perturbait. Malika s'était raidie en entendant sa fille dire que Saïd, quand même, avait été « bizarre ».

— Bizarre ?

Malika s'était accroupie auprès d'elle et avait parlé le plus délicatement possible, chuchotant presque, craignant sans doute de la brusquer.

— Bizarre comment ? Il t'a fait du mal, tonton ?

Nour avait remué la tête. Non non, pas du tout. Elle avait baissé les yeux, exactement comme si elle avait fait une grosse bêtise, et dans un murmure elle avait dit :

— Il m'a interdit de parler le français.

17.

Alger, décembre 1943

Ce jour-là, en fin d'après-midi, le ciel s'était chargé de lourds nuages, sombres et menaçants. Ils se déplaçaient lentement au-dessus de la baie d'Alger, tels des animaux paresseux, et donnaient à la mer une couleur sale – gris boueux, avec des reflets huileux. La chaleur était pesante, l'air électrique. Susie descendait la rue Charras au bras de son petit ami, Larry McLowry, et en voyant le ciel ainsi, elle songea qu'elle se sentait exactement pareille. Orageuse et tourmentée. Pourtant, ses perspectives étaient heureuses. Avec Larry, ils avaient décidé de se fiancer et de s'installer à New York dès que celui-ci serait démobilisé.

« Bientôt, tout Broadway s'arrachera la petite Française », lui avait prédit Joséphine Baker avec la fierté d'une dénicheuse de talent ; Susie en avait rougi jusqu'aux oreilles. Cette perspective l'enchantait, évidemment, d'autant que Joséphine Baker l'avait recommandée partout où elle pouvait. Elle mesurait sa chance et savait qu'il n'était pas question d'hésiter.

Mais en même temps, elle ne pouvait s'empêcher de penser qu'elle laissait une partie de sa vie derrière elle. « Sans compter que tu ne parles pas un mot d'english », lui avait objecté Colette, consciente toutefois que la partie était jouée.

Susie ralentit le pas et, tirant Larry par le bras, elle s'arrêta devant la vitrine de la librairie *Les Vraies Richesses*. Elle contempla un instant les ouvrages exposés : les noms sur les couvertures, du moins quelques-uns, sonnaient comme des connaissances familières. Elle songea à sa mère et aux dîners qu'elle organisait à Tunis, à la façon dont celle-ci parlait des auteurs qu'elle admirait, puis elle détourna le regard. Penser à sa famille faisait décidément trop mal. Larry demanda si elle voulait entrer, acheter quelque chose dans cette librairie. Mais Susie ne lisait pas. Elle fit non de la tête et se remit en marche.

Si elle était entrée, et si elle s'était avancée jusqu'au fond de la boutique, Susie aurait vu deux écrivains célèbres en train de disputer une partie d'échecs. André Gide était assis face à Antoine de Saint-Exupéry et, à sa mine pincée, il était visiblement en train de perdre – il était connu pour être très mauvais joueur. Si elle était entrée cet après-midi-là, Susie aurait également vu son petit frère, Ferdinand, qui travaillait d'arrache-pied sur le premier numéro de *L'Arche* dont la publication était imminente. La revue comptait de prestigieuses signatures, comme celles d'Henri Bosco, de Joseph Kessel ou encore d'Antoine de Saint-Exupéry, qui avait donné un texte magnifique intitulé *Lettre à un otage*. Le plus grand défi, à présent, consistait à trouver du papier pour imprimer et du fil à coudre pour relier l'ouvrage, ce qui était loin d'être une mince affaire. En ces temps de guerre, il fallait faire preuve de débrouillardise autant que d'ingéniosité, Edmond Charlot en savait quelque chose. Une fois, il avait utilisé des feuilles de boucher en guise de papier ; une autre, du fil métallique pour relier ses feuillets. Il avait même réussi à fabriquer de l'encre avec de l'huile de pépin de raisin mélangée à du noir de fumée qu'il avait gratté dans une cheminée.

— Antoine, c'est vous qui avez fait ça ?

Jean Amrouche tenait entre ses doigts un minuscule avion fait en papier d'étain. Saint-Exupéry leva le nez du plateau d'échec et acquiesça d'un hochement de tête. Oui, il se servait des emballages de chocolats pour fabriquer de petits avions qu'il distribuait aux enfants dans la rue.

— Les gosses aiment mes avions presque autant que les chocolats, expliqua-t-il avec un sourire timide. Et moi ça me ravit de les voir heureux comme ça.

C'est pendant ce bref moment d'inattention que Ferdinand avait surpris Gide en train de tricher. Le geste avait été furtif, presque enfantin ; Gide avait profité de l'instant où tous les regards étaient tournés vers le petit avion pour déplacer sa dame, et il avait dit à son adversaire, d'un air détaché : « À vous de jouer, Antoine. » Ferdinand n'en était pas revenu. Ça l'avait déconcentré quelques secondes puis il s'était remis au travail.

— Je viens de recevoir un manuscrit, dit Edmond Charlot, tout essoufflé, en passant le pas de la porte. Un texte formidable…

Sa sacoche sous le bras, la chemise mouillée de sueur, il revenait de son bureau du ministère de l'Information où il était mobilisé depuis plusieurs mois. Il raconta que le matin même, un mystérieux pli lui était parvenu avec la mention « Prière d'imprimer ».

Tous s'approchèrent avec curiosité lorsqu'il ouvrit sa sacoche. L'enveloppe contenait un paquet de feuillets jaunis, entourés d'un mince morceau de ficelle, et le mot qui l'accompagnait indiquait que le texte allait être réimprimé en France clandestinement.

— Il faut trouver du papier tout de suite, dit Charlot solennellement. Tu vas m'aider ? ajouta-t-il en se tournant vers Ferdinand.

Sur ce coup-là, la chance fut de leur côté. Ils n'eurent pas à chercher longtemps. L'un des imprimeurs que connaissait Charlot, un fervent partisan de la France libre, venait de recevoir un fond de papier et proposait de le lui céder pour presque rien. « Je t'assure que tu ne te trompes pas, avait dit Edmond Charlot en lui serrant la main chaleureusement. C'est un texte qui à coup sûr fera date dans l'histoire de la Résistance. »

Deux jours plus tard, le livre se trouvait exposé dans la vitrine de la librairie. Edmond Charlot n'avait jamais imprimé aussi vite, et l'émotion fut grande lorsqu'il put tenir le premier exemplaire entre ses mains. Il caressa doucement la couverture, l'admira, la trouva très réussie : le titre était écrit dans un grand rectangle rouge posé à la verticale, sur un fond blanc. Très vite, à Alger puis ailleurs, on ne parla plus que de ce texte court et puissant qu'il fallait lire absolument – *Le Silence de la mer,* signé d'un certain Vercors.

Edmond Charlot, une fois de plus, ne s'était pas trompé. La totalité des exemplaires fut écoulée en moins d'une semaine.

IV.

Douze ans plus tard

1.

Paris, quartier d'Aligre, 1956

À cette heure-ci, au marché, on bradait les derniers kilos de tomates, de courgettes ou de pommes de terre. Les vendeurs y allaient de toute leur gouaille, ils alpaguaient les passants, leur promettaient les meilleures affaires. La rue était jonchée d'épluchures et de fruits écrasés. Les commerçants les plus chanceux, ceux qui avaient déjà écoulé toute leur marchandise, commençaient à ranger leurs étals. Maximilien salua d'un signe Habib et Kader, les deux frères qui tenaient le stand devant son immeuble et qui, comme lui, avaient traversé la Méditerranée pour venir travailler en France.

— Tiens mon ami, dit Kader en piochant au hasard quelques pêches bien mûres. Tu donneras ça à ta fille.

Il lui tendit les fruits et, avec un sourire qui dévoilait des dents sombres et gâtées par le tabac, il ajouta :

— Elles viennent de Montreuil, c'est les meilleures.

Maximilien n'essaya même pas de refuser. Il remercia Kader, donnant une cigarette en échange, et s'engouffra dans l'immeuble. Ici la cage d'escalier puait le moisi, les appartements étaient minuscules et vétustes, mais Maximilien aimait cet endroit plus que tout autre. Il s'y sentait bien. À sa place. Et puis il appréciait ses voisins, des Tunisiens et des Algériens pour la plupart, qu'il retrouvait souvent pour une partie de cartes ou pour échanger les dernières nouvelles.

En entrant dans le petit appartement, il vit la vaisselle entassée dans l'évier, le cendrier plein, tout le bordel qu'avait laissé sa fille. Le soleil inondait la pièce et l'on voyait des grains de poussière dorés danser devant la fenêtre. Maximilien posa les pêches sur la table, avec les croissants qu'il avait rapportés de la boulangerie, puis il s'approcha du tas de couvertures d'où dépassait une masse de longs cheveux noirs, aussi épais que du crin de cheval.

— Nour, chuchota-t-il en la secouant doucement par l'épaule.

Le tas de couvertures grogna vaguement.

— Bon anniversaire, mon soleil.

Nour remua un peu, sortit un bras, le laissa pendre, et s'immobilisa à nouveau.

— Réveille-toi, Nour, on va déjeuner chez ta grand-mère.

À ces mots, Nour rabattit brusquement la couverture sur sa tête et disparut complètement dessous. Maximilien soupira, bah d'accord c'est sympa, puis il ramassa les vêtements éparpillés au sol, vida le cendrier, rinça rapidement la vaisselle dans l'évier.

— J'ai demandé à Adel de faire le gâteau à la fleur d'oranger. Exprès pour toi. Allez, lève-toi.

Adel, c'était le boulanger avec qui Maximilien travaillait depuis maintenant presque trois ans. Sa boutique était située non loin de là, rue de Charenton, juste à côté du bistrot auvergnat où Nicole était employée comme serveuse.

Chaque jour, Maximilien arrivait à la boulangerie au milieu de la nuit, protégé par les étoiles et le silence, et il n'en ressortait que peu avant midi. Là, quand il quittait le fournil, les cils encore couverts de farine, il venait s'asseoir un moment au comptoir du bistrot et discutait avec les uns et les autres. Nicole lui servait un café au lait, baissant toujours un peu les yeux au moment où elle posait la tasse devant lui, puis elle s'empressait de passer un chiffon sur le zinc ou de laver les verres qui traînaient. Nicole était une jeune fille timide et très jolie, avec de grands yeux verts et de fines taches de rousseur saupoudrées sur le bout du nez. Avec Maximilien, ils ne s'étaient jamais adressé la parole mais, secrètement, ils se plaisaient. Et puis un jour ils échangèrent leur premier baiser. Maximilien s'était alors senti comme un gamin, le cœur aussi léger qu'une bulle de savon, retrouvant une gaieté qu'il avait depuis longtemps oubliée. Il avait toutefois mis plusieurs semaines avant d'oser en parler à Nour tant il redoutait sa réaction. Depuis la mort de sa mère, elle était tellement imprévisible.

Adel venait de Tataouine, au sud de la Tunisie, et il maîtrisait l'art du croissant et du pain de campagne comme personne. Il avait appris le métier auprès de son père, travaillant à ses côtés jour et nuit, avec acharnement et volonté. C'était un élève appliqué, soucieux de réussir et de plaire à son père. Parfois, Adel repensait à la dureté de cet homme, à sa force physique, à son exigence intraitable. À sa manière aussi de féliciter son fils lorsque la croûte du pain était dorée comme il faut. Mais tout ça, c'était avant. Avant que son père ne le surprenne en train d'embrasser un garçon. Adel avait alors dû quitter la maison du jour au lendemain, avec pour seul bagage un vêtement de rechange et un peu d'argent. Il avait pris la route vers le nord pour rejoindre Tunis et, de là, sans vraiment réfléchir, il avait embarqué pour la France, la patrie de la baguette et du bon pain.

— Allez Nour, debout maintenant ! insista Maximilien, haussant cette fois la voix.

Sa fille se leva alors d'un bond, comme un automate qu'on remonte, les yeux cachés derrière sa crinière noire tout emmêlée et la moue boudeuse. Sans un bonjour ni un regard, elle se dirigea vers l'évier, se rinça la bouche plusieurs fois.

— Dix-huit ans… dit son père, ému. Tu te rends compte…

Nour ne répondit pas. Elle détestait fêter son anniversaire. Comme elle détestait la plupart des choses depuis que sa mère était morte. Elle s'était mise à fumer, à sécher les cours, à hurler pour un rien. Maximilien faisait de son mieux pour prendre soin d'elle et pour qu'elle grandisse normalement. Mais il faut reconnaître que ce n'était pas une mince affaire. Et plus le temps passait, moins il la reconnaissait.

Nour avait sauté dans ses vêtements de la veille et noué ses cheveux à la va-vite, et elle avait quitté l'appartement avant même que son père s'en aperçoive.

— On se retrouve là-bas, j'ai quelque chose à faire, avait-elle dit sans se retourner, claquant la porte derrière elle.

Maximilien resta un moment le regard fixe, incapable du moindre mouvement. Puis il alluma une cigarette et se laissa envelopper par la fumée bleutée, piquante et rassurante, cherchant sans doute quelque part dans sa mémoire la petite fille si vive et si joyeuse qu'il avait connue.

2.

Louise, la gouvernante de la maison, versa l'eau bouillante dans la théière en porcelaine, laissa infuser quelques instants, et tartina les toasts avec du beurre fermier. Elle ajouta un œuf à la coque qu'elle sala et poivra, termina d'arranger le plateau, puis d'un pas rapide mais discret elle traversa le long couloir décoré de gravures anciennes – scènes de chasse, portraits d'ancêtres, natures mortes – et vint le déposer juste devant le bureau de Ferdinand. Elle frappa trois coups légers à la porte, signifiant que le petit-déjeuner était servi, et s'effaça aussitôt.

Chaque matin, Ferdinand se levait à six heures et se mettait immédiatement à sa table de travail, sans boire ni manger. Il écrivait deux heures d'affilée, sans quitter sa feuille des yeux, et c'est dans cet état de flottement, proche du rêve, qu'il parvenait à créer. Des phrases simples et précises, surgissant spontanément. La méthode avait fonctionné pour son premier roman, publié deux ans plus tôt par les éditions Gallimard. Le livre avait été un succès, traduit dans une dizaine de langues, et son talent unanimement salué. Il avait répondu à des tas d'interviews, se faisait prendre en photo, était invité partout. Le monde littéraire lui déroulait le tapis rouge. Et puis, quelques mois plus tard, Françoise Sagan avait débarqué par surprise avec son livre *Bonjour tristesse*, publié par Julliard, déclenchant une véritable tempête. On ne parla plus que d'elle.

Depuis, Ferdinand travaillait comme un acharné sur son deuxième roman. Il était sûr de tenir un bon sujet, des personnages exaltants et une écriture qui avait gagné en maturité.

Il alla récupérer son petit-déjeuner derrière la porte, avala une tasse de thé et un toast puis se remit aussitôt au travail. Mais aujourd'hui, rien ne venait. Sans doute à cause du mauvais whisky qu'il avait bu la veille dans cette cave enfumée de Saint-Germain-des-Prés. Trop d'alcool, trop de bruit. Et puis peut-être aussi à cause de Simon, qu'il avait recroisé ce soir-là par hasard.

Simon. Simon Stora. Ça avait été son grand ami à son arrivée à Paris, fin 1944. Il venait d'Afrique du Nord, tout comme lui, et sans doute cela avait-il joué. Leur amitié fut intense et passionnée, sincère, mais ne dura toutefois que quelques mois. Ferdinand, quoi qu'il en dise, en garderait un souvenir amer et tenace, comme une blessure qui n'aurait pas cicatrisé.

Simon Stora était un juif d'Algérie, originaire d'Oran. Il était bavard et généreux, excessif, et avait en horreur l'injustice. Son modèle, son maître absolu, n'était autre qu'Albert Camus. D'ailleurs, l'une des premières choses qu'il avait racontées à Ferdinand, c'est qu'il avait eu la chance incroyable de l'avoir comme professeur en 1941. À cette époque, les Juifs avaient été exclus des écoles et des lycées, mais certains professeurs avaient continué de faire cours, clandestinement, et c'est ainsi que Camus s'était trouvé à enseigner le français pendant quelques mois, dans la cuisine d'un appartement de la rue Eugène Étienne, en plein centre d'Oran.

Simon et Ferdinand avaient commencé à travailler à *France-Soir* au même moment, d'abord comme correcteurs puis très vite comme journalistes. Ils partaient en reportage ensemble, interviewaient, écrivaient à quatre mains. Leur duo fonctionnait à merveille. Ils étaient vite devenus inséparables. Ils avaient la même façon de travailler, la même exigence, les mêmes références. Le 8 mai 1945, on les avait vus arpenter les rues de la capitale, carnet à la main, tâchant de retranscrire au plus près l'atmosphère et l'émotion de cette journée historique. Leur reportage, à la fois vibrant et sobre, fut remarqué par le rédacteur en chef et repris par de nombreux journaux.

Pourtant, c'est précisément cette journée-là qui allait avoir raison de leur amitié. En Algérie, le 8 mai avait été marqué non par la fête mais par le sang : au cours d'une manifestation, à Sétif, un homme dans la foule avait levé un drapeau vert et blanc, étoile et croissant rouge au centre, et un policier lui avait tiré dessus. « Pas de drapeau algérien », avait-on prévenu. On célébrait la France victorieuse et rien d'autre. Ne l'avaient-ils pas compris, ces Arabes qui pourtant s'étaient battus contre les Allemands ?

Un drapeau. Juste un drapeau. Ce fut l'étincelle qui embrasa le pays. Dans les jours qui suivirent, la violence se déversa comme l'huile d'un tonneau crevé, se répandant partout où elle pouvait. Des centaines de Français furent assassinés en représailles, et des milliers d'Algériens abattus ; certains mutilés, d'autres jetés vivants du haut d'un pont ou d'une falaise.

« Algérie : C'est l'agitateur Ferhat Abbas qui a suscité les troubles », avait titré *France-Soir* quelques jours plus tard. Simon Stora avait été consterné par cette mauvaise foi si flagrante, et si contraire à l'éthique journalistique. Il s'était emporté contre le réflexe colonialiste, avait argumenté, activé les contacts qu'il avait encore en Algérie pour rétablir la vérité, mais personne n'avait daigné l'écouter. Il avait quitté le journal peu de temps après et fut choqué – pour ne pas dire profondément blessé – que Ferdinand ne fasse pas de même. Il ne donnerait plus jamais de nouvelles.

Il fallut quelques années de plus, beaucoup de labeur, et pas mal de pages suées dans une sorte de fièvre inconsciente pour que Ferdinand achève son premier roman. Son rédacteur en chef, qui l'appréciait beaucoup et estimait son travail, le présenta alors comme convenu à l'un des éditeurs de Gallimard, Marc-Antoine d'Archambault. Pour atteindre son rêve, Ferdinand avait certes dû faire quelques concessions sur ces convictions mais, pensait-il, cela en valait la peine.

On frappa à la porte. Par réflexe, Ferdinand retourna la page qu'il était en train d'écrire et plaça un encrier dessus ; il avait horreur qu'on lise son travail en cours. Pauline était entrée dans la pièce sur la pointe des pieds, sans un bruit, et vint lui déposer un petit baiser au creux du cou.

— Je ne voulais pas te déranger… mais tu me manquais, chuchota-t-elle.

Pauline avait une peau douce et fraîche comme un printemps, des dents blanches bien alignées, et un amour inconditionnel pour Ferdinand. C'était la fille de son éditeur. Ils s'étaient mariés devant le prêtre de l'église Saint-Germain-des-Prés quelques mois auparavant.

— Tu ne me déranges pas, répondit-il en l'attirant à lui. Au contraire.

Et il glissa une main sous son chemisier, remonta jusqu'à ses petits seins ronds comme des mandarines puis il la fit asseoir à califourchon sur lui. Pauline sentit la chaleur monter en elle, son corps mollir. Ferdinand l'embrassa alors avec gourmandise, sa langue caressant les dents de Pauline, ses doigts se baladant jusque sous ses sous-vêtements ; Pauline gémit doucement, prit le visage de Ferdinand entre ses mains, puis elle se cabra, les joues en feu, heureuse et folle de lui.

Ferdinand était son premier amour. Elle s'imaginait qu'il avait grandi dans un pays éclatant de soleil, au milieu des souks, des diseuses de bonne aventure et des minarets à pointes d'or. Elle imaginait les habitants vêtus de gandouras blanches et sales, leurs chéchias posées sur la tête ; elle imaginait la Méditerranée scintillante, les rues balayées par le vent salé, les innombrables marchés aux épices, poisseux et colorés. Est-ce qu'il pouvait lui raconter tout cela ? Est-ce qu'il pouvait la faire rêver ?

Ferdinand esquivait toujours car il détestait qu'on lui rappelle son passé, tout comme il détestait cet accent que lui seul entendait, ces petites intonations de Tunis qu'il tâchait sans cesse de gommer.

Ce déjeuner chez ses parents l'assommait. Il avait réussi à convaincre Pauline de ne pas l'accompagner. Cela lui rendait les choses plus faciles, de ne pas mêler sa nouvelle vie à sa famille. À vrai dire, c'était toujours compliqué pour lui de voir sa mère si diminuée. Si différente de ce qu'elle avait été – plus de patients à soigner, plus de grandes discussions sur la littérature, sur la musique, sur le monde tel qu'il va. Son opération lui avait évidemment laissé d'importantes séquelles, on lui avait retiré un tel bout de cerveau. Mais plus encore, ce fut la mort de son amie Martha – et sans doute son départ précipité de Tunis peu après – qui acheva de la faire dérailler.

3.

Après l'orage de la nuit, le ciel était clair et frais, d'un bleu tendre, comme lavé. Seuls quelques restes de nuages subsistaient, aussi fragiles que des morceaux de gaze qui s'effilochaient lentement. Le Dr Aboulker termina sa tasse de café, vaguement écœuré par son goût âcre et brûlé, puis il entrouvrit la fenêtre à l'italienne. De là où il se trouvait, au dernier étage de l'hôpital Sainte-Anne, il apercevait les murs de la prison voisine, la Santé. Souvent, il entendait les prisonniers taper sur leurs barreaux, crier des insultes, apostropher les passants dehors et leur arrogante liberté. Au début, ce vacarme l'avait effrayé, angoissé même, mais avec le temps il s'y était habitué. Au fond, étaient-ils si différents de ses patients à lui, enfermés dans leur pathologie, prisonniers d'eux-mêmes ?

On fit entrer sa première patiente. Elle s'assit tout en le regardant, sans un mot, avec un sourire complice. Le docteur la salua et lui demanda comment elle allait depuis la dernière fois. La patiente commença à énumérer ses symptômes, de manière clinique, visiblement très à l'aise. Aboulker prenait des notes à la va-vite, sans cesser de l'observer. Elle ne semblait pas trop mal aujourd'hui. Il la connaissait bien désormais. Et il faut dire qu'il avait pour elle une certaine tendresse ; sans doute le fait qu'elle soit une ancienne consœur y était pour quelque chose.

— La dernière fois, vous aviez commencé à me parler de votre amie.

Anne fronça les sourcils, remua sur sa chaise.

— Martha, c'est bien ça ? ajouta-t-il.

Elle sembla hésiter puis, baissant les yeux, elle dit à mi-voix :

— Je viens d'avoir soixante ans, vous savez. Je me sens fatiguée.

Quand Anne était rentrée à Tunis après son opération, à la fin de la guerre, sa plus grande joie – après avoir appris que ses enfants étaient tous sains et saufs – avait été de retrouver Martha. Très vite, elles s'étaient installées toutes les deux avec Théo dans la villa de Sidi Bou Saïd, face à la mer. Elles se levaient tard, s'occupaient du jardin, préparaient des tartes ou des tagines, et en fin de journée, elles allaient toujours prendre l'apéritif quelque part. Près de dix années étaient passées ainsi, douces et lentes, ignorant autant que possible les fracas du monde. Anne avait fait sienne cette phrase de Tolstoï qu'elle avait autrefois lue dans *La Guerre et la Paix* et qui disait à peu près ceci : « *Mieux vaut se détourner des choses désagréables jusqu'à ce qu'elles surviennent et penser à ce qui est agréable.* »

Et puis il était arrivé cet événement. Cet événement si absurde qu'elle avait mis plusieurs semaines avant de comprendre qu'elle ne se réveillerait pas de ce cauchemar.

C'était le dernier jour du mois de juin 1954, vers cinq heures de l'après-midi. Anne et Martha avaient pris la voiture et s'étaient éloignées un peu de la ville car toutes deux appréciaient cheminer parmi les vergers, les champs d'oliviers, les petits hameaux paisibles. Ces paysages leur faisaient du bien. Elles s'étaient arrêtées dans l'un des villages qu'elles connaissaient bien et, à la terrasse du café, Martha avait commandé une anisette, Anne une orangeade. Depuis son opération, elle ne pouvait plus boire une goutte d'alcool, sans quoi elle vomissait instantanément.

Après quelques gorgées d'anisette, Martha s'était remise à lui parler de son désir de partir, de quitter le pays. Anne avait écouté sans dire un mot, la gorge nouée. Martha lui avait à nouveau confié qu'elle ne se sentait plus en sécurité ici. Ce n'était pas son genre d'employer ces termes alors Anne avait hoché la tête, mais Martha avait insisté : elle ne se sentait plus en sécurité en tant que juive. Elle lui avait parlé de ces cousins qui s'étaient installés en Israël, près de Netanya, et qui possédaient une plantation d'orangers.

— En fait, je me vois bien… avait-elle commencé.

Mais à cet instant, exactement à l'instant où Martha s'apprêtait à dire que, tu vois, elle se verrait là-bas à cultiver des oranges au soleil, Anne avait vu cette voiture noire surgir de nulle part, et le canon brillant d'une mitraillette se braquer sur elles, crépitant et envoyant des éclairs.

Anne s'était retrouvée sous la table sans savoir comment, recroquevillée sur elle-même tel un petit animal aux abois, protégeant sa tête par réflexe. Et puis il y avait eu cette masse, cette masse lourde et chaude qui était tombée sur elle, et tout ce sang qui avait coulé sans qu'elle sache si c'était le sien ou bien celui de.

Martha.

Sa respiration heurtée, difficile.

Ses paupières à demi fermées.

Au moment de mourir, Martha avait eu des mots si gentils, si doux, articulés avec peine mais prononcés tout de même. Anne avait ensuite senti ses derniers battements de cœur s'éteindre au creux de sa paume. Les derniers battements du cœur de Martha.

Tout au long de sa vie, Martha n'avait cessé de répéter que la haine de l'Autre ne menait nulle part. Qu'il valait mieux se mettre à sa place et le comprendre – essayer du moins. Et elle avait raison, Anne le savait. Mais c'était difficile. Car chaque fois qu'elle y repenserait, chaque fois que ce drame ressurgirait des ténèbres et se présenterait à sa mémoire, Anne reverrait cette image, obsédante et effroyable : au moment de tirer, le tueur leur souriait.

Le Dr Aboulker avait attendu que sa patiente se lance, l'encourageant de son silence bienveillant, mais il avait vu quelque chose de terrible passer dans ses yeux, comme un éclair de terreur.

— Vous… vous voulez en parler ?

— Non, dit-elle simplement. Je n'ai pas envie d'en parler.

4.

Cette petite rue étroite et légèrement en courbe du quartier des Gobelins, dans le XIIIe arrondissement, se trouvait à l'endroit exact où coulait autrefois une rivière, la Bièvre. Celle-ci prenait sa source dans les Yvelines, sillonnait plusieurs départements du sud de Paris, puis entrait dans la capitale au niveau du parc Montsouris ; le cours d'eau traversait alors trois arrondissements et remontait jusqu'au jardin des Plantes, où il se jetait dans la Seine.

Pendant près de trois siècles, l'eau de la rivière avait servi aux activités industrieuses du quartier : les tanneurs y rinçaient leurs peaux, les teinturiers y déversaient leurs cuves d'indigo, d'écarlate ou de bleu de Prusse, et les équarrisseurs y jetaient leurs carcasses d'animaux. Les moines, eux, l'utilisaient pour irriguer leurs potagers. Quant aux habitants, ils y déversaient leurs déchets et leurs excréments, si bien que la plupart du temps la puanteur du quartier était insoutenable. Pour cette raison, la rivière fut ensevelie en 1912 sous une épaisse couche de pierres et de béton.

Anne et Théo habitaient au numéro 3, à l'emplacement d'une ancienne teinturerie. Ça avait plu à Théo, d'imaginer tous les pigments et les couleurs qui s'étaient trouvés en ces lieux ; ça l'inspirait et lui donnait envie de peindre. D'ailleurs, depuis qu'ils avaient emménagé là, il sortait tous les jours ses pinceaux et chevalets et, il faut bien le dire, ses tableaux étaient réussis. Beaucoup plus qu'à Tunis.

Pourtant, l'endroit était sombre et vétuste, minuscule. Ils étaient arrivés à Paris sans argent ou presque, forcés d'abandonner leur belle villa de Sidi Bou Saïd et vendant pour une bouchée de pain l'appartement de l'avenue Roustan. Ainsi va la vie, avait songé Théo en posant ici ses valises, on pouvait très bien s'endormir comme un prince et se réveiller au matin dans les habits d'un mendiant.

Quand le déjeuner fut terminé et que Nour eut soufflé ses bougies, Anne s'installa dans la cour de l'immeuble pour profiter des premiers rayons du printemps. Comme ils vivaient au rez-de-chaussée, c'était un peu leur petit jardin à eux. Anne avait acheté des pots pour planter des géraniums, quelques œillets, des aromates.

Maximilien lui apporta un thé avec beaucoup de sucre et un peu de menthe. Elle attrapa la tasse d'une main qui trembla. Il la regarda avec une sorte de tendresse triste. Se rapprocha. Puis d'un geste protecteur, comme on l'aurait fait pour rassurer un enfant, il posa doucement sa main sur sa tête, caressa ses cheveux.

— Il t'a plu le gâteau ?

Elle aspira une gorgée de thé brûlante en retroussant les lèvres, puis acquiesça d'un hochement de tête.

— C'est Adel qui l'a fait.

À son regard, il comprit que ça ne lui évoquait rien.

— Le Tunisien avec qui je travaille à la boulangerie.

Maximilien savait qu'elle n'avait pas reconnu le goût de la fleur d'oranger, ce goût dont pourtant elle raffolait quand ils vivaient là-bas. Il savait aussi que le thé à la menthe ne lui rappelait plus aucun souvenir. Elle avait désormais presque entièrement perdu la mémoire.

— Ça s'est bien passé avec le médecin, ce matin ?

— Il trouve que je vais bien, oui.

Maximilien lui sourit gentiment. Je regrette, avait-il envie de lui dire. Je regrette tous ces moments ratés qu'on ne rattrapera jamais. Je regrette de t'avoir fait tant de mal et d'avoir été si…

— Mais bon, c'est un optimiste, Aboulker. Moi je sais bien que…

Et elle ne termina pas sa phrase, une fois de plus.

— Aboulker ? répéta Maximilien en levant un sourcil. Il s'appelle comme ça, ton médecin ?

Les yeux d'Anne se posèrent sur les géraniums, et son regard devint fixe, tout à fait absent. Ça lui arrivait de plus en plus souvent désormais.

— C'est drôle… Moi aussi j'ai connu un Aboulker qui était médecin, ajouta-t-il sans se douter un instant de la coïncidence.

Ces derniers temps, Maximilien éprouvait quelque chose de nouveau pour lui – la possibilité de se sentir heureux.

Il avait laissé derrière lui la Tunisie et la femme de sa vie, c'est vrai, mais il faut reconnaître que son âme était plus apaisée. Il passait de bons moments avec Nicole, simples et agréables. Et avec Adel, à la boulangerie, ils parlaient l'arabe et évoquaient la Méditerranée ; une manière de conserver dans son cœur quelque chose de là-bas. Ici, il élevait sa fille, menait sa barque, parvenait à profiter de petits moments de bonheur. Au fond, est-ce qu'on pouvait vraiment demander plus ?

Nour sortit à son tour du minuscule rez-de-chaussée et vint s'asseoir en tailleur dans un coin de la courette. Elle alluma une cigarette, sans un regard pour eux. Maximilien observa ses beaux cheveux noirs qu'elle avait noués en une longue tresse, son visage, sa cicatrice qu'on ne voyait presque plus. Elle avait le même regard sombre et déterminé que sa mère, le même feu sauvage qui brillait à l'intérieur, la même intransigeance.

Maximilien avait tant de fois pensé aux dernières heures de Malika qu'il avait la certitude que les choses s'étaient déroulées exactement comme il les avait imaginées.

Ce jour-là brillait un doux soleil d'hiver, le mois de janvier 1952 touchait à sa fin. Malika était venue voir sa grand-mère à Tazarka. Elle s'était accroupie devant la chaise où Fatima était assise depuis plusieurs jours, les yeux obstinément clos, et elle avait caressé la main de sa grand-mère.

— Elle n'a toujours rien mangé ? avait-elle demandé en se tournant vers sa sœur.

Yousra avait remué la tête.

— Non, rien. Elle dit que c'est la fin.

Avec douceur, Malika s'était alors approchée de l'oreille de sa grand-mère, celle qui les avait élevées avec tant de bonté et de générosité, et elle lui avait murmuré quelques mots. La vieille dame aveugle était restée immobile sur sa chaise, raide, mais une larme fugace s'était échappée de ses yeux clos.

Cela faisait plusieurs semaines que les tensions étaient vives dans le pays. Tous les jours des heurts avec la police, tous les jours des gens tués. « C'est la fin et la France ne veut pas le voir », avait dit la vieille femme à Yousra, la semaine précédente. Un lieutenant français avait trouvé la mort dans des affrontements, on n'avait pas réussi à arrêter les coupables, alors en représailles les épiceries et les maisons de plusieurs villages avaient été incendiées.

Tandis que Malika était en train d'essayer de donner un peu de soupe à Fatima, plusieurs coups de feu avaient retenti. Et tout de suite après : des cris affolés, des portes qu'on fracasse, de la vaisselle qui se brise.

— Aide-moi, vite, on va la mettre à l'abri, avait dit Malika en tâchant de soulever la chaise d'où sa grand-mère refusait de bouger.

Mais les soldats ne leur laissèrent pas le temps d'aller où que ce soit, ils avaient enfoncé la porte et pointé leurs armes sur elles en hurlant des phrases désordonnées.

Malika avait eu ce réflexe courageux d'avancer vers eux les mains en l'air : elle les suppliait de ne pas effrayer la vieille dame qui avait le cœur fragile. Les soldats avaient d'abord été étonnés qu'elle parle si bien, sans une once d'accent, et puis l'un d'eux avait répliqué que les Arabes n'étaient pas chez eux ici. Il lui avait donné un violent coup à l'épaule, lui faisant perdre l'équilibre. Un autre avait alors balancé toutes les courges et les tomates qui se trouvaient sur la table et les avait piétinées avec une rage disproportionnée. Puis ce fut au tour du bidon d'huile d'olive : entièrement vidé au sol. Malika s'était mise à leur hurler dessus, arrêtez ça, c'est nos seules réserves, mais l'un des soldats avait immédiatement répliqué :

— Ferme-la ou j'abats la vieille.

Sans réfléchir, Malika s'était ruée vers sa grand-mère, la protégeant de son corps, et dans la confusion l'un des soldats avait tiré, touchant la jeune femme en plein cœur.

Farid, le sourd-muet du village, avait tout vu. De terreur, il avait été incapable de bouger. L'un des soldats l'avait alors empoigné par le col, lui ordonnant de crier « Vive la France ». Farid l'avait fixé d'un air hébété. Il avait peut-être essayé de lui faire comprendre qu'il n'entendait pas, qu'il était sourd. Mais le soldat l'avait ignoré et avait répété : « Vive la France. Dis-le, merde ! » Il avait attendu quelques secondes puis, excédé, avait vidé son arme sur lui. Farid s'était effondré mollement à ses pieds, tel un pantin désarticulé.

Ce jour-là, à Tazarka, les maisons furent pillées et saccagées. La nourriture souillée, les bijoux volés, les Corans déchirés. Des femmes furent violentées, parfois violées devant leurs enfants qu'on força à regarder. Plusieurs nourrissons furent arrachés des bras de leur mère et jetés au sol. L'un d'eux fut même piétiné par un soldat.

Les hommes du village, pendant ce temps-là, avaient été rassemblés un peu à l'écart et ils avaient dû écouter les cris de leurs femmes, impuissants et effrayés, se pissant parfois dessus. À la fin, on avait lâché les chiens sur eux.

« Le soleil brûlera les yeux de tous ceux qui se tairont », avait ce jour-là prédit l'un des vieillards du village, l'index levé vers le ciel, tel un oracle.

5.

La veille, la pianiste d'origine hongroise Julia Weissmann avait triomphé devant le public de la salle Pleyel. Lors de cette soirée, elle avait joué ses préférés, Schubert, Liszt et Mozart, ainsi qu'une pièce de sa composition. Les critiques avaient été unanimes : rarement on avait entendu une interprétation si délicate et si virtuose. Un récital qui ferait date, à coup sûr.

Comme chaque fois qu'elle se produisait, Julia Weissmann n'arrivait pas à s'endormir avant l'aube. L'adrénaline, la peur, la concentration extrême. Il lui fallait plusieurs heures avant de pouvoir redescendre, alors elle se promenait le long de la Seine, se perdait dans des rues qu'elle ne connaissait pas, et s'arrêtait parfois pour boire un verre, seule à la table d'un bistrot. Tous ses fantômes étaient là avec elle, tranquilles et sages, bavardant à mi-voix quelque part dans sa tête. Dans ces moments, l'alcool ne lui faisait rien ; elle avait beau boire et reboire, elle n'était jamais ivre. Elle ne rentrait qu'au petit matin, quand le soleil filtrait par la fenêtre et réchauffait l'appartement d'une pâle lumière poudrée. Elle habitait rue Jacob, dans le VIe arrondissement, dans l'immeuble qui jouxtait celui où avait vécu l'écrivaine Colette.

Quand elle glissa la clé dans la serrure ce matin-là, tout doucement pour ne pas réveiller les petits, András et Sándor, qui s'étaient endormis dans le salon en attendant leur maman, elle sentit une présence derrière elle. Sa respiration s'accéléra, ses mains devinrent moites. Toutefois, elle ne se retourna pas. Elle savait que c'était lui – le fantôme de son père, si envahissant et si accusateur ces derniers temps.

Le salon était en désordre, avec des jouets et des crayons de couleur éparpillés partout au sol. Elle remit la couverture sur les enfants, tous deux recroquevillés en chien de fusil dans le sofa, et s'attendrit un instant devant leur beauté. Leurs visages lisses comme des galets, leurs petits nez si délicats, leurs joues chaudes et rebondies comme des brioches. Au moment où elle effleura leurs cheveux, elle sentit le sommeil venir enfin.

Dans sa chambre, elle se déshabilla sans un bruit et vint se glisser dans le lit où dormait Colette – la sienne, pas l'écrivaine – et elle lui déposa un léger baiser sur l'épaule, avant de sombrer à son tour dans un profond sommeil.

Quelques heures plus tard, Colette emmena les enfants jouer au parc. Elle consola András qui s'était écorché le genou, félicita Sándor qui s'entraînait à jongler avec son ballon, et quand ils eurent faim elle leur donna un petit pain à la confiture. Cela faisait maintenant près de deux ans qu'elle s'occupait des enfants de Julia, et jamais elle n'aurait imaginé être aussi tendre et prévenante, aussi à l'aise. « On dirait que tu fais ça depuis toujours », lui répétait Julia, ravie.

Tout s'était passé si vite. Parfois la vie bifurque aussi brutalement que le vent tourne, sans qu'on s'y attende.

C'était un soir, un peu plus de deux ans auparavant. Colette s'était occupée de maquiller et coiffer la pianiste avant son concert, et dès qu'elle avait approché ses mains, dès qu'elle avait touché ses cheveux et effleuré sa peau avec le pinceau, l'air s'était immédiatement tendu dans la loge. Julia n'arrivait pas à la regarder ; elle avait senti ses joues rosir et s'échauffer – pourtant, combien de fois s'était-elle soumise au rituel du maquillage ? Combien de fois lui avait-on fait les plus beaux chignons de la terre ? fardé les joues ? pailleté les paupières ? – et elle était entrée en scène dans un état de nervosité inhabituel. Pendant tout le récital, elle avait joué en pensant à la jeune femme qui l'avait maquillée, à ses mains si douces, à son parfum enivrant de fleur de jasmin. Après le concert, son mari était venu la retrouver dans sa loge et l'avait félicitée avec enthousiasme. Rarement elle avait joué avec tant de cœur, elle avait été fabuleuse, véritablement *bouleversante*. Julia avait été gênée du compliment et Colette, qui terminait de ranger ses pinceaux et ses fards, avait souri malgré elle. « Voulez-vous que je vous démaquille ? » avait-elle demandé à mi-voix, mais le mari avait coupé aussitôt : « Surtout pas, tu es magnifique comme ça, ma chérie ! Allons dîner. » Il avait salué Colette avec élégance, laissant dans la loge un parfum de vétiver très frais, et s'était éclipsé. Julia avait alors rassemblé ses affaires, hésitante et maladroite, et juste avant de quitter la loge à son tour elle avait lancé à Colette, d'une voix émue : « Pourquoi vous ne viendriez pas avec nous ? Nous retrouvons quelques amis à côté, au restaurant italien. »

On avait commandé de la charcuterie toscane et des bouteilles de Montepulciano, l'ambiance était gaie et légère. Colette était restée silencieuse, grignotant un gressin de temps à autre, picorant sans trop oser. Julia n'avait rien avalé, à part le vin dont elle enchaînait les verres sans s'en rendre compte. Son mari, quant à lui, était très loquace et très à l'aise, animant volontiers l'amicale tablée. À la fin du repas, quand on avait servi les petites assiettes de tiramisu et le limoncello, Colette avait approché lentement son genou de celui de Julia, sans le toucher. Plusieurs convives avaient éclaté de rire en entendant la chute d'une bonne blague ; un autre avait demandé un peu trop fort qui revoulait du vin. Julia avait senti sa poitrine se gonfler et les papillons voleter en pagaille à l'intérieur, comme prêts à s'échapper. Autour d'elle, le monde entier avait disparu. Elle n'entendait ni ne voyait plus rien, exactement comme lorsqu'elle était seule sur scène devant son piano. Sous la table, sa main avait alors trouvé celle de Colette, et pendant plusieurs secondes qui avaient duré une éternité elles étaient restées ainsi, leurs doigts enlacés, unis en une douce étreinte. Le mari s'était mis à égrener fièrement devant les amis les prochaines dates de concert. Quel succès, s'était-on extasié, c'est vraiment fantastique, Julia.

Julia, elle, avait baissé les yeux – par pudeur, avait-on pensé.

En rentrant du parc avec les enfants, Colette était passée devant le Café de Flore et s'était arrêtée net. « Ça alors, c'est incroyable », avait-elle dit à voix haute tandis qu'elle s'approchait pour toquer deux petits coups à la vitre.

— Qu'est-ce que tu fais là ? articula-t-elle avec un grand sourire, à la fois surprise et émue.

Derrière la vitre, Ferdinand leva le nez de son journal et devint tout pâle – l'effet Colette. Toutes les digues qu'il avait érigées jusqu'alors, les consolidant avec patience et minutie au fil des années, avaient cédé d'un coup. En une fraction de seconde, il était redevenu le petit lycéen de Tunis tout juste sorti du nid, le cœur à nu et les sentiments en feu.

— Colette ? murmura-t-il comme pour se convaincre.

Elle tenait deux petits garçons par la main et portait l'une de ces robes pin-up à la mode, cintrée à la taille puis évasée ensuite, d'un beau vert tilleul. Elle était resplendissante. Il avait tout laissé en plan, son journal, sa tasse, ses cahiers, et était sorti du café pour la rejoindre.

— Ça alors, Ferdinand… Tu vis à Paris toi aussi ?

Il hocha la tête, se passa une main dans les cheveux. Il ne savait pas quoi dire, avait les jambes en coton. Bon sang, elle lui faisait toujours le même effet.

András secoua doucement la main de Colette, vaguement impatient.

— Il faut que j'aille les faire déjeuner, dit-elle en désignant du regard les petits. Mais viens avec moi, comme ça on pourra discuter.

La proposition le déconcerta tellement qu'il n'eut pas le temps de réagir et lui emboîta le pas sans rien répondre.

La première chose qu'on voyait en entrant, c'était le magnifique piano à queue Steinway noir laqué. Il trônait au milieu d'un salon tendu de velours mauve, avec d'épais rideaux assortis, et tout autour du prestigieux instrument s'organisait un joyeux bordel ; des meubles chinés et des objets anciens, des vases garnis de fleurs gigantesques, des tapis venus d'Orient, des étagères remplies de livres et de partitions abîmées, et puis des jouets éparpillés un peu partout.

— Assieds-toi, dit Colette en désignant le sofa vert, comme si Ferdinand était un habitué des lieux. Mets-toi à l'aise, je reviens.

Ferdinand regarda les deux petits garçons qui le toisaient d'un air goguenard et qui, d'un coup, pouffèrent de rire et disparurent en courant. Colette revint un instant plus tard avec un grand verre d'eau fraîche.

— Tiens.

Ferdinand but plusieurs gorgées d'un coup, sans respirer, puis cherchant où reposer le verre, son regard tomba sur ce vinyle abandonné sur le sofa à côté de lui. La pochette rouge, siglée Barclay, portait le titre de « Bambino ».

— Tu connais Dalida, j'espère ?

Ferdinand fit non de la tête ; il n'en avait jamais entendu parler, cet ignorant.

— Ah, mais je te fais écouter tout de suite, dit-elle, enthousiaste, lui arrachant presque le disque des mains. C'est une chanteuse italienne venue d'Égypte : une vraie reine.

Dès les premières notes, Colette s'était mise à chantonner en remuant des épaules, roulant les « r » et ensoleillant la pièce.

Je sais bien que tu l'adores…
Et qu'elle a des jolis yeux…
Mais tu es trop jeune encore pour jouer les amoureux…

Bambino, bambino, répétait-elle tout en se déhanchant et en surjouant la femme fatale italienne.

Tu peux fumer comme un monsieur des cigarettes
Te déhancher sur le trottoir quand tu la guettes
Tu peux pencher sur ton oreille ta casquette
Ce n'est pas ça qui dans son cœur te vieillira…

Ferdinand était subjugué, il ne la quittait pas des yeux. Il avait l'impression que la chanson lui était adressée et qu'elle avait été écrite exprès pour lui. À la fin, quand le disque s'arrêta, Colette se laissa choir sur le sofa, tout essoufflée, et se tourna vers lui.

— Vraiment, je l'adore… Pas toi ?

Ferdinand avoua qu'il n'écoutait jamais de variété, il n'y connaissait rien.

— Ah bon, mais pourquoi ? s'étonna-t-elle, presque choquée par cet aveu.

Comment était-ce possible. Les chansons de variété, ça racontait la vie, toute la vie, expliqua-t-elle avec verve. Il n'y avait rien de plus beau.

— Et donc, qu'est-ce que tu fais dans la vie si tu n'écoutes pas de musique ? demanda-t-elle, un brin moqueuse.

Visiblement, elle était passée à côté de son succès. Elle n'avait pas entendu parler de lui. Et c'était toujours un peu vexant de devoir répondre :

— J'écris… J'écris des livres.

Comme elle avait posé la question, il n'avait pas osé répondre *écrivain* ou *romancier*.

— Des livres ! Mais c'est génial, quel genre ? Des histoires d'amour ? demanda-t-elle l'œil pétillant, tout en se rapprochant de lui d'un coup de hanche.

Ferdinand remua sur le sofa, gêné.

— Euh oui, entre autres…

— Et sur la Tunisie ? Tu écris sur nous, j'espère ? Sur tout ce qu'on a vécu là-bas ?

À vrai dire, il n'y avait jamais songé. Pour lui, ce n'était pas un sujet qui intéresserait les gens.

— Mais quel snob tu fais ! J'y crois pas !

Ferdinand était figé sur le sofa, il n'osait plus bouger d'un cil. Elle était époustouflante, épatante. C'est comme si elle lui avait volé son cœur et faisait joujou avec.

— Si personne ne raconte, il ne restera pas de trace du monde qu'on a connu. T'y as pensé, à ça ?

Elle lui demanda alors s'il avait des nouvelles de ceux qui étaient restés là-bas. De ceux qui vivaient toujours à Tunis. Le pays s'apprêtait à recouvrer son indépendance, à quoi allait-il ressembler ? Est-ce que quelqu'un pouvait lui raconter ?

Mais Ferdinand ne l'écoutait plus. Il avait basculé de l'autre côté, du côté du rêve et des fantasmes, et il lui était passé par la tête cette pensée absurde et folle – l'embrasser une fois, une fois pour toutes, et puis disparaître de sa vie. Alors, sans même comprendre ce qui se passait, il approcha sa main des lèvres de Colette, les effleura avec délicatesse. Son cœur s'emballa, sa vue se brouilla. Mais il y eut ces quelques secondes d'hésitation qui fichèrent tout par terre.

— Alors ? dit Julia qui sortit de sa chambre à cet instant, les cheveux défaits et simplement vêtue d'une chemise ample. Tu ne me présentes pas à ton ami ?

Épilogue

À l'instant où il posa le pied à Tunis – à l'instant où il vit le bleu scintillant de la Méditerranée, où il entendit les ondulations de la langue arabe, et sentit l'odeur de jasmin et d'épices qui flottait dans les rues –, tout lui revint en mémoire. Son enfance heureuse et ensoleillée, ses années lycée avec son ami le Baron, et puis sa drôle de famille qui s'était amarrée à ce pays au hasard des événements et qui y était restée pendant près d'un demi-siècle.

Ce pays, la Tunisie, faisait partie de leur histoire. Ils y avaient vécu, ils y avaient aimé, ils y avaient pleuré leurs morts. Et pourtant, quand ils avaient dû partir, ils avaient su avec certitude que ce départ était définitif, qu'il n'y aurait pas de retour en arrière possible. Ce pays resterait en eux comme une blessure secrète : certains y repenseraient avec nostalgie, d'autres avec colère, et souvent les larmes se mêleraient aux rires.

Ferdinand était venu à Tunis sans but précis. Il avait emporté avec lui un carnet, un appareil photo, quelques vêtements, et il avait dit à Pauline qu'il ignorait la date de son retour. Cela dépendrait de ce qu'il y trouverait, avait-il ajouté un peu confus. Il voulait raconter quelque chose de ce pays ; il ne savait pas encore très bien quoi. L'histoire que sa famille y avait vécue, peut-être. Ou les événements en cours. Ou bien encore ceux qui allaient se produire.

Il y avait eu dans les yeux de Pauline cette brève lueur d'inquiétude – sans doute s'était-elle demandée s'il partait pour ne pas revenir, tant elle l'avait trouvé étrange et perturbé ces derniers jours – et puis elle s'était reprise : elle l'encourageait, c'était un beau et courageux projet ; elle était certaine qu'il allait faire quelque chose de bien.

Quand Ferdinand avait parlé de ce voyage à sa mère, il avait vu son regard s'animer et briller un court instant, ses joues se colorer. Elle s'était redressée sur sa chaise et sans s'en rendre compte elle avait dit que, si ça se trouve, il croiserait son père là-bas. Ferdinand ne lui avait pas fait répéter. Mais il avait entendu.

Il ne lui avait pas fait répéter car, sans doute, le savait-il déjà. Théo n'était pas son père. Les enfants savent ces choses sans qu'on ait besoin de leur dire.

Mais Ferdinand ne poserait pas de questions, du moins pas tout de suite. D'une certaine manière, il chérissait ce silence, ce secret. Il protégeait cette part d'ombre qui le constituait car, il le savait, l'écriture venait en partie de là. Elle se nourrissait des bizarreries et des cruautés de la vie aussi sûrement qu'une bête avide.

Et puis parfois une voix s'élevait en lui, le rudoyait, et lui disait combien il faisait faute route. Il se souvenait de Colette dans sa robe tilleul sur le boulevard Saint-Germain, avec András et Sándor, les deux petits garçons de la femme qu'elle aimait. Colette n'avait que faire de la gloire et du succès, elle appréciait le bonheur simple qui se trouvait devant elle. « Pourquoi met-on si longtemps à se rendre compte qu'on court après les mauvaises choses ? » lui avait-elle dit, assise sur ce sofa vert, évoquant ses propres errements. « Comment se fait-il qu'on se trompe parfois si grossièrement de but ? »

Quand l'indépendance fut proclamée, on décrocha les plaques des rues à coups de burin. Ainsi l'avenue Jules-Ferry devint Habib-Bourguiba. Ferdinand l'arpenta de long en large, s'arrêtant de temps à autre pour faire un croquis ou noter une phrase. Il pensa à son ami le Baron. Ses parents, Albert et Sylvie, avaient été assassinés dans leur ferme d'El Battan, et après ce drame, on avait perdu la trace du Baron. Plus personne n'avait eu de nouvelles. Certains disaient qu'il avait intégré la Main rouge et participé à plusieurs assassinats visant des indépendantistes, d'autres prétendaient qu'il avait quitté le pays. Personne ne savait, en réalité.

Ferdinand songea aussi à la villa de Sidi Bou Saïd où il avait passé tant d'étés. Il était allé y faire un tour, pour voir ce que c'était devenu, et il avait constaté que le jardin était à l'abandon. Les lauriers avaient fané et les palmiers étaient tout jaunis. Quant au vieux goyavier de Martinique, il avait été abattu.

Lorsqu'il arriva au bas de l'avenue Habib-Bourguiba, Ferdinand s'arrêta un instant devant l'endroit où sa mère avait autrefois son cabinet d'ophtalmologie. Un vendeur de beignets y avait installé son échoppe. Ferdinand observa les gamins indisciplinés et joyeux qui sortaient de l'école et venaient chercher leur goûter.

— Souleymane, Souleymane ! Donne un beignet au miel !

— Et pour moi deux au sucre, s'te plaît !

Dans sa boutique, sur le mur du fond, Souleymane avait gardé la grande affiche Monoyer qui servait autrefois à tester la vue des patients. Il n'avait pas voulu l'enlever car il savait que son père avait été soigné ici. Il l'avait déjà recollée plusieurs fois, à plusieurs endroits, tant le climat et les années l'avaient abîmée. Et quand les enfants lui demandaient ce que c'était, cette drôle d'affiche, il leur répondait en saupoudrant leur beignet de sucre : « Ceci, c'est la mémoire des lieux. »